U0454009

# 监狱标准化管理导论

朱志杰 著

知识产权出版社
全国百佳图书出版单位

**图书在版编目（CIP）数据**

监狱标准化管理导论/朱志杰著. —北京：知识产权出版社，2019.9（2019.11 重印）
ISBN 978 - 7 - 5130 - 6433 - 0

Ⅰ.①监… Ⅱ.①朱… Ⅲ.①监狱—标准化管理—研究—中国 Ⅳ.①D926.7

中国版本图书馆 CIP 数据核字（2019）第 189610 号

**内容提要**

本书是对标准和标准化理论在监狱领域应用的前瞻性论证和建设性设计的阐述。内容包括：国际标准化和我国标准化工作概述，标准化在我国监狱实践的梳理；监狱标准化管理理论构成，包括监狱标准化管理的价值、监狱标准化理论一般框架、标准化诸对关系；标准化管理的组织实施涉及标准化工作决策、制定标准、组织实施标准三个基本过程。

**责任编辑：石红华**　　　　　　　　**责任校对：潘凤越**
**封面设计：韩建文**　　　　　　　　**责任印制：刘译文**

**监狱标准化管理导论**

朱志杰　著

| | |
|---|---|
| 出版发行：知识产权出版社 有限责任公司 | 网　　址：http：//www.ipph.cn |
| 社　　址：北京市海淀区气象路 50 号院 | 邮　　编：100081 |
| 责编电话：010 - 82000860 转 8130 | 责编邮箱：shihonghua@ sina.com |
| 发行电话：010 - 82000860 转 8101/8102 | 发行传真：010 - 82000893/82005070/82000270 |
| 印　　刷：北京九州迅驰传媒文化有限公司 | 经　　销：各大网上书店、新华书店及相关专业书店 |
| 开　　本：787mm×1092mm　1/16 | 印　　张：19.75 |
| 版　　次：2019 年 9 月第 1 版 | 印　　次：2019 年 11 月第 2 次印刷 |
| 字　　数：315 千字 | 定　　价：88.00 元 |

ISBN 978-7-5130-6433-0

# 前　言

　　监狱标准化在监狱领域是一个需要创新性研究的重要课题。本专著定位于基础性、应用型研究。

　　本课题研究的依据，在标准化方面主要依据了《中华人民共和国标准化法》、国家标准、标准化工作的法规规章和规范性文件，以及标准化工作的部署决策。在监狱执法和管理业务工作方面，主要依据了《中华人民共和国监狱法》、监狱领域的法规规章，以及已经公开的、可以从公共途径获得的规章和规范性文件。习近平新时代中国特色社会主义思想特别是有关政法工作、标准化工作的重要论述，是本课题的思想方法依据。

　　由于标准化在监狱系统的应用正处于局部探索之中，故而本著是对标准和标准化理论在监狱领域应用的前瞻性论证和建设性设计的阐述，注重于监狱应用标准化理论进行标准化管理的引导性，因而用"导论"作题名。

　　用"导论"作题名的另一因由是，监狱工作"实务"是监狱工作"标准"的"母版"，监狱标准须依存于"母版"而构建。但由于监狱工作"实务"理论研究尚不够周延，故而本著兼顾研究了监狱工作"实务"框架的理论性构建和建设性的优化建议。这些理论构建和优化建议也具有"导论"属性。

　　我接触标准化管理是在 20 世纪 80 年代，最初从 TQC 的 QC 小组、鱼刺图、树状图、因果分析图开始。2002 年，我受命对新疆 AA 监狱推行的监管改造质量保证体系进行调研，才深度接触了 ISO 9000 标准。那时的《质量管理体系　要求》是 2000 年版（GB/T 19001—2000）。2003 年，为了完成研制《新疆监狱管理局改造罪犯工作质量管理体系　指南》科研任务，使研制的《指南》形似标准、符合 GB/T 19001—2000 要求（该标准最新版本是 2016），我开始从零补课，自学了质量管理体系的理论知识，将研究心得写成《新疆 AA 监狱应用 ISO 9000 理论于改造罪犯工作的调研报告》（与他人合作），发表在《犯罪与改造研究》2004 年第 1 期。

2005 年，我在上海市宝山监狱学习工作两月，学习考察了宝山监狱依据 GB/T 19001 制定标准、推行标准所取得的成效，这次学习更深化了我对标准化的认识，以及研究监狱管理标准化的志趣。

2009 年，司法部印发《关于加强监狱执法和管理工作的若干规定》，2010 年新疆监狱管理局决定开展规范化管理。为了辨析清楚规范化与标准化之区别，我撰写了《论监狱标准化管理》一文，刊登在新疆监狱管理局主办的《新疆监狱》内刊上，《犯罪与改造研究》2012 年第 4 期予以公开发表。这成为日后研制"新疆监狱标准体系"的理论指导。

2011 年 4 月 12 日，司法部召开电视电话会议，对全国监狱劳教（现已改称"戒毒"）系统开展规范化管理年活动进行动员部署。我受命研制"新疆监狱标准体系"，对新疆监狱标准化管理进行科研攻关。其间到四川省监狱进行了学习考察，并购得有关标准化的读物进行自学，边学习、边研究、边攻关，依靠集体力量于 2012 年 7 月完成"新疆监狱标准体系"研制工作。在取得标准体系制度成果的同时，也形成了关于监狱标准化的理论成果。

2012 年，我主持研究小组，以"新疆监狱行政标准化管理研究"为题，申报新疆哲学社会科学基金项目并获得批准（12BZZ030），2013 年完成科研任务形成研究成果，并于 2016 年获新疆维吾尔自治区人民政府颁发的第十一届哲学社会科学科学优秀奖。研究过程中的阶段性成果《监狱标准化管理研究》发表在《犯罪与改造研究》2013 年第 12 期。

上述一系列科研—实践—再科研—再实践的过程，使我深深认识到，标准化作为一项管理工具对于提升监狱执法和管理水平具有重要价值和意义。同时也发现，全国监狱系统研究监狱标准化的理论成果极为有限，能够检索到的有：

陈耀鑫（时任上海市宝山监狱党委书记、监狱长）：《ISO 9001：2000 国际标准在监狱管理工作中的应用与实践》，载《中国司法》2007 年第 9 期；

李泊延（山东省郓州监狱）：《标准化管理和创新——对监狱教育改造工作发展的两点看法》，载《商业文化（下半月）》2012 年第 2 期；

康俊生、晏绍庆（上海市质量和标准化研究院）：《地方开展监狱执法管理标准化建设的分析和思考》，载《标准科学》2016 年第 4 期；

张书、张敏、张燕琴（江苏省质量和标准化研究院）：《监狱管理标准化研究》，载《中国标准化》2016 年第 10 期；

蒋国平（湖北省监狱管理局）：《监狱标准化管理研究——基于"互联网＋"

的维度》，载《犯罪与改造研究》2018 年第 8 期。

理论是实践的先导，思想是行动的指南。缺乏标准化理论支撑的监狱标准化建设，只能是"徒有其表"，于是我萌生了撰写一部监狱标准化管理专著的想法。2017 年底写了《监狱标准化管理的理与路》一文，发表在《犯罪与改造研究》2018 年第 1 期，可视为本著的总体框架。

上述是撰写本著的缘起和思考过程。

需要突出提示的是监狱管理体系——实务框架。监狱管理体系及其内部构成，本不属于本著的研究范畴，但基于以下因果思考，需列作本著的次要研究对象：监狱标准体系须依存于监狱管理体系，监狱管理体系是构建监狱标准体系、推进标准化管理的知识基础。但是，学术界和实务部门对监狱管理体系及其内部构成要素的认识尚未形成共识、未予定型，从而使监狱管理体系带有很大的不确定性。构建监狱管理体系是研究监狱标准化管理绕不开的课题，必须从理论上予以重视，并作为展开标准化工作的知识基础。

本著为解释监狱管理体系提出了一个建设性框架：

——行刑组织体系；

——行刑运行体系；

——安全防范体系；

——运行支持体系；

——评价改进体系。

该框架是否周延，还需与同仁商榷。

随着中国特色社会主义进入新时代，广大监狱理论工作者和实际工作者适应时代变化、更新监狱工作观念和监狱知识范式就显得非常重要。本著所构建的监狱标准化管理理论、监狱知识新范式，或可为认识和理解监狱工作提供一个新的解释视角。

感谢新疆监狱管理局为本书出版提供的资料和给予的支持！感谢上海市监狱管理局、宁夏回族自治区监狱管理局、四川省监狱管理局、江苏省监狱管理局、浙江省宁波市望春监狱、云南省昆明监狱为本书提供了资料！

本书在撰写、出版过程中，司法部监狱管理局给予了极大的帮助与支持，在此致以诚挚的敬意！

本书所阐述的观点，仅是个人研究成果。限于著者的视野和理论研究能力、政策理解能力、文字驾驭能力，不足之处在所难免，敬请指正！

# 目　录

# 序

## 推进监狱标准化管理创新

邵　雷

志杰在其新著《监狱标准化管理导论》即将出版之际邀我作序。说实在的，真有点勉为其难，因我对标准化研究不深，唯恐对其专著不能做出准确评价，但藉于志杰对监狱理论研究的执着精神和态度，我还是欣然应允。

认识志杰很早，上世纪九十年代他经常陪同新疆监狱局领导来京汇报工作。志杰在新疆监狱局经历了多个岗位，是位事业心强，好学上进的学者型领导干部。承担过多项国家社科基金、新疆社科基金、中国监狱工作协会课题，获得多项新疆自治区人民政府社科成果奖、司法部科研成果奖，已出版《监狱文化与哲学》《监狱管理创新研究》等三部专著。

我国已经进入中国特色社会主义新时代。习近平总书记指出："中国将积极实施标准化战略。"《国家标准化体系建设发展规划（2016—2020）》指出："标准是经济活动和社会发展的技术支撑，是国家治理体系和治理能力现代化的基础性制度。"在国家实施标准化战略背景下，监狱应与时俱进，通过实施标准化管理，提升监狱治理体系和治理能力现代化水平，以推进中国监狱现代化进程。这是一项"基础性、战略性"的工作。

事实上，早在上世纪九十年代，全国一些监狱就开始推行 ISO 质量管理，这在本质上属于标准化管理范畴。全国监狱推行的规范化管理也吸收借鉴了标准化管理的理念和做法。标准和标准化管理并不深奥，并非高不可登攀，只要我们能够科学认识标准的"技术支撑"和"基础性制度"地位，并且持之以恒地予以实施，就能够把握其规律。

推进监狱标准化管理创新，需要从构建监狱标准化理论和以理论为指导加强标准化实践两个方面用力。相对于全国一些监狱接续推进的监狱标准化管理实践来说，监狱标准化管理理论显得更为稀缺。纵观全国监狱标准化理论研究，能够用于指导监狱标准化实践的成果要少得多，仅有极少的几篇论文，更勿论监狱标准化理论专著了。这与推进监狱标准化管理创新的期望极不相称。

理论来自于实践，又对实践发挥着重要的指导作用。标准化在全国监狱系统的应用已近三十年，积累了比较丰富的监狱标准化管理经验，为监狱标准化理论的创新和发展提供了强劲敦厚的源泉。这就需要对这些经验进行全面梳理、提炼概括，使之成为系统化的监狱标准化理论，用于指导实践、推动实践、深化实践。在这个意义上，志杰所著《监狱标准化管理导论》则是监狱标准化管理的重要理论创新成果。

近年来，志杰致力于监狱标准化实践，且系统地研究了标准化理论，梳理了全国部分监狱的标准化实践，提出并构建了监狱标准化理论体系，阐述了标准化在监狱"实施"的架构。

构建监狱标准化理论体系是这部书的重点，也是推行监狱标准化管理的基础。书中阐述了构建了监狱标准化理论体系的要素：监狱标准化管理的意义与价值、监狱标准化管理概念范畴、监狱标准化管理原则、监狱标准化的领域、监狱标准结构与体系、监狱管理体系的标准化、标准化监狱的评审、监狱标准化工作管理、标准化管理的实施。从这个角度看，这部书是一部关于监狱标准化的基础性著作，具有一定的理论价值。

构建监狱标准化管理实施体系是这部书的另一重点，也是推行标准化管理的重点。书中按照发现问题、筛选问题、研究问题、解决问题的逻辑，将"解决问题"作为终极目的。书中所阐述的标准化理念、标准化工作整体性框架、标准化工作的操作方法，所提出的建设性意见，都具有一定的参考和应用价值。

党的十九大指出："实践没有止境，理论创新也没有止境。"在我国经济社会每时每刻都在发生大变革的新时代，中国监狱必须在理论上跟上时代，自觉以习近平新时代中国特色社会主义思想和政法思想为指导，不断认识监狱工作规律，不断推进新时代中国特色社会主义改造罪犯理论、改造罪犯实践、改造罪犯制度创新。但是，这些创新绝非凭空想象，也绝非心想事成、水到渠成，需要有敏锐的眼光发现问题，需要形象思维、理论思维、学术构建，更需要解决问题的能力。

这部书不仅是一部监狱标准化"启蒙"书，而且还是一部普及监狱工作知识的工具书，有助于监狱民警特别是新民警全面地了解监狱工作。

新时代中国监狱理论创新，需要凝聚起广大监狱民警创新的力量，为新时代中国监狱工作提供强有力的理论思维、知识变革和思想先导。期待涌现出更多的热爱监狱事业的且具有一定研究能力的年轻学术带头人。

（作者系司法部监狱管理局原局长、中国监狱工作协会副会长）

# 第一章 绪 论

随着科学技术和社会文明的发展进步，标准和标准化也经历了一个较长的发展时期，从不自觉到自觉、从一种单纯的技术和管理方法到一门有其特有领域的学科，现代标准化已经发展成为有理论观点、研究对象、具体内容及外在形式的学科，并在国家标准《学科分类与代码》（GB/T 13745—2009）中予以确证，列为：D 工程与技术科学——410　工程与技术科学基础学科——410.50　标准化科学技术（亦称标准化学）。

## 第一节　标准化概述

### 一、国际标准化概要

所谓标准化是指"为了在既定范围内获得最佳秩序，促进共同效益，对现实问题或潜在问题确立共同使用和重复使用的条款以及编制、发布和应用文件的活动。"❶ 标准化是工业革命、社会化大生产的产物，到上世纪 40 年代，特别是第二次世界大战以后获得快速发展，以 1947 年 2 月成立国际标准化组织（ISO）为标志，国际标准化活动进入新的发展阶段。

（一）概况

近代标准化是西方国家近代工业革命的产物。到了工业化时代，人类社会的实践范围和规模达到了空前发展，大规模的社会化生产和现代化的社会生活，要求建立相应的社会秩序、经济秩序、技术秩序、生产秩序，于是现代意

---

❶ 《标准化工作指南　第 1 部分：标准化和相关活动的通用术语》（GBT 20000.1—2014），"3.1 标准化"词条。

1

义的工业标准诞生了。

1789 年美国制定了公差与配合标准。1865 年 5 月，法、德、俄等 20 个国家的代表在巴黎召开会议，成立了第一个国际标准化组织——国际电信联盟。1901 年，第一个国家标准化组织——英国工程标准委员会（ESC）成立，1931 年改名为现在的英国标准协会（BSI）。1906 年 6 月，英、法、美、日等13 个国家的代表汇集伦敦，成立了国际电工委员会（IEC）。1926 年，国家标准化协会国际联合会（ISA）成立。1947 年 2 月，国际标准化组织（ISO）成立。现在，世界上已有 100 多个国家成立了自己国家的标准化组织。

在资本主义社会生产发展过程中，工业化大生产是近代标准化工作的"孵化器"和"推进器"，所有的工业发达国家都把标准化提上了日程，建立了相应的标准化组织，制定了大量行业标准与产业标准。标准化产生于资本主义工厂制度、实行流水线生产和组织商品市场流通等活动中，对建立高效率的生产秩序、技术秩序和市场秩序作出了巨大历史性贡献。从人类社会发展的历史来看，没有企业标准化，就没有工业化大生产。

（二）国际标准化组织

国际标准是指由国际标准化组织、国际电工委员会和国际电信联盟（ITU）制定的标准，以及由国际标准化组织确认并公布的其他国际组织制定的标准。国际标准在世界范围内统一使用。

国际标准化组织总部设在瑞士日内瓦，是一个全球性的非政府组织，是国际标准化领域中一个十分重要的组织。

ISO 的宗旨是：在全世界范围内促进标准化工作的发展，以便于产品和服务的国际交换，并扩大在知识、科学、技术和经济方面的合作。其主要活动是制定国际标准，协调世界范围内标准化工作，组织各成员国和各技术委员会（TC）进行情报交流，共同研究标准化问题。

ISO 标准是由各技术委员会来制定的。根据工作需要，每个技术委员会下设若干分委员会（SC），在 TC 和 SC 下设立若干工作组（WG）。ISO 技术工作的成果是正式出版的国际标准，即 ISO 标准。ISO 现有超过三百个技术委员会，其中所属的质量管理和质量保证技术委员会 ISO/TC 176 制定并发布的ISO 9000族标准影响最为广泛。ISO/TC 176 下设三个分技术委员会（SC），分别负责概念和术语、质量体系、支持性技术等方面标准的制定。

（三）我国参与的国际标准化工作

我国是 ISO 创始国，也是 ISO 常任理事国。据国际标准化组织（ISO）前主席张晓刚介绍，截至 2018 年 9 月，中国已担任 58 个 ISO 技术机构的主席和副主席的职务，承担了 78 个 ISO 技术机构的秘书处。中国主导制定发布国际标准 371 项，特别是近两年在 ISO 提交和立项国际标准项目 200 余项，连续两年成为国际标准提案最多的国家之一，中国在 ISO 大家庭中的贡献上升到第四位。

2016 年 9 月 10 日至 14 日，第 39 届国际标准化组织大会在北京成功举办，习近平为大会召开致贺信。他在贺信中指出，标准是人类文明进步的成果，标准已成为世界"通用语言"。世界需要标准协同发展，标准促进世界互联互通。中国将积极实施标准化战略，以标准助力创新发展、协调发展、绿色发展、开放发展、共享发展。李克强出席第 39 届国际标准化组织大会并致辞，他强调，当前世界经济复苏艰难，中国经济正处于转型升级的关键期，面对困难和挑战，要保持经济平稳运行，既要保持总需求力度，也要加快推进供给侧结构性改革，着力改善供给质量。这就需要把标准化放在更加突出的位置，以标准全面提升并推动产业升级，形成竞争新优势，促进经济中高速增长、迈向中高端水平。来自 163 个国家（地区）、14 个相关国际组织和欧洲、泛美、亚太等区域标准化组织的代表，近 600 余名外宾参加了会议。国务院标准化协调推进部际联席会议 39 个成员单位的主要负责同志参加了大会。本次 ISO 大会制定了《ISO 2016—2020 年发展战略规划》行动计划和实施评价指标，并就 ISO 治理、公共机构参与、服务业、重要 ISO 标准等关键议题进行了深入讨论并达成一致共识。我国以承办大会为契机，推动发布了 ISO 大会历史上首部《北京宣言》，签署了 11 份合作协议，首次邀请 14 个国际组织共商标准化。第 39 届 ISO 大会的成功举办，扩大了中国影响，产生了中国效应，为国际标准化发展提出了中国主张，贡献了中国智慧。❶

早在 2015 年 10 月 22 日，国家推进"一带一路"建设工作领导小组办公室发布《标准联通"一带一路"行动计划（2015—2017）》。到 2016 年底，我

---

❶ 参见《2016 年中国标准化工作改革发展回眸》，载《中国质量报》，2017 年 1 月 16 日第 3 版；《第三十九届国际标准化组织大会召开》，载《人民日报》，2016 年 9 月 13 日第 1 版。

国与沙特阿拉伯、白俄罗斯等国家签署标准化合作协议 16 份，推动与 21 个 "一带一路"沿线国家建立合作关系。首批 62 项中英互认标准发布，签署《中法标准互认操作指南》。❶ 2017 年 5 月 10 日，国家推进"一带一路"建设工作领导小组办公室发布《共建"一带一路"：理念、实践与中国的贡献》，指出，我国推动与"一带一路"相关国家在标准、计量和认证认可体系方面的合作。中国政府部门发布了《标准联通"一带一路"行动计划（2015—2017 年）》《共同推动认证认可服务"一带一路"建设的愿景与行动》《"一带一路"计量合作愿景和行动》，推进认证认可和标准体系对接，共同制定国际标准和认证认可规则。❷ 2017 年 12 月 22 日，国家推进"一带一路"建设工作领导小组办公室发布《标准联通共建"一带一路"行动计划（2018—2020 年）》。

2017 年 9 月 18 日至 22 日，第 40 届国际标准化组织大会在德国柏林举行，我国代表团出席了 ISO 大会及大会同期举行的理事会、技术管理局、发展中国家事务委员会、亚太地区标准大会执委会等多个 ISO 管理层会议，就 ISO 治理、ISO 新章程和议事规则、ISO 国际标准的免费获取、ISO 区域参与战略、ISO 技术副主席和消费者政策委员会主席的选举等事关 ISO 发展的重大议题提出我国建设性意见，得到 ISO 秘书长和 ISO 理事会成员的高度评价。中国代表团还专题介绍了中国在推进能源管理标准化和利用标准助推扶贫减贫，提升扶贫减贫质量和效益的成功经验和做法，受到包括 ISO 主席、副主席、秘书长，以及发展中国家成员在内的高度赞赏和认可。❸ 2018 年 2 月，由我国提出并主导制定的 IEC 62820《楼寓对讲系统》系列国际标准的最后一项标准由国际电工委员会（IEC）正式发布。由此，我国牵头制定的 IEC 62820《楼寓对讲系统》五项系列国际标准已经全部完成并正式发布。2016 年 9 月，该标准系列第 1 部分由 IEC 正式发布。2018 年 4 月 16 日，ISO/IEC JTC 1/SC 27 国际网络安全标准化工作会议在湖北省武汉市举行，中国、美国、俄罗斯、英国、德国、澳大利亚、法国、日本、韩国等 30 多个国家成员体约 350 位国内外专家参加了会议。2018 年 6 月 4 日，国际标准化组织中医药技术委员会（ISOTC/

---

❶ 《2016 年中国标准化工作改革发展回眸》，载《中国质量报》，2017 年 1 月 16 日第 3 版。
❷ 载《法制日报》，2017 年 5 月 11 日第 2 版。
❸ 中国代表团出席第 40 届国际标准化组织（ISO）大会，载"国家标准化管理委员会网"：http://www.sac.gov.cn/xw/bzhxw/201709/t20170927_273950.htm，最后访问时间：2019 年 8 月 2 日。

249）第九届全会在上海召开，中国、日本、韩国、美国、德国、澳大利亚、泰国、沙特等 14 个成员体参加本次大会，世界卫生组织（WHO）、国际标准化组织/健康信息技术委员会（ISO/TC 215）、世界中医药学会联合会（WFC-MS）、世界针灸学会联合会（WFAS）作为联络组织列席大会。

2018 年 9 月 24 日至 28 日，第 41 届国际标准化组织（ISO）大会在瑞士日内瓦举行，162 个 ISO 成员的 600 多名代表参加了本届大会。我国代表团出席了 ISO 大会及大会同期举行的理事会、技术管理局、发展中国家事务委员会（DEVCO）、亚太地区理事会成员会议等多个 ISO 管理层会议，并在会议期间与 ISO 秘书长、美、英、德、法、俄等国标准化机构进行了 17 场会谈，取得了丰硕成果。此次大会上，由我国牵头担任主席和秘书处领导职务的 ISO 船舶与海洋技术委员会（ISO/TC8）首次获得 ISO 最高技术奖——"ISO 劳伦斯·艾彻奖"。

2019 年 2 月 18 日至 22 日，我国代表团在瑞士参加第 108 次 ISO 理事会会议。本次会议主要议题是讨论国际标准化未来十年发展战略，这是 ISO 历史上第一次以十年为目标研制中长期发展战略规划，中国国家标准委应邀做专题报告并提出建议意见。作为在标准化中长期战略研究中走在前面的国家，中国的经验和建议受到 ISO 的高度重视。

## 二、我国标准化发展概要

### （一）概况

我国标准化事业起步于中华人民共和国成立之初。1949 年 10 月成立中央技术管理局，内设标准化规格处。1956 年成立国家技术委员会。1957 年在国家技术委员会内设标准局，开始对全国的标准化工作实行统一领导，同年加入国际电工委员会。

1958 年，国家技术委员会颁布第 1 号国家标准 GB1《标准幅面与格式、首页、续页与封面的要求》。

1962 年，国务院颁布我国第一部标准化管理法规《工农业产品和工程建设技术标准管理办法》。该办法共 6 章 27 条，分别规定了标准化的对象、标准体系、标准的制修订、审批和发布以及贯彻执行等。该办法的发布，奠定了我国标准化法的基础和基本框架。

1963 年 4 月，第一次全国标准化工作会议召开，编制了《1963—1972 年标准化发展规划》。同年 9 月经国家科委批准成立国家科委标准化综合研究所，同年 10 月经文化部批准成立技术标准出版社。至 1966 年已颁布国家标准 1000 多项。

1978 年 5 月，国务院成立了国家标准总局以加强标准化工作的管理，同年以中华人民共和国名义加入了国际标准化组织。

1979 年召开了第二次全国标准化工作会议，提出了"加强管理、切实整顿、打好基础、积极发展"的方针。同年 7 月，国务院颁布了《中华人民共和国标准化管理条例》，规定了标准化的方针、政策、任务、机构和工作方法。该条例指出："标准化是组织现代化生产的重要手段，是科学管理的重要组成部分。在社会主义建设中推行标准化，是国家的一项重要技术经济政策。"该条例还规定了标准的法律性质："标准一经批准发布，就是技术法规。各级生产、建设、科研、设计管理部门和企业、事业单位，都必须严格贯彻执行，任何单位不得擅自更改或降低标准。对因违反标准造成不良后果以至重大事故者，要根据情节轻重，分别予以批评、处分、经济制裁，直至追究法律责任。"

从 1979 年开始，国家标准化行政管理部门组建了 234 个全国专业标准化技术委员会，400 多个分技术委员会，有 25000 名各行各业专家、学者和标准化管理人员被聘为标准化技术委员会委员，有 100 多个标准化技术归口单位。

1984 年 3 月 21 日，原国家标准局颁发的《专业标准管理办法（试行）》予以废止。

1988 年 7 月 19 日，国务院为了加强政府对技术、经济监督职能，决定将国家标准局、国家计量局和国家经委的质量局合并成立国家技术监督局。1998 年更名为国家质量技术监督局，直属国务院领导，统一管理全国标准化、计量、质量工作。1999 年省以下质量技术监督部门实行垂直管理。

1988 年 12 月 29 日，中华人民共和国第七届全国人大常委会第五次会议通过了《中华人民共和国标准化法》（下文简称《标准化法》），于 1989 年 4 月 1 日起施行，这标志着我国以经济建设为中心的标准化工作进入法制管理的新阶段。2017 年 11 月 4 日，《标准化法》经中华人民共和国第十二届全国人民代表大会常务委员会第三十次会议修订，再次颁布自 2018 年 1 月 1 日起施行。

1990 年 4 月 6 日，国务院制定了《中华人民共和国标准化法实施条例》。

1990 年 8 月 14 日，国家技术监督局第 11 号令发布了《行业标准管理办法》，该办法共 21 条，自发布之日起实施。

1990 年 8 月 24 日，国家技术监督局令第 10 号发布了《国家标准管理办法》，该办法是为更好地实施《标准化法》而颁布的。

1990 年 9 月 6 日，国家技术监督局第 15 号令发布了《地方标准管理办法》，其中规定了各省、自治区、直辖市的代码。

1991 年 10 月 28 日，国家技术监督局颁布了《标准档案管理办法》。

1991 年 11 月 7 日，国家技术监督局颁布了《标准出版发行管理办法》。

2001 年 10 月，中华人民共和国国家标准化管理委员会成立，这是国务院授权履行行政管理职能、统一管理全国标准化工作的主管机构，以强化标准化工作的统一管理。

2001 年 11 月 21 日，国家质量监督检验检疫总局颁布了《采用国际标准管理办法》，同时废止原国家质量技术监督局 1993 年 12 月 13 日发布的《采用国际标准和国外先进标准管理办法》。

2015 年 3 月 11 日，国务院印发《深化标准化工作改革方案》（国发〔2015〕13 号），提出"要紧紧围绕使市场在资源配置中起决定性作用和更好发挥政府作用"，"改革标准体系和标准化管理体制"，"更好发挥标准化在推进国家治理体系和治理能力现代化中的基础性、战略性作用。"

2015 年 6 月 1 日，为加强部门间协调配合，推进标准化工作，国务院正式建立了国务院标准化协调推进部际联席会议制度。联席会议由国务院分管标准化工作的领导同志担任召集人，质检总局（国家标准委）为牵头单位，由质检总局（国家标准委）、中央网信办、外交部、发展改革委、教育部、科技部、工业和信息化部等 39 个部门和单位组成。联席会议办公室设在质检总局（国家标准委），承担联席会议日常工作。联席会议在国务院领导下，统筹协调全国标准化工作，研究提出促进标准化改革发展的重大方针政策，协调解决标准化改革发展中的重大问题；对跨部门跨领域、存在重大争议标准的制定和实施进行协调，审议确定需报请国务院批准发布的标准；完成国务院交办的其他事项。建立了信息化标准化工作统筹推进机制、社会管理和公共服务标准化工作联席会议制度，农业标准化部际联席会议制度、服务业标准化联席会议制度。

2015 年 12 月 17 日，国务院办公厅印发了《国家标准化体系建设发展规划（2016—2020 年）》（国办发〔2015〕89 号），规划的标准化体系建设目标中有关政府管理的目标是：到 2020 年，基本建成支撑国家治理体系和治理能力现代化的具有中国特色的标准化体系，社会管理和公共服务标准化程度显著提高。

2016 年，国家标准委制定了《推荐性国家标准立项评估办法（试行）》，旨在加强推荐性国家标准立项管理，自 2016 年 3 月 28 日起实施。

2017 年 3 月 21 日，国务院办公厅《关于印发贯彻实施〈深化标准化工作改革方案〉重点任务分工（2017—2018 年）的通知》（国办发〔2017〕27 号），对深化标准化工作改革、加强技术标准体系建设作出部署。

2017 年 10 月 30 日，国家质量监督检验检疫总局第 191 号令公布《全国专业标准化技术委员会管理办法》，该办法分总则，组织机构，组建、换届、调整，监督管理，附则共 5 章 56 条，自 2018 年 1 月 1 日起施行。

2017 年 11 月 4 日，中华人民共和国第十二届全国人民代表大会常务委员会第三十次会议修订《标准化法》，自 2018 年 1 月 1 日起施行。

2017 年 12 月 15 日，由质检总局、国家标准委、民政部制定，并经国务院标准化协调推进部际联席会议第四次全体会议审议通过的《团体标准管理规定（试行）》发布。该规定分总则、团体标准的制定、团体标准的实施、团体标准的监督、附则，共 5 章 37 条。

2018 年 1 月 17 日，国务院印发《关于加强质量认证体系建设促进全面质量管理的意见》（国发〔2018〕3 号），旨在运用国际先进质量管理标准和方法，构建统一管理、共同实施、权威公信、通用互认的质量认证体系，促进行业发展和改革创新，强化全面质量管理，全面提高产品、工程和服务质量，增强我国经济质量优势，推动经济发展进入质量时代。该文件共设总体要求、大力推广质量管理先进标准和方法、广泛开展质量管理体系升级行动、深化质量认证制度改革创新、加强认证活动事中事后监管、培育发展检验检测认证服务业、深化质量认证国际合作互认、加强组织领导和政策保障 8 个部分。

另外，国家还制定了能源、农业、企业、商品条码、民用航空、电力、新闻出版、海关、食品安全、海洋、邮政业、医疗器械、工程建设、安全生产、商务领域、绿色食品标志、化学工业产品、气象、林业、供销合作社、流通、粮油行业、公共安全、地震、测绘、铁道、税务行业、工业和信息化、机械工业、建材、交通、汽车、水利等行业标准化管理办法。

各省区市也分别制定了本行政区域的标准化管理办法。

国家《国民经济和社会发展第十三个五年规划》中有关标准和标准化规划的内容有：完善业绩和贡献导向的人才评价标准；加快培育以技术、标准、品牌、质量、服务为核心的对外经济新优势，推动高端装备出口，提高出口产品科技含量和附加值；严格产品质量、安全生产、能源消耗、环境损害的强制性标准；提高政府监管效能，制定科学有效的市场监管规则、流程和标准，健全监管责任制，推进监管现代化；加快推进行政审批标准化建设，优化直接面向企业和群众服务项目的办事流程和服务标准；提高畜禽、水产标准化规模化养殖水平；强化基础领域标准、计量、认证认可、检验检测体系建设；建立企业产品和服务标准自我声明公开和监督制度；发挥产业政策导向和促进竞争功能，构建有利于新技术、新产品、新业态、新模式发展的准入条件、监管规则和标准体系；深化流通体制改革，促进流通信息化、标准化、集约化；建立"互联网＋"标准体系，加快互联网及其融合应用的基础共性标准和关键技术标准研制推广，增强国际标准制定中的话语权；完善大数据产业公共服务支撑体系和生态体系，加强标准体系和质量技术基础建设；推进交通运输低碳发展，集约节约利用资源，加强标准化、现代化运输装备和节能环保运输工具推广应用；健全节能、节水、节地、节材、节矿标准体系，提高建筑节能标准，实现重点行业、设备节能标准全覆盖。

经过多年发展，我国已基本形成了以国家标准为主，行业标准、地方标准衔接配套的标准体系，标准的覆盖范围已从传统的工农业产品、工程建设向高新技术、信息产业、环境保护、职业卫生、安全与服务等领域扩展，覆盖一二三产业和社会事业各个领域，同时在农业标准化、信息技术标准化、能源标准化以及企业标准化和消灭无标生产等工作方面都取得较好进展。标准化工作对于提高我国产品质量、工程质量和服务质量，规范市场秩序，发展对外贸易，促进国民经济持续快速健康发展发挥了重要保证和技术支持作用。到 2015 年 3 月，国家标准、行业标准和地方标准总数达到 10 万项，覆盖一二三产业和社会事业各领域的标准体系基本形成。❶ 到 2017 年末，国家标准全文公开系统已公开强制性国家标准 2037 项，公开现行有效非采标推荐性国家标准 19726

❶ 《国务院关于印发深化标准化工作改革方案的通知》（国发〔2015〕13 号），2015 年 3 月 11 日印发。

项；在全国团体标准信息平台注册制定标准的社会团体达 1157 家，已公布了 2159 项团体标准；企业标准公开数量保持高速增长，已有 13 万家企业公开 56 万项标准，涉及 90 多万种产品。❶

### （二）社会管理和公共服务领域标准化

标准是经济和社会活动的准则和依据之一。随着经济贸易的发展，标准化已从最初的工业、农业发展到服务业，现在又扩展到公共安全、公共服务、社会管理等社会建设领域，正在深刻地影响着整个社会的生产和生活。标准化在农业、工业、服务业领域已积累了较深厚的发展基础，而在社会管理和公共服务领域相对较缓。究其原因，可能在于社会管理和公共服务领域缺乏同业竞争的内在动力。

所谓社会管理和公共服务是指政府和社会组织为促进社会系统协调运转，对满足公众普遍需求的事务进行组织、协调、监督和控制，提供公共产品和服务，为公众生活和参与经济、政治、文化等活动提供保障和创造条件的过程。所谓社会管理和公共服务标准化是标准化原理在社会管理和公共服务领域内的应用过程。社会管理和公共服务标准化工作涉及公共教育、劳动就业服务、社会保险、基本社会服务、公共医疗卫生、人口和计划生育、公共基础设施管理与服务、公共文化体育、公共交通、司法行政与服务、公共安全、生态保护和环境治理、社会组织管理、社会公益科技服务等 14 个方面。❷ 在社会治理领域，标准化也已成为国家治理体系和治理能力现代化的重要手段。

梳理目前的文献资料，可以看到标准化在社会管理和公共服务领域的发展状况。

2008 年 10 月，国家质量监督检验检疫总局、国家标准化管理委员会发布了《质量管理体系　地方政府应用 GB/T 19001—2000 指南》（GB/Z 19034—2008），目前该标准正在进一步修订中。

2013 年，国家质量监督检验检疫总局、国家标准化管理委员会发布《政府部门建立和实施质量管理体系指南》（GB/Z 30006—2013），该标准按照 GB/T 19001—2008《质量管理体系　要求》标准，结合我国政府部门的实际

---

❶ 徐风：《党的十八大以来标准化工作综述》，载《中国质量报》，2018 年 1 月 15 日第 1 版。
❷ 参见国家《社会管理和公共服务标准化工作"十二五"行动纲要》（国标委服务联〔2012〕47 号）。

和工作特点，为政府部门建立和实施质量管理体系提供一种框架性指南。

2015 年 10 月，国家质量监督检验检疫总局、国家标准化管理委员会颁布了政务服务中心系列标准:《政务服务中心运行规范 第 1 部分:基本要求》(GB/T 32169.1—2015)、《政务服务中心运行规范 第 2 部分:进驻要求》(GB/T 32169.2—2015)、《政务服务中心运行规范 第 3 部分:窗口服务提供要求》(GB/T 32169.3—2015)、《政务服务中心运行规范 第 4 部分:窗口服务评价要求》(GB/T 32169.4—2015)。其中,《政务服务中心标准化工作指南 第 1 部分:基本要求》(GB/T 32170.1—2015)和《政务服务中心标准化工作指南 第 2 部分:标准体系》(GB/T 32170.2—2015)对政务服务中心工作进行了规范。

2011 年 12 月，国家标准委发布《标准化事业发展"十二五"规划》，将社会管理和公共服务标准化作为一项重要内容。其后，每年的全国标准化工作会议都将社会管理和公共服务标准化作为工作重点。

2012 年 8 月 2 日，国家标准化管理委员会联合国家发展和改革委员会、教育部、科学技术部、公安部、民政部、司法部、人力资源和社会保障部、环境保护部、住房和城乡建设部、交通运输部、铁道部、文化部、卫生部、国家人口和计划生育委员会、国家质量监督检验检疫总局、国家新闻出版总署、国家体育总局、国家安全生产监督管理总局、中国地震局、中国气象局、国家档案局、国家测绘地理信息局、中国民用航空局、国家邮政局、国家文物局、国家中医药管理局共 27 个机构，印发了《社会管理和公共服务标准化工作"十二五"行动纲要》(国标委服务联〔2012〕47 号)。

2007 年至 2012 年，全国开展了涉及社会管理和公共服务的国家级服务业标准化试点 50 项，涵盖社区服务、行政服务、科技服务、文化服务、市政公用事业等领域。通过试点示范，社会管理和公共服务标准的宣贯实施得到进一步强化，对提升公众满意度起到了积极作用。"十一五"时期，我国开展了面向社会管理和公共服务领域的标准化研究，先后完成了《社会公共服务评价体系研究》《公共服务重要基础标准研究》等一批科技部、国家质检总局重要课题，初步探索了社会管理和公共服务标准化的基础理论。民政部、人力资源和社会保障部、交通运输部、卫生部、中国地震局、中国气象局、国家邮政局、国家文物局等部门也通过科研项目的形式，加大了对标准化基础研究和标准制修订的支持。到"十一五"期末，我国已成立的涉及社会管理和公共服务的全国标准化技术委员会（TC）和分技术委员会（SC）117个，占我国现有技术委员会总数的8%，主要包括公共文化、公共交通、公共安全、公共环境、减灾救灾等领域，技术机构和人才队伍不断扩大。❶

2013年4月9日，国家标准委组织召开社会管理和公共服务标准化工作推进会，宣布由27个部门组成的社会管理和公共服务标准化联席会议制度正式确立，包括国家标准化管理委员会、国家发展和改革委员会、教育部、科学技术部、公安部、民政部、司法部、人力资源和社会保障部、环境保护部、住房和城乡建设部、交通运输部、铁道部、文化部、卫生部、国家人口和计划生育委员会、国家质量监督检验检疫总局、国家新闻出版总署、国家体育总局、国家安全生产监督管理总局、中国地震局、中国气象局、国家档案局、国家测绘地理信息局、中国民用航空局、国家邮政局、国家文物局、国家中医药管理局。❷ 到2013年4月，我国已开展国家级服务业标准化试点80项，试点探索了以标准化为手段创新社会管理和公共服务的新模式，如南京市江宁区党政机关管理和服务标准化试点、杭州市上城区管理和服务标准化试点、安徽省广德县行政服务中心标准化试点、济南市政府12345市民热线服务标准化试点等。在中央政法委、中央综治委开展的38个社会管理创新综合试点中，北京东城区、上海静安区的标准化创新发挥了有力支撑作用。

2013年8月15日，国家标准委等25部门联合印发了《社会管理和公共服务综合标准化试点细则（试行）》（国标委服务联〔2013〕61号），旨在推动社会管理和公共服务综合标准化试点工作有序开展。

2014年4月9日，国家社会管理和公共服务标准化工作联席会议办公室印发了《关于下达第一批社会管理和公共服务综合标准化试点项目的通知》（标委办服务〔2014〕84号），其中"新疆维吾尔自治区监狱标准化管理试点"（序号第96号）被列为第一批试点项目。

2015年12月17日，国务院办公厅印发了《国家标准化体系建设发展规划（2016—2020年）》（国办发〔2015〕89号）。其中专设"加强政府管理标准化，提高行政效能"一节，规划了政府管理标准化，即以推进各级政府事权规范化、提升公共服务质量和加快政府职能转变为着力点，固化和推广政府

---

❶ 参见《社会管理和公共服务标准化工作"十二五"行动纲要》（国标委服务联〔2012〕47号）。

❷ 徐风：《二十七部门组成社会管理和公共服务标准化联席会议制度正式确立》，载《中国质量报》，2013年4月11日第1版。

管理成熟经验，加强权力运行监督、公共服务供给、执法监管、政府绩效管理、电子政务、信息安全保密等领域标准制定与实施，构建政府管理标准化体系，树立依法依标管理和服务意识，建设人民满意政府。强化政府在标准实施中的作用，运用标准化手段规范自身管理，提高公共服务效能。建立完善标准化统计制度，将能反映产业发展水平的企业标准化统计指标列入法定的企业年度统计报表。同时强调，要"加强社会治理标准化，保障改善民生"，指出以改进社会治理方式、优化公共资源配置和提高民生保障水平为着力点，建立健全教育、就业、卫生、公共安全等领域标准体系，提高社会管理科学化水平，促进社会更加公平、安全、有序发展。

2016 年 3 月 16 日，第十二届全国人民代表大会第四次会议批准《国民经济和社会发展第十三个五年规划》，其中第六十一章第一节指出："围绕标准化、均等化、法制化，加快健全国家基本公共服务制度，完善基本公共服务体系。"

2016 年 7 月，中央编办（国务院审改办）与国家标准委共同编制发布了《行政许可标准化指引（2016 版）》，规定了行政许可事项、行政许可流程、行政许可服务、行政许可受理场所建设与管理以及监督评价的规范化要求，提出了具体可操作的工作指引。该指引旨在规范和引导行政许可实施机关依据法律法规，运用标准化原理、方法和技术，优化审批流程、减少审批环节和提高审批效率，约束行政权力，防止寻租行为，规范自由裁量权，推进行政许可可预期、可操作、可验证、可考核、可监督，为行政相对人到政府办事提供便利。该指引适用于国务院部门行政许可的标准化建设。

2016 年 12 月 29 日，国务院标准化协调推进部际联席会议召开第三次全体会议。会议要求，深化标准化改革，实施标准化战略，开展"标准化＋"行动，以标准助力创新发展、协调发展、绿色发展、开放发展、共享发展。❶

2016 年 12 月 30 日，国家标准委、国家发改委印发《生活性服务业标准化发展"十三五"规划》，明确具体发展目标为：编制修订覆盖生活性服务业主要领域的标准 500 项以上，建立生活性服务业标准化试点示范项目 200 个以上，在居民和家庭、养老、旅游、等典型、重点领域探索开展

---

❶ 《2016 年中国标准化工作改革发展回眸》，载《中国质量报》，2017 年 1 月 16 日第 3 版。

标准实施效果评价试点，建立不少于 1 万人的生活性服务业标准化专业人才队伍。该规划确定重点任务为：在居民和家庭、健康、养老、旅游、体育、文化、法律、批发零售、住宿餐饮、教育培训等十个领域建立服务业标准体系。

2017 年 1 月，标准化助推京津冀协同发展研讨会在天津召开。本次研讨会旨在围绕绿色供应链管理、生态环境保护、推动产业升级等领域进行深入研究和探讨，充分发挥标准化的支撑和引领作用，推动区域标准协同发展，促进京津冀经济更加发达、社会更加和谐、环境更加优美。[1]

2018 年 1 月 15 日，《中国质量报》对党的十八大以来标准化工作进行了综述，[2] 其中在社会治理和公共服务方面：中组部等部门推进干部网络教育和干部人事档案管理标准化工作，支撑干部管理网络化和信息化建设；中央网信办等部门规划"十三五"信息化标准工作，推动核心信息技术、数据资源、电子政务等领域标准制定；国务院办公厅政府信息与政务公开办推进 100 个基层政务公开标准化规范化试点，支撑"放管服"改革；国务院扶贫办等部门推进光伏、茶叶等 10 类产业扶贫标准化工作，建设 28 个农业产业扶贫标准化示范项目，助力精准扶贫。养老、家政、公安执法、保险、医疗健康、基本公共文化、全民健身、全域旅游，以及快递业绿色包装等服务保障和改善民生的标准化工作有声有色。

## （三）政法领域标准化

总的来看，政法领域的标准化工作，除了公安部门的技术标准以外，其他领域起步较晚。

公安系统的标准化工作起步较早，1987 年公安部成立了全国安全技术防范报警系统标准化委员会。到目前，已经成立的全国性的标准化技术委员会有全国警用装备标准化技术委员会、全国消防标准化技术委员会、全国安全防范报警系统标准化技术委员会、全国道路交通管理标准化技术委员会等。属于公安部直接管理的标准化技术委员会有公安部社会公共安全应用基础标准化技术

---

[1] 徐璐、姚延敏：《标准化助推京津冀协同发展研讨会在天津召开》，载《中国质量报》，2017 年 1 月 16 日第 2 版。

[2] 徐风：《历史性的变革　历史性的成就——党的十八大以来标准化工作综述》，载《中国质量报》，2018 年 1 月 15 日第 1 版。

委员会、公安部特种警用装备标准化技术委员会、公安部计算机与信息处理标准化技术委员会等。"金盾工程"是公安部较早建设的标准化项目。到 2008 年，公安部发布公安行业标准 1400 余项；❶ 到 2014 年，发布公共安全行业的国家标准和行业标准 2068 项。❷ 经过三十多年发展，公安部归口管理的公共安全行业标准化工作取得长足进步，标准化领域涉及消防、安全防范、刑事技术、警用装备、治安管理、警用通信、道路交通管理、公安信息化等专业技术领域，对有效规范公安业务和装备建设发挥了重要作用。

政法院校组合成立"立格联盟"。"立格联盟"即全国政法大学"立格联盟"，含有建立规矩、建立规格、建设制度、树立标准的意思，是全国政法类大学联盟。2010 年 5 月 30 日，中国政法大学、西南政法大学、华东政法大学、中南财经政法大学、西北政法大学发起成立该联盟，2015 年、2016 年、2017 年联盟分别吸纳甘肃政法学院、上海政法学院、山东政法学院为会员单位。❸ 在 2012 年 7 月 12 日全国政法大学"立格联盟"第三届高峰论坛上，与会单位就"共同协商推出法学专业标准化建设文本"达成合作共识，将"推进法学专业标准化建设"的合作行动定位为"议定书"，该"议定书"作为一份协商性、研讨性文件，为联盟各方在推进法学专业标准化建设领域的协同合作提供一个意向性的合作基础和合作共识。❹ 2017 年 7 月 18 日，"立格联盟"第八届高峰论坛在山东举行，发布了《中国法学教育状况（2015）》白皮书及《立格联盟院校法学专业教学质量标准》。该标准分为十个部分，分别是概述、适用专业范围、培养目标、培养规格、课程体系、教学规范、教师队伍、教学条件、教学效果和质量保障体系。每个部分具体对应"立格联盟"院校法学专业人才培养的一个环节，整体上构成了"立格联盟"院校教学质量的标准体系。❺

---

❶ 沈志工：《推公安标准化建设，创建具有中国特色的公安工作标准体系》，载《中国安全防范认证》，2008 年第 2 期。

❷ 王雷、马洋、杨童权：《公安国际标准化发展现状分析及建议》，载《中国标准化》，2015 年第 1 期。

❸ 蒋安杰、姜东良：《全国政法大学"立格联盟"第八届高峰论坛举行》，载《法制日报》，2017 年 7 月 19 日第 9 版。

❹ 蒋安杰：《五大政法名校拟推"标准化议定书"》，载《法制日报》，2012 年 7 月 18 日第 9 版。

❺ 蒋安杰：《中国政法大学校长黄进详解标准的制定背景过程和主要内容》，载《法制日报》，2017 年 7 月 19 日第 9 版。

2016 年 1 月 28 日，国家质检总局、中央综治办、国家标准委召开《社会治安综合治理基础数据规范》（GB/T 31000—2015）国家标准发布会，该标准于 2016 年 3 月 1 日正式实施。该标准创了两个"全国第一"：该国家标准是社会治安综合治理工作领域的第一项国家标准，是社会治安综合治理工作的重大突破；它也是中央和国家部委参与最多的一项国家标准，共有 26 个中央和国家部委共同参与起草。

2016 年 9 月 30 日，国家质检总局、国家标准委发布《社会治安综合治理综治中心建设与管理规范》（GB/T 33200—2016），于 2017 年 1 月 1 日实施。这是继《社会治安综合治理基础数据规范》（GB/T 31000—2015）国家标准后我国社会治安综合治理工作领域的又一项国家标准。该标准包括 12 个方面的条款，从总体原则、功能定位、运行模式、人员组成、设施要求、综治信息系统建设、公共安全视频建设联网应用、制度要求、日常管理等方面规定了省（自治区、直辖市）、市（地、州、盟）、县（市、区、旗）、乡镇（街道）、村（社区）五级综治中心的建设与管理要求，统一规范省市县乡镇（村）五级综治中心功能、实施设备配置和运行管理要求，为综治中心建设与管理提供了标准化依据。

自 2014 年开始，天津市高级人民法院开展标准化管理工作。该法院探索和推进了司法标准化建设，构建以审判流程标准、司法权责配置标准、司法裁量标准、司法公开标准、案件质量标准、诉讼服务标准为主要内容的标准体系。2017 年 9 月，天津市高级人民法院举行司法标准化理论与实践研讨会，天津市委常委、多位著名专家学者，以及来自北京、江苏、广东、重庆、四川等省市的法官共同围绕司法标准化的价值、构建、适用及展望进行了深入研讨。专家学者认为，天津法院的司法标准化工作是深化司法体制改革、指导司法实践的重大行动。同时认为，司法标准化是一个前景广阔、意义重大的巨大工程，经过天津法院系统三年的不断努力，已形成了一个完整的架构体系，是可复制并具有较高推广价值的经验。❶ 2017 年 6 月，天津市高级人民法院在法律出版社出版了《人民法院司法标准化理论与实践》一书，系统总结、阐述了人民法院司法标准化工作。

2017 年 8 月 31 日，国家质量监督检验检疫总局、国家标准化管理委员会

---

❶ 蒋安杰：《司法标准化专家谈》，载《法制日报》，2017 年 9 月 13 日第 11 版。

发布《城乡社区网格化服务管理规范》（GB/T 34300—2017），规定了城乡社区网格化服务管理的总体目标、网格划分、工作机构和运行方式、设施和经费保障等方面的要求，服务"平安中国"建设。

2017 年 9 月 1 日，中央综治办秘书室、国家发展改革委办公厅、公安部办公厅、国家标准委办公室发布《公共安全视频图像信息联网共享应用标准体系（2017 版）》（中综秘〔2017〕3 号）。该标准体系包括技术要求（15 项标准）、评价测试规范（7 项标准）和管理规范（2 项标准）三大类标准，能够满足公共安全视频监控建设联网应用技术系统建设、第三方评价测试以及管理工作的实际需要，内容完整，相互衔接，全面成套。该标准体系为我国公共安全视频监控建设联网应用提供了标准化技术支撑，是我国公共安全视频监控建设联网应用工作在标准化方面的顶层设计。❶

## 三、标准化理论概要

### （一）主要概念

有关标准及标准化的概念是标准化原理的重要构成，这些概念主要集中于国家标准《标准化工作指南 第 1 部分：标准化和相关活动的通用术语》（GB/T 20000.1—2014，下文省略标准年份号）和其他国家标准之中。这里仅列举几个常用的主要概念。

#### 1. 标准

《标准化工作指南 第 1 部分：标准化和相关活动的通用术语》（GB/T 20000.1）"5.3 标准"词条定义了"标准"的概念。标准是指"通过标准化活动，按照规定的程序经协商一致制定，为各种活动或其结果提供规则、指南或特性，供共同使用和重复使用的文件。"标准宜以科学、技术和经验的综合成果为基础。规定的程序是指制定标准的机构颁布的标准制定程序。

《标准化法》第二条明确指出，本法所称标准（含标准样品），是指农业、工业、服务业以及社会事业等领域需要统一的技术要求。

该法条规定了我国"标准"的范围，界定为"农业、工业、服务业以及

---

❶ 《〈公共安全视频图像信息联网共享应用标准体系（2017 版）〉发布》，载《中国安全防范认证》，2017 年第 5 期。

社会事业等领域"，这一界定涵盖了国民经济和社会事业各个部类。在这些领域中"需要统一的技术要求"即《标准化法》所称的标准。

标准的质量要求要按《标准化法》第四条规定，即"制定标准应当在科学技术研究成果和社会实践经验的基础上，深入调查论证，广泛征求意见，保证标准的科学性、规范性、时效性，提高标准质量。"科学性、规范性、时效性是标准质量的主要方面。

### 2. 标准化

GB/T 20000.1 "3.1 标准化" 词条定义了"标准化"的概念。标准化是指"为了在既定范围内获得最佳秩序，促进共同效益，对现实问题或潜在问题确立共同使用和重复使用的条款以及编制、发布和应用文件的活动。"标准化的活动主要包括编制、发布和实施标准的过程。标准化活动确立的条款，可形成标准化文件，包括标准和其他标准化文件。

《标准化法》第三条规定："标准化工作的任务是制定标准、组织实施标准以及对标准的制定、实施进行监督。"标准化是一个过程，其实质和目的是通过制定、发布和实施标准，达到统一和获得最佳秩序和社会效益。

### 3. 标准化对象

GB/T 20000.1 "3.2 标准化对象" 词条定义了"标准化对象"的概念。标准化对象是指"需要标准化的主题"。据此理解，凡是需要标准化的事项均是标准化的对象，因此标准化的对象是广义的。在国民经济和社会治理的各个领域中，也包括监狱工作领域中，凡具有多次重复使用和需要制定标准的具体产品，以及各种定额、规划、要求、方法、概念等，都可以成为标准化对象。标准化可以限定在任何对象的特定方面。

标准化对象一般分为两大类：一类是标准化具体对象，即需要制定标准的具体事物；另一类是标准化抽象对象，即各种具体对象的总和所构成的整体，通过它可以研究各种具体对象的共同属性、本质和普遍规律。

### 4. 标准化领域与层次

GB/T 20000.1 "3.3 标准化领域" 词条定义了"标准化领域"的概念。标准化领域是指"一组相关的标准化对象"。广义地看，农业、工业、服务业以及社会事业均可作为标准化领域。

GB/T 20000.1 "3.6.1 标准化层次" 词条定义了"标准化层次"的概念。

标准化层次是指"标准化所涉及的地理、政治或经济区域的范围。"标准化可以在全球或某个区域或某个国家层次上进行。在某个国家或国家的某个地区内，标准化也可以在一个行业或部门（如政府各部门）、地方层次上、行业协会或企业层次上，以至在车间和业务室进行。

### 5. 综合标准化

《综合标准化工作指南》（GB/T 12366—2009）定义了综合标准化的相关术语。

综合标准化是指："为达到确定的目标，运用系统分析方法，建立标准综合体，并贯彻实施的标准化活动。"

综合标准体是指："综合标准化对象及其相关要素按内在联系或功能要求形成的相关指标协调优化、相互配合的成套标准。"

综合标准化是系统工程和标准化相结合的产物，是现代标准化的重要特征和基本方法、基本形式。它以标准化具体对象系统为研究对象，准确地把握各种相关要素之间的关系，强调标准化整体协调一致性的重要标准化。其基本特征是系统性、目标性和整体最佳化。

### （二）标准化的作用

习近平在致第 39 届国际标准化组织大会贺信中指出："伴随着经济全球化深入发展，标准化在便利经贸往来、支撑产业发展、促进科技进步、规范社会治理中的作用日益凸显。标准已成为世界'通用语言'。世界需要标准协同发展，标准促进世界互联互通……标准助推创新发展，标准引领时代进步。"并庄严宣告："中国将积极实施标准化战略，以标准助力创新发展、协调发展、绿色发展、开放发展、共享发展。"❶ 在党的十九大报告中，习近平专门就"瞄准国际标准提高水平""高标准建设雄安新区""提高污染排放标准"等提出明确要求。李克强在第 39 届国际标准化组织大会的致辞中指出："要把标准化理念和方法融入政府治理之中，持续深化简政放权、放管结合、优化服务改革，更加注重运用标准化这一手段，促进政府管理更加科学和市场监管更加规

---

❶ 《习近平致第 39 届国际标准化组织大会的贺信》，载《人民日报》，2016 年 9 月 13 日第 1 版。

范有序，提高政府效能。"❶

标准是经济社会生活中的一个重要的技术依据，标准化涉及经济社会生活的方方面面，对国计民生来说发挥着非常重要的基础性作用。标准化在国家治理体系和治理能力现代化的建设中，也起着基础性、引领性和战略性作用。

标准化在经济社会发展和企业生产管理方面的作用主要体现在以下几个方面。

**1. 标准化为科学管理奠定了基础**

在企业管理领域，无论是生产经营还是核算分配，都需要规范化、程序化、科学化，都离不开标准。集约化生产也要求企业依据生产技术的发展和客观的经济规律进行管理，实现管理机构高效化、管理技术现代化。标准化可以将生产程序和管理业务衔接起来，成为一个有机的整体，保障企业整个管理系统发挥功能。所以，标准化为企业现代化、管理科学化提供了基础条件。

标准化在社会治理领域也有相同的作用，通过确立共同遵守的准则，建立稳定的社会秩序，维护社会公共利益；通过制定环境标准，促进对自然资源的合理利用，保持生态平衡，维护人类社会当前和长远利益；通过制定健康和安全标准（以强制标准为主），保障人民群众身体健康和生命财产安全等。

**2. 标准是技术话语权的体现**

据 2017 年 12 月 23 日《新京报》报道，"由参与制定 4G 标准，到主导 5G 的一些技术标准，这是中国通信技术实力提升的标志，也是中国在通信技术标准制定中话语权提升的重要标志。""刚诞生的 5G 标准昭示，中国已经成为这一技术标准的主导力量。"❷ 由此可见一斑。

无论是企业还是国家，无论是在科学技术领域还是在社会治理领域，谁拥有了行业标准或国家标准的制定权，谁就掌握了标准话语权，就拥有了本领域控制权和主动权。在这个意义上，制定标准既是技术创新的结果，也是掌握标准话语权的过程。

**3. 促进经济社会高质量发展**

在国家发展战略中，标准化战略是诸项战略的一项基础性战略。当前，我

---

❶ 新华网：http://www.xinhuanet.com/politics/2016-09/14/c_1119567794.htm，最后访问时间：2019 年 4 月 24 日。

❷ 贾敬华：《5G 标准诞生，中国通信行业的里程碑事件》，载《新京报》，2017 年 12 月 23 日第 3 版。

国经济已由高速增长阶段转向高质量发展阶段。标准是质量基础设施的重要组成部分，标准本身就体现了质量第一、效益优先的理念。在全社会推动运用标准和标准化方式组织生产、经营、管理和服务，对于促进转型升级、引领创新驱动具有重要的支撑作用。可以说，没有标准和标准化就难以实现经济社会高质量发展。

**4. 标准化为组织现代化生产创造了前提条件**

随着科学技术发展，生产的社会化程度越来越高，生产规模越来越大，技术要求越来越复杂，分工越来越细，生产协作日益广泛，这就必须通过制定和使用标准，来保证各生产部门的活动在技术上保持高度的统一和协调，以使生产正常进行。标准化是科研、生产、使用三者之间的桥梁，一项科研成果一旦纳入相应标准，可以比较快地使新技术和新科研成果得到推广应用，从而促进技术进步。

《人民日报》2015年10月21日第7版刊登了高鹰忠的署名文章《发挥标准化在国家治理中的重要作用》，对于标准化在宏观的国家治理中的作用作了系统概括。

在维持社会运行的诸多规范中，国家的基本制度、执政党的指导思想和基本政策可称为定向性规范，从最高层次上规定着国家和社会的发展方向。法律法规是由国家强制力保证实施的强制性规范，法治使社会行为的后果具有可预期性，因而成为社会有序运行的根本保障。同时应看到，强制性或推荐性的标准也具有规范性。与刚性的法律相比，标准更加具体细致，是法律法规的细化和延伸；法律主要回答"可为"还是"不可为"的问题，而标准则包含许多定量要求，主要回答"如何为"的问题，具有较强的可操作性。在社会规范体系中，标准存在和发生作用的时空非常广泛，不仅对社会行为所起的作用更加直接，灵活性、针对性更强，而且会通过渗透于日常生活培养人们的行为习惯。可以说，标准是国家治理的基础性规范。

标准化是治理现代化的必然要求。推进国家治理体系和治理能力现代化，旨在实现国家、社会各项事务治理制度化、规范化、程序化，从而把中国特色社会主义各方面的制度优势转化为治理国家的效能。实施标准化战略，对推进国家治理现代化具有重要意义。借助标准化的方法，可以整合经济、政治、文化、社会等方面资源，创新国家治理模式，为解决政出多门、各自为政、自由裁量、互不相关以及社会资源分配不公、政府与市场关系不顺等问题提供技术支撑，推动实现政府治理行为规范化和社会治理资源优化配置。

标准化是社会主义法治建设的重要体现。推进全面依法治国，既涉及价值、理念、体制、制度等宏大问题，又涉及社会民生等具体问题。无论宏大问题还是具体问题的解决，都要靠法律法规和标准规范。国家治理层面的法律往往原则性较强，在一些领域缺少细化规范，而标准恰恰可以在法律规范不明确时发挥弥补和支撑作用，避免社会规范出现真空地带。标准化是法律体系向具体化、精细化方向的延伸，能使社会生活的各个细分领域和各个环节都遵循一定的标准有序和谐运行，为全面依法治国奠定扎实基础。

标准化是实现基本公共服务均等化的重要手段。借助标准化的方法，基本公共服务的各项指标可以量化，能有效减少政府基本公共服务供给不均与公众对基本公共服务享受不均的问题。同时，还可以避免公共资源配置过程中重复浪费、效率低下等现象。从20世纪80年代开始，公共服务标准在国外政府公共服务领域得到广泛应用。欧美许多国家将公共服务标准作为社会公共管理的基础和核心，使得基本公共服务水平、范围和均等化程度有了基本参照系。公共服务标准的表现形式可以是一系列工作规范，也可以是一系列定量指标，如义务教育、公共卫生、福利保障等各类基本公共服务的建设标准、设施标准、人员配备标准、财力匹配标准等。

标准化是一些国家治理领域与国际接轨的有效途径。进入21世纪以来，国际标准发展集中表现在三个方面：一是在生态环境方面，国际贸易产品和服务必须满足相应节能减排、环境友好、生态保护等标准要求已成为国际共识；二是在社会安全及社会责任方面制定标准，在社会稳定、劳动权益、消费者权益、社区发展等领域发挥作用；三是以标准化推动社会治理水平、城市服务及生活品质的提升。随着经济全球化、社会信息化深入发展，我国经济、社会和公共服务等与国际社会的融合度在逐步提高。在我国现代化建设中，在金融服务、智能交通、通讯网络、安全应急等服务领域引入国际标准，是提高经济发展和社会治理水平的有效途径。

（三）标准化基本原理

我国学者对于标准化基本原理的研究，比较有代表性的有以下几种。

**1. 陈文祥的六项原则**

陈文祥在 20 世纪 80 年代出版的《标准化原理与方法》一书中，论述了简化原理是标准化的基本原理，同时标准化管理中应实施优化原则（包括功能结构优化和参数系列优化）、动态原则、超前原则、系统原则、反馈原则以及宏观控制和微观自由相结合原则。

**2. 王征的五项原理**

王征在 1981 年出版的《标准化基础概念》一书中提出了五项标准化基本原理：统一原理、简化原理、互换性原理、协调原理、阶梯原理。他认为，五项原理中，统一原理是标准化原理的核心和本质，其他原理都是统一原理的具体形式，而统一是科学合理的统一，也就是一定范围、一定程度、一定级别、一定水平、一定时间和一定的多数的统一。

**3. 常捷的"八字"原理**

常捷在 1982 年提出了标准化"八字"原理：统一、简化、协调、选优。笔者认为，这可以称为标准化方法原理，其内容包括以下方面。

（1）统一原理。统一原理的含义是为了保证标准系统发展所必需的秩序和效率，就标准系统的形成、功能或其他特性，确定适合于一定时期和一定条件的一致规范，并使这种一致规范与被取代的标准（对象）在功能上达到等效。统一原理的基本思想是：①统一化的目的是确立一致性；②经统一而确立的一致性适用于一定时期；③统一的前提是等效。

由此导出标准化的方法：①统一是为了确定一组对象的一致规范，其目的是保证标准系统所必须的秩序和效率；②统一的原则是功能等效，从一组对象中选择确定一致规范，应能包含被取代对象所具备的必要功能；③统一是相对的、确定的一致规范，只适用于一定时间阶段和一定条件，随着时间的推移和条件的改变，旧的统一就要由新的统一所代替。

（2）简化原理。简化原理的含义是从经济有效地满足需要出发，保持整体构成精简合理，使之功能效率最高。

由此导出标准化的方法：①对处于自然存在状态的标准化对象进行科学的

筛选提炼，剔除其中多余的、低效能的、可替换的环节，精炼出高效能的能满足全面需要所必要的环节；②要把握两个界限，简化的必要性界限，在事后简化的情况下，只有当多样性的发展规模超出了必要的范围时，就应该（或才允许）简化，简化的合理性界限，就是通过简化应达到"总体功能最佳"的目标。

（3）协调原理。协调原理的含义是为了使标准系统的整体功能达到最佳，并产生实际效果，必须通过有效的方式协调系统内外相关因素之间的关系，确定为建立和保持相互一致，适应或平衡关系所必须具备的条件。

由此导出标准化的方法：①协调的目的在于使标准系统的整体功能达到最佳并产生实际效果；②协调对象是标准系统内相关因素的关系以及系统与外部相关因素的关系；③相关因素之间需要建立相互一致的关系、相互适应的关系、相互平衡的关系，为此必须确立条件；④协调的有效方式包括有关各方面的协商一致、多因素的综合效果最优化、多因素矛盾的综合平衡等。

（4）选优原理。选优原理的含义是按照特定的目标，在一定条件下，对标准系统的构成因素及其关系进行选择、设计或调整，使达到最佳理想的效果。

由此导出标准化的方法：①最优化的一般程序为确定目标、收集资料、计算、评价和决策；②最优化的方法为对于较为复杂的标准化课题，要应用包括计算机在内的最优化技术，对于较为简单的方案的优选，可运用技术经济分析的方法求解。

### 4. 李春田四项标准系统管理原理

李春田在《标准化概论》修订版中提出了四项标准系统管理原理：系统效应原理、结构优化原理、有序发展原理和反馈控制原理。

（1）系统效应原理。作者认为一个标准系统的效应不是直接地从每个标准本身，而是从组成该系统的互相协同的标准集合中得到的，并且这个效应超过了标准个体效应的总和。作者认为这条原理是对标准系统进行管理的理论基础。

由此导出标准化工作的三条原则：①无论是国家标准化还是企业标准化，要想收到实效，必须建立标准系统；②建立标准系统必须有一定数量的标准，但并不意味着标准越多越好，关键是标准之间要互相关联、互相协调、互相适应；③制定每一项单项标准时，都必须搞清楚该标准在标准系统中所处的位置、所起的作用，以及它与相关标准之间的关系，从系统对它的要求出发，才能制定出有利于系统整体效能发挥的标准，最后形成的标准系统才能产生较好的系统效应。

（2）结构优化原理。作者认为，标准系统诸要素之间不仅存在着内在的有机联系，而且在空间上层次分明，时间上排列有序。作者将此称为标准系统的结构，它包括系统功能和系统结构形式两个要素：①该系统具有特定功能、能够产生特定效应；②标准系统的结构形式包括层次秩序（层次级别的关系）、时间序列（标准的寿命时间方面的关系）、数量比例（具有不同功能的标准之间的构成比例）和各要素之间的关系（主要是标准之间相互适应、相互协调的关系），以及它们之间的合理组合。

由此导出标准化工作的三条原则：①在一定范围内，当标准的数量已经达到一定程度时，标准化工作的重点即应转向对系统结构的研究和调整上，要注意防止那种片面追求数量而忽视结构优化的倾向；②为使标准系统发挥较好的效应，不能仅仅停留在提高单个标准质量方面，应该在保证一定质量的基础上致力于改进整个系统的结构；③当标准系统过于臃肿、功能降低时，可采用精简结构要素的办法，减少系统中不必要的要素和某些不必要的结构。

（3）有序发展原理。有序发展指的是系统的稳定状态：①系统只有处于稳定状态，才能正常地发挥其功能，产生系统效应。②标准系统的稳定是相对的、暂时的，不能一劳永逸。③如果系统要素间秩序井然，有条不紊，相互联系牢固紧密，整个系统具有某种特定的运动方向，则表明其有序度高，这样的系统就是稳定的；如果相反，要素之间结构松散、混沌、杂乱无章、方向不定，则表明其有序度低，这样的系统就是不稳定的。所以，努力提高系统的有序度是维持标准系统稳定性的关键。

由此导出标准化工作的三条原则：①及时淘汰标准系统中落后的、低功能的和无用的要素；②向系统中补充对系统发展有带动作用的新要素；③致力于系统由较低有序状态向较高有序状态转化，推动系统的发展。

（4）反馈控制原理。这一原理的内容是，标准系统演化、发展以及保持结构稳定性和环境适应性的内在机制是反馈控制。这一原理的含义有：①标准系统在建立和发展过程中，只有通过经常地反馈，不断地调节与外部环境的关系，提高系统的适应性和稳定性，才能有效地发挥出系统效应；②标准系统与外部环境的适应性不可能自发实现，需要控制系统（管理机构）实行强有力的反馈控制。

由此导出标准化工作的四条管理原则：①标准系统是人造系统，它需要标准化管理者主动地进行调节，才能使系统处于稳定，没有人的干预或控制是不可能达到稳定的；②标准化管理部门的信息管理系统是否灵敏、健全，利用信息进行控制的各种技术的和行政的措施是否有效，对标准系统的发展有重要影响；③标准系统的反馈信息，要通过标准贯彻的实践才能得到；④为使标准系统与环境相适应，除了及时修订已经落后了的标准，制定适合环境要求的高水平标准外，还应尽可能使标准具有一定的弹性。

**5. 洪生伟的标准化活动过程八项基本原理**

洪生伟在其所著的《标准化管理（第六版)》一书中，概括了八项现代标准化活动过程的基本原理。

（1）超前预防原理。超前预防原理是指标准化的对象不仅要在依存标准化课题的实际问题中选取，而且更应从其潜在的问题中选取，以避免该对象非标准化发展后造成的损失。

该原理认为，不能像传统标准化那样，仅对已发生多样化，导致混乱的问题实行标准化（简化）；对潜在问题实施超前标准化，就会有效地预防不必要的多样化和复杂化。

（2）系统优化原理。系统优化原理是指标准化对象应优先考虑其所依存主体系统中能获得最佳效益的问题。

该原理的运用：如果没有标准化效益的问题（或项目），就不必去实行标准化；在能获取标准化效益的问题中，首先应考虑能获取最大效益的问题；在考虑标准化效益时，不仅要考虑对象系统的局部（个别）化效益，更应考虑对象所依存的主体系统（即全局）的最佳效益。

（3）协商一致原理。协商一致原理是指标准化活动的成果（即标准）应建立在相关各方协商一致的基础上。

该原理认为，标准化活动的成果（即标准）只有让大家尤其是使用人公认并接受和理解，才会去执行，必须在标准的起草和编制过程中，让与标准相关的各方面充分协商一致，取得共识。这样既可以使标准制定得科学合理，并具有广泛的基础，又可以为标准顺利、有效地实施创造前提条件。

（4）统一有度原理。统一有度原理是指在一定范围、一定时期和一定条件下，对标准化对象的特性和特征作出统一规定，以实现标准化的目的。

该原理认为，统一有度原理是标准化的本质与核心，它使标准化对象的形式、功能及其他技术特征具有一致性。等效是统一的前提条件，只有统一后的标准与被统一的对象具有功能上的等效性，才能由统一的标准替代原来不统一的事物。统一要先进、科学、合理，也就是要有度。

（5）动变有序原理。动变有序原理是指标准应依据其所处环境条件的变化而按规定的程序适时修订，以保证标准的先进性和适用性。

该原理认为，标准是一定时期内依存主体技术或管理水平的反映，随着时间的变化，必然导致标准使用环境条件的变化，因此必须适时修订标准；反过来说，标准不应该是一成不变的，它有一定的适用期，应该随着标准依存主体的发展变化而及时进行修订，以适应其发展的客观需要，否则就会因滞后而丧失其适用性。

（6）互换兼容原理。互换兼容原理是指标准应尽可能使不同的产品、服务或过程实现互换和兼容，以扩大标准化效益。

该原理认为，在研发新产品、拓展新服务以及开展各项活动过程中，都应该重视和尽可能实现互换和兼容问题，以实现标准化活动效益的最大化。

（7）阶梯发展原理。阶梯发展原理是指标准化活动过程是阶梯状的倒四边形的、呈上升发展的过程。

该原理认为，标准的制定意味着标准化活动过程的开始。只要这个标准不废除，这个标准化活动过程就不会停止。标准每修订一次，标准水平就提高一阶。一般来说，修订过的标准比原标准的内容更加全面、完善。标准化活动过程的循环使标准水平逐步提高，就像走楼梯一样，一阶一阶地登高，它形象地反映了标准化必须伴随其依存主体的技术水平的提高而提高。至于阶梯的提高幅度，一般应依存于标准主体的技术或经济发展要求、标准的层级及其标准的适用范围等具体情况而确定。

（8）滞阻即废原理。滞阻即废原理是指当标准制约或阻碍其依存主体的正常发展时，应立即废止。

该原理认为，标准是一把"双刃剑"，先进的标准会获得最佳秩序和效益，而落后的标准会阻碍标准化对象的发展，带来负效益，这就是标准的两重性。因此对标准要定期或不定期复审，确认其是否适用，如不适用，应根据其制约或阻碍依存主体的程度、范围等情况来决定。这就是标准适用有效性审查。

审查结果按下列 4 种方式处理：

（1）更改。改动、增加或删除标准文件中那些不适用部分的内容条文，一般以发布"标准更改通知单"形式表述。

（2）修订。对标准文件的不适用内容作较大的修改并换版，一般要重新批准、发布，更新发布年份。

（3）废止。公布标准文件作废，停止实施，一般是指标准依存主体已发生根本变化，原标准已无效用或已有新标准替代的情况。

（4）确认。确认标准的适用，继续实施，并在封面上盖×××年确认章。

## （四）我国标准层级与分类

《标准化法》第二条规定："标准包括国家标准、行业标准、地方标准和团体标准、企业标准。国家标准分为强制性标准和推荐性标准，行业标准、地方标准是推荐性标准……强制性标准必须执行。国家鼓励采用推荐性标准。"据此规定，我国标准的层级与分类如下。

### 1. 按标准制定的主体划分

标准按制定主体分为国家标准、行业标准、地方标准和团体标准、企业标准。国家标准、行业标准和地方标准属于政府主导制定的标准，团体标准、企业标准属于市场主体自主制定的标准。其制定部门分别是：

（1）国家标准由国务院标准化行政主管理部门编制计划，组织草拟，统一审批、编号、发布。

（2）行业标准由国务院有关行政主管部门编制计划，组织草拟，统一审批、编号、发布，并报国务院标准化行政主管部门备案。

（3）地方标准由省、自治区、直辖市人民政府标准化行政主管部门编制计划，组织草拟，统一审批、编号、发布，并报国务院标准化行政主管部门和有关行政主管部门备案。

（4）团体标准由学会、协会、商会、联合会、产业技术联盟等社会团体协调相关市场主体共同制定，由本团体成员约定采用或者按照本团体的规定供社会自愿采用。国务院标准化行政主管部门会同国务院有关行政主管部门对团体标准的制定进行规范、引导和监督。

（5）企业标准由企业组织制定。企业产品标准须报当地政府标准化行政主管部门和有关行政主管部门备案。

　　四层级标准之间的关系是：对需要在全国范围内统一的技术要求，应当制定国家标准；对没有国家标准而又需要在全国某个行业范围内统一的技术要求，可以制定行业标准；对没有国家和行业标准，又需要在省、自治区、直辖市范围内统一的技术要求，可以制定地方标准，但在公布国家标准或行业标准之后，该项地方标准即行废止；企业生产的产品没有国家和行业标准的，应当制定企业标准，作为组织生产的依据；已有国家或行业标准的，国家鼓励企业制定严于上一级标准的企业标准；推荐性国家标准、行业标准、地方标准、团体标准、企业标准的技术要求不得低于强制性国家标准的相关技术要求。

### 2. 按标准的法律效力划分

　　标准按其法律效力可分为强制性标准和推荐性标准两种。

　　（1）强制性标准。强制性标准是国家通过法律的形式明确要求对于一些标准所规定的技术内容和要求必须执行，不允许以任何理由或方式加以违反、变更。强制性标准必须执行（《标准化法》第二条第三款）。不符合强制性标准的产品、服务，不得生产、销售、进口或者提供（《标准化法》第二十五条）。生产、销售、进口产品或者提供服务不符合强制性标准的，依照《中华人民共和国产品质量法》《中华人民共和国进出口商品检验法》《中华人民共和国消费者权益保护法》等法律、行政法规的规定查处，记入信用记录，并依照有关法律、行政法规的规定予以公示；构成犯罪的，依法追究刑事责任（《标准化法》第三十七条）。

　　强制性标准是为保障和维护人身健康和生命财产安全、国家安全、生态环境安全以及满足经济社会管理基本需要而设置的"底线"和"门槛"，是保障和维护各类安全的"技术屏障"。《标准化法》第十条规定："对保障人身健康和生命财产安全、国家安全、生态环境安全以及满足经济社会管理基本需要的技术要求，应当制定强制性国家标准。"强制性国家标准由国务院批准发布或者授权批准发布。

　　强制性标准仅有国家标准一级，法律、行政法规和国务院决定对强制性标准的制定另有规定的，从其规定（《标准化法》第十条）。

　　（2）推荐性标准。推荐性标准是指国家鼓励自愿采用的具有指导作用而又不宜强制执行的标准，即标准所规定的技术内容和要求具有普遍指导作用，允许使用单位结合自己的实际情况，灵活加以选用。

推荐性标准包括推荐性国家标准、行业标准和地方标准。

国家鼓励采用推荐性标准（《标准化法》第二条）。但在有些情况下，推荐性标准的效力会发生转化，必须执行。❶ ①推荐性标准被相关法律、法规、规章引用，则该推荐性标准具有相应的强制约束力，应当按法律、法规、规章的相关规定予以实施。②推荐性标准被企业在产品包装、说明书或者标准信息公共服务平台上进行了自我声明公开的，企业必须执行该推荐性标准。企业生产的产品与明示标准不一致的，依据《产品质量法》承担相应的法律责任。③推荐性标准被合同双方作为产品或服务交付的质量依据的，该推荐性标准对合同双方具有约束力，双方必须执行该推荐性标准，并依据《合同法》的规定承担法律责任。

**3. 按照标准化对象和作用划分**

《标准化工作指南　第 1 部分：标准化和相关活动的通用术语》（GB/T20000.1）"7 标准的类别"，可视为按标准化对象的标准类别划分。

（1）基础标准。基础标准是指具有广泛的适用范围或包含一个特定领域的通用条款的标准。基础标准可直接应用，也可作为其他标准的基础。

（2）术语标准。术语标准是指界定特定领域或学科中使用的概念的指称及其定义的标准。术语标准通常包含术语及其定义，有时还附有示意图、注、示例等。

（3）符号标准。符号标准是指界定特定领域或学科中使用的符号的表现形式及其含义或名称的标准。

（4）分类标准。分类标准是指基于诸如来源、构成、性能或用途等相似特性对产品、过程或服务进行有规律的排列或划分的标准。分类标准有时给出或含有分类原则。

（5）试验标准。试验标准是指在适合指定目的的精确度范围内和给定环境下，全面描述试验活动以及得出结论的方式的标准。

试验标准有时附有与测试有关的其他条款，如取样、统计方法的应用、多个试验的先后顺序等。适当时，试验标准可说明从事试验活动需要的设备和工具。

---

❶ 甘藏春、田世宏主编：《中华人民共和国标准化法释义》，中国法制出版社出版 2017 年，第 30 页。

（6）规范标准。规范标准是指规定产品、过程或服务需要满足的要求以及用于判定其要求是否得到满足的证实方法的标准。

（7）规程标准。规程标准是指为产品、过程或服务全生命周期的相关阶段推荐良好惯例或程序的标准。一般来说，规程标准汇集了便于获取和使用信息的实践经验和知识。

（8）指南标准。指南标准是指以适当的背景知识给出某主题的一般性、原则性、方向性的信息、指导或建议，而不推荐具体做法的标准。

（9）产品标准。产品标准是指规定产品需要满足的要求以保证其适用性的标准。

产品标准除了包括适用性的要求外，也可直接包括或以引用的方式包括诸如术语、取样、检测、包装和标签等方面的要求，有时还可包括工艺要求。产品标准根据其规定的是全部的还是部分的必要要求，可区分为完整的标准和非完整的标准。由此，产品标准又可分为不同类别的标准，如尺寸类、材料类和交货技术通则类产品标准。若标准仅包括分类、试验方法、标志和标签等内容中的一项，则该标准分别属于分类标准、试验标准和标志标准，而不属于产品标准。

（10）过程标准。过程标准是指规定过程需要满足的要求以保证其适用性的标准。

（11）服务标准。服务标准是指规定服务需要满足的要求以保证其适用性的标准。

服务标准可以在诸如洗衣、饭店管理、运输、汽车维护、远程通信、保险、银行、贸易等领域内编制。

（12）接口标准。接口标准或称界面标准，是指规定产品或系统在其互连部位与兼容性有关的要求的标准。

（13）数据待定标准。数据待定标准是指列出产品、过程或服务的特性，而特性的具体值或其他数据需根据产品、过程或服务的具体要求另行指定的标准。

在典型情况下，一些标准规定由供方确定数据，另一些标准由需方确定数据。

**4. 标准代号**

（1）国家标准代号。《国家标准管理办法》第四条规定，国家标准的代号由大写汉语拼音字母构成。强制性国家标准的代号为"GB"，推荐性国家标准的代号为"GB/T"。

国家标准的编号由国家标准的代号、国家标准发布的顺序号和国家标准发布的年号（即发布年份）构成。示例：

GB××××—××

GB/T××××—××

（2）行业标准代号。1990年制定的《行业标准管理办法》（未检索到最新文献）第十六条规定："行业标准代号由国务院标准化行政主管部门规定。行业标准的编号由行业标准代号、标准顺序号及年号组成。"

据1999年原国家质量技术监督局印发的《关于规范使用国家标准和行业标准代号的通知》（未检索到最新文献），公布的行业标准代号如下。

| 序号 | 行业标准名称 | 行业标准代号 | 主管部门 |
|------|------------|------------|---------|
| 1 | 农业 | NY | 农业部 |
| 2 | 水产 | SC | 农业部 |
| 3 | 水利 | SL | 水利部 |
| 4 | 林业 | LY | 国家林业局 |
| 5 | 轻工 | QB | 国家轻工业局 |
| 6 | 纺织 | FZ | 国家纺织工业局 |
| 7 | 医药 | YY | 国家药品监督管理局 |
| 8 | 民政 | MZ | 民政部 |
| 9 | 教育 | JY | 教育部 |
| 10 | 烟草 | YC | 国家烟草专卖局 |
| 11 | 黑色冶金 | YB | 国家冶金工业局 |
| 12 | 有色冶金 | YS | 国家有色金属工业局 |
| 13 | 石油天然气 | SY | 国家石油和化学工业局 |
| 14 | 化工 | HG | 国家石油和化学工业局 |
| 15 | 石油化工 | SH | 国家石油和化学工业局 |
| 16 | 建材 | JC | 国家建筑材料工业局 |
| 17 | 地质矿产 | DZ | 国土资源部 |
| 18 | 土地管理 | TD | 国土资源部 |
| 19 | 测绘 | CH | 国家测绘局 |
| 20 | 机械 | JB | 国家机械工业局 |

| 序号 | 行业标准名称 | 行业标准代号 | 主管部门 |
|---|---|---|---|
| 21 | 汽车 | QC | 国家机械工业局 |
| 22 | 民用航空 | MH | 中国民航管理总局 |
| 23 | 兵工民品 | WJ | 国防科工委 |
| 24 | 船舶 | CB | 国防科工委 |
| 25 | 航空 | HB | 国防科工委 |
| 26 | 航天 | QJ | 国防科工委 |
| 27 | 核工业 | EJ | 国防科工委 |
| 28 | 铁路运输 | TB | 铁道部 |
| 29 | 交通 | JT | 交通部 |
| 30 | 劳动和劳动安全 | LD | 劳动和社会保障部 |
| 31 | 电子 | SJ | 信息产业部 |
| 32 | 通信 | YD | 信息产业部 |
| 33 | 广播电影电视 | GY | 国家广播电影电视总局 |
| 34 | 电力 | DL | 国家经贸委 |
| 35 | 金融 | JR | 中国人民银行 |
| 36 | 海洋 | HY | 国家海洋局 |
| 37 | 档案 | DA | 国家档案局 |
| 38 | 商检 | SN | 国家出入境检验检疫局 |
| 39 | 文化 | WH | 文化部 |
| 40 | 体育 | TY | 国家体育总局 |
| 41 | 商业 | SB | 国家国内贸易局 |
| 42 | 物资管理 | WB | 国家国内贸易局 |
| 43 | 环境保护 | HJ | 国家环境保护总局 |
| 44 | 稀土 | XB | 国家计发委稀土办公室 |
| 45 | 城镇建设 | CJ | 建设部 |
| 46 | 建筑工业 | JG | 建设部 |
| 47 | 新闻出版 | CY | 国家新闻出版署 |
| 48 | 煤炭 | MT | 国家煤炭工业局 |
| 49 | 卫生 | WS | 卫生部 |
| 50 | 公共安全 | GA | 公安部 |
| 51 | 包装 | BB | 中国包装工业总公司 |

| 序号 | 行业标准名称 | 行业标准代号 | 主管部门 |
|---|---|---|---|
| 52 | 地震 | DB | 国家地震局 |
| 53 | 旅游 | LB | 国家旅游局 |
| 54 | 气象 | QX | 中国气象局 |
| 55 | 外经贸 | WM | 对外经济贸易合作部 |
| 56 | 海关 | HS | 海关总署 |
| 57 | 邮政 | YZ | 国家邮政局 |

注：行业标准分为强制性和推荐性标准。表中给出的是强制性行业标准代号，推荐性行业标准的代号是在强制性行业标准代号后面加"/T"，例如农业行业的推荐性行业标准代号是 NY/T。

（3）地方标准代号。根据原标准化法和 1990 年的《地方标准管理办法》（未检索到最新文献）第十条"地方标准的代号、编号"规定，地方标准的代号为：汉语拼音字母"DB"加上省、自治区、直辖市行政区划代码前两位数再加斜线，再加"T"，组成推荐性地方标准代号。地方标准的编号，由地方标准代号、地方标准顺序号和年号三部分组成。

根据新修订的《标准化法》第二条规定，地方标准只能是推荐性标准，1990 年颁布的《地方标准管理办法》关于地方标准编号的规定，已经不符合《标准化法》的规定。2018 年 6 月 1 日，国家标准委在上海召开《地方标准管理办法》修订工作启动会，决定修订《地方标准管理办法》。

按照《中华人民共和国行政区划代码》（GB/T 2260—2007）国家标准，全国各省、自治区、直辖市代码如下：

| 名称 | 代码 | 名称 | 代码 |
|---|---|---|---|
| 北京市 | 110000 BJ | 湖南省 | 430000 HN |
| 天津市 | 120000 TJ | 广东省 | 440000 GD |
| 河北省 | 130000 HE | 广西壮族自治区 | 450000 GX |
| 山西省 | 140000 SX | 海南省 | 460000 HI |
| 内蒙古自治区 | 150000 NM | 重庆市 | 500000 CQ |
| 辽宁省 | 210000 LN | 四川省 | 510000 SC |
| 吉林省 | 220000 JL | 贵州省 | 520000 GZ |
| 黑龙江省 | 230000 HI | 云南省 | 530000 YN |
| 上海市 | 310000 SH | 西藏自治区 | 540000 XZ |

| | | | |
|---|---|---|---|
| 江苏省 | 320000 JS | 陕西省 | 610000 SN |
| 浙江省 | 330000 ZJ | 甘肃省 | 620000 GS |
| 安徽省 | 340000 AH | 青海省 | 630000 QH |
| 福建省 | 350000 FJ | 宁夏回族自治区 | 640000 NX |
| 江西省 | 360000 JX | 新疆维吾尔自治区 | 650000 XJ |
| 山东省 | 370000 SD | 台湾省 | 710000 TW |
| 河南省 | 410000 HA | 香港特别行政区 | 810000 HK |
| 湖北省 | 420000 HB | 澳门特别行政区 | 820000 MO |

（4）企业标准代号。根据 1990 年《企业标准化管理办法》第十二条规定：企业产品标准的代号、编号方法如下：

企业代号可用汉语拼音字母或阿拉伯数字或两者兼用组成。

企业代号，按中央所属企业和地方企业分别由国务院有关行政主管部门和省、自治区、直辖市政府标准化行政主管部门会同同级有关行政主管部门规定。

2016 年 9 月 8 日，国家标准化管理委员会在山东威海召开《企业标准化管理办法》修订专家研讨会。❶ 2016 年 12 月 13 日在北京再次召开该办法修订座谈会。❷

## （五）我国标准化管理体系

### 1. 标准化行政管理体制

《标准化法》第五条、第六条规定了我国标准化管理体制：

第五条 国务院标准化行政主管部门统一管理全国标准化工作。国务院有关行政主管部门分工管理本部门、本行业的标准化工作。

县级以上地方人民政府标准化行政主管部门统一管理本行政区域内的标准化工作。县级以上地方人民政府有关行政主管部门分工管理本行政区域内本部门、本行业的标准化工作。

第六条 国务院建立标准化协调机制，统筹推进标准化重大改革，研

---

❶ 《企业标准化管理办法》修订研讨会在威召开，载 "威海政府网"：http：//www. weihai. gov. cn/art/2016/9/9/art_16952_699530. html，最后访问时间：2019 年 5 月 23 日。

❷ 参见 "中国标准化协会网"：http：//www. china－cas. org/zxdtxhtz/1096. jhtml，最后访问时间：2019 年 5 月 23 日。

究标准化重大政策，对跨部门跨领域、存在重大争议标准的制定和实施进行协调。

设区的市级以上地方人民政府可以根据工作需要建立标准化协调机制，统筹协调本行政区域内标准化工作重大事项。

根据法律规定，我国标准化工作实行统一管理与分工负责相结合的管理体制。根据《国务院关于机构设置的通知》（国发〔2018〕6号）规定，国家设立市场监管总局，为国务院直属机构。同时规定国家市场监督管理总局对外保留国家认证认可监督管理委员会、国家标准化管理委员会牌子。在国家市场监督管理总局管理下，国家标准化管理委员会统一管理全国标准化工作。根据国家市场监督管理总局官网公开的信息，❶ 总局负责标准化的职责是第十二项：

（十二）负责统一管理标准化工作。依法承担强制性国家标准的立项、编号、对外通报和授权批准发布工作。制定推荐性国家标准。依法协调指导和监督行业标准、地方标准、团体标准制定工作。组织开展标准化国际合作和参与制定、采用国际标准工作。

另一与标准化工作相关的是第十四条：

（十四）负责统一管理、监督和综合协调全国认证认可工作。建立并组织实施国家统一的认证认可和合格评定监督管理制度。

根据国家标准化管理委员会官网公开的职责❷：

国家市场监督管理总局对外保留国家标准化管理委员会牌子。以国家标准化管理委员会名义，下达国家标准计划，批准发布国家标准，审议并发布标准化政策、管理制度、规划、公告等重要文件；开展强制性国家标准对外通报；协调、指导和监督行业、地方、团体、企业标准工作；代表国家参加国际标准化组织、国际电工委员会和其他国际或区域性标准化组织；承担有关国际合作协议签署工作；承担国务院标准化协调机制日常工作。

---

❶ 载"国家市场监督管理总局"：http：//www.samr.gov.cn/jg/，最后访问时间：2019年5月23日。
❷ 载"国家标准化管理委员会"：http：//www.sac.gov.cn/zzjg/jgzz/#，最后访问时间：2019年5月23日。

按照《中华人民共和国标准化法释义》❶的解释，具体来说国务院标准化行政主管部门的主要职责是：

（1）组织贯彻国家有关标准化工作的法律、法规、方针、政策。（2）组织制定全国标准化工作规划、计划。（3）负责强制性国家标准的立项、编号、对外通报和批准发布。（4）负责制定推荐性国家标准。（5）指导国务院有关行政主管部门和省、自治区、直辖市人民政府标准化行政主管部门的标准化工作，协调和处理有关标准化工作问题。（6）组织实施标准。（7）对标准的制定和实施情况进行监督检查。（8）负责国务院标准化协调推进部际联席会议日常工作。（9）代表国家参加国际标准化组织（ISO）、国际电工委员会（IEC）等有关国际标准化组织，负责管理国内各部门、各地方参与国际或区域性标准化组织活动的工作等。

县级以上地方人民政府标准化行政主管部门统一管理本行政区域的标准化工作，履行下列职责：

（1）贯彻国家标准化工作的法律、法规、方针、政策，并制定在本行政区域实施的具体办法。（2）制定地方标准化工作规划、计划。（3）指导本行政区域有关行政主管部门的标准化工作，协调和处理有关标准化工作问题。（4）在本行政区域组织实施标准。（5）对标准实施情况进行监督检查。（6）依法对本行政区域内的团体标准和企业标准进行监督。设区的市级以上地方人民政府标准化行政主管部门还依法履行组织制定地方标准的职责。❷

### 2. 标准化行业管理体系

《标准化法》规定："国务院有关行政主管部门分工管理本部门、本行业的标准化工作。"这就是标准化的行业管理。按照《中华人民共和国标准化法释义》的解释，行业主管部门主要履行下列标准化职责：

（1）贯彻国家标准化工作的法律、法规、方针、政策，并制定在本

---

❶ 甘藏春、田世宏：《中华人民共和国标准化法释义》，中国法制出版社出版2017年，第33页。
❷ 甘藏春、田世宏：《中华人民共和国标准化法释义》，中国法制出版社出版2017年，第34页。

部门、本行业实施的具体办法。（2）制定本部门、本行业的标准化工作规划、计划。（3）负责强制性国家标准的项目提出、组织起草、征求意见、技术审查，承担国家下达的草拟推荐性国家标准的任务。（4）组织制定行业标准。（5）指导省、自治区、直辖市有关行政主管部门的标准化工作。（6）组织本部门、本行业实施标准。（7）对标准实施情况进行监督检查等。❶

县级以上地方人民政府有关行政主管部门分工管理本行政区域内本部门、本行业的标准化工作，履行下列职责：

（1）贯彻国家和本部门、本行业、本行政区域标准化工作的法律、法规、方针、政策，并制定实施的具体办法。（2）制定本行政区域内本部门、本行业的标准化工作规划、计划。（3）承担设区的市级以上地方人民政府标准化行政主管部门下达的草拟地方标准的任务。（4）在本行政区域内组织本部门、本行业实施标准。（5）对标准实施情况进行监督检查。❷

根据上述规定可以推出，各省区市监狱管理局应承担本行政区域内监狱的标准化管理工作。

### 3. 标准化技术工作体系

《标准化法》第十六条对标准化技术委员会作出如下规定："制定推荐性标准，应当组织由相关方组成的标准化技术委员会，承担标准的起草、技术审查工作。"

2017年10月30日，原国家质量监督检验检疫总局印发了《全国专业标准化技术委员会管理办法》（以下简称《办法》）。标准化技术委员会（以下简称"技术委员会"）是在一定专业领域内，从事国家标准起草和技术审查等标准化工作的非法人技术组织。

在技术委员会的管理体制方面，原规定是：

（1）国家质量监督检验检疫总局（以下简称国家质检总局）负责技术委员会的统一管理。（《办法》第三条）

---

❶ 甘藏春、田世宏主编：《中华人民共和国标准化法释义》，中国法制出版社出版2017年，第33页。
❷ 甘藏春、田世宏主编：《中华人民共和国标准化法释义》，中国法制出版社出版2017年，第34页。

（2）国务院有关行政主管部门、有关行业协会受国家标准委委托，管理本部门、本行业的技术委员会，对技术委员会开展国家标准制修订以及国际标准化等工作进行业务指导。（《办法》第四条）

（3）省、自治区、直辖市人民政府标准化行政主管部门受国家标准委委托，协助国家标准委管理本行政区域内的技术委员会，为技术委员会开展工作创造条件。（《办法》第五条）

《办法》第六条规定了技术委员会的职责：

技术委员会应当科学合理、公开公正、规范透明地开展工作，在本专业领域内承担以下工作职责：

（一）提出本专业领域标准化工作的政策和措施建议；

（二）编制本专业领域国家标准体系，根据社会各方的需求，提出本专业领域制修订国家标准项目建议；

（三）开展国家标准的起草、征求意见、技术审查、复审及国家标准外文版的组织翻译和审查工作；

（四）开展本专业领域国家标准的宣贯和国家标准起草人员的培训工作；

（五）受国家标准委委托，承担归口国家标准的解释工作；

（六）开展标准实施情况的评估、研究分析；

（七）组织开展本领域国内外标准一致性比对分析，跟踪、研究相关领域国际标准化的发展趋势和工作动态；

（八）管理下设分技术委员会；

（九）承担国家标准委交办的其他工作。

技术委员会可以接受政府部门、社会团体、企事业单位委托，开展与本专业领域有关的标准化工作。

分技术委员会的工作职责参照技术委员会的工作职责执行。

根据上述规定，司法部和各省区市的监狱管理局可以成立监狱标准化技术委员会。

### 4. 标准化中介服务体系

目前，我国标准化中介服务业发展相对滞后。因而《国家标准化体系建设发展规划（2016—2020 年）》的发展目标中明确指出："培育发展标准化服务业，标准化服务能力进一步提升。"并且在"保障措施"中专门提出"（三）建立标准化多元投入机制。各级财政应根据工作实际需要统筹安排标准化工作经费。制定强制性标准和公益类推荐性标准以及参与国际标准化活动的经费，由同级财政予以安排。探索建立市场化、多元化经费投入机制，鼓励、引导社会各界加大投入，促进标准创新和标准化服务业发展。"

标准化中介服务的组织大致包括：

（1）标准化协会；

（2）标准化科学研究、信息服务机构；

（3）标准及标准化图书、报刊的出版发行机构；

（4）标准化教育培训机构等。

# 第二节　标准化在监狱的实践

从现有的文献看，全国有多所监狱推行了标准化管理，但一般多从推行国家标准《质量管理体系》开始，尤以新疆监狱和上海监狱最为典型。符合标准化内涵并系统地推进标准化工作的，当属新疆监狱局、宁夏监狱局、上海监狱局和四川监狱局。

## 一、新疆监狱的实践

### （一）新疆 AA 监狱推行的监管改造质量保证体系

新疆 AA 监狱企业主要从事机械制造生产，为了保证并提高产品质量，于 1994 年推行了全面质量管理（TQC），在此基础上于 1998 年获得了 ISO 9000 质量管理体系认证。一系列现代管理理念及质量管理方法的引入，使该监狱在科技创新、生产经营、产品开发上都取得了实效，质量管理体系作为管理工具，对发展监狱企业作出了积极贡献。ISO 9000 在生产经营领域的成功实践，为将 ISO 9000 理念应用于监管改造工作作了贯标的认识观念和理论准备。

### 1. 推进过程

2001 年 6 月，监狱决定将 ISO 9000 方法应用于监管改造工作，指定一名副监狱长主抓《AA 监狱监管改造质量保证体系》编制工作，成立了由监狱领导、狱政科、狱侦科、教育科、生产科、质检科以及富有 ISO 9000 实践经验和理论水平的基层同志共 11 人为骨干成员，组成《AA 监狱监管改造质量保证体系》策划、编写、审核的创制小组，划拨 10 万元专款用于小组的学习、培训、创制。

（1）创制准备。创制小组赴大连"国家质量标准化培训中心"进行为期一个月的 ISO 9000 族标准知识培训，为创编《AA 监狱监管改造质量保证体系》作了理论准备。然后着手搜集整理资料，对监狱现行的相关法律、规章，监狱局制发的规定、要求，本监狱出台的规章制度，以及从内地一些监狱获得的管理制度、管理经验进行归类、整理。

（2）总体设计。经过学习和调研，确立了创编方向，对体系文件进行总体设计。这一阶段主要完成了以下工作任务：拟定质量方针、质量目标；识别分解管理过程；确定管理覆盖面；确定各机构、部门在质量管理中的职能、职责、权限分配及相互关系。

（3）着手编写体系文件。在前两步工作的基础上，开始编写体系文件，确定体系文件的结构、层次，统一编写格式、要求；编写总则；编写程序文件；编写规章制度；设计记录表格。用三个半月时间形成了《AA 监狱监管改造质量保证体系（A 版）》。

（4）试运行及改进。2001 年 12 月 1 日起试运行，对监狱民警从上至下，分批、分层进行培训。通过培训使从事监管改造工作的民警明白体系文件的要求，知道自己该做什么，怎么做。在培训的基础上在全监狱推行。试运行期间，编审小组考查、审核了《AA 监狱监管改造质量保证体系》运行情况，组织多次多个层次的座谈会，收集整理各方面的意见和建议，针对体系文件存在的问题和不足，编审小组本着实事求是的态度，又对 A 版进行了修改、补充和完善，于 2002 年 4 月形成了 B 版，由监狱长颁令施行。

**2.《AA 监狱监管改造质量保证体系》内容概述**

《AA 监狱监管改造质量保证体系》包括总则、程序文件、规章制度和表格、上级文件四部分。（1）总则。主要解决质量方针、目标、职责、职能分解和系统流程。（2）程序文件。主要解决过程的实施、控制与监测。程序文件共有 39 个，分为 5 类，第 1 类为记录控制类，第 2 类为民警实施程序类，第 3 类为罪犯操行程序类，第 4 类为专项事务处理程序类，第 5 类为监测和保障程序类。（3）规章制度。规章制度主要解决实施与控制的标准，共 35 项。

表格是各项工作的事实记载，共 208 份。

### 3.《AA 监狱监管改造质量保证体系》的特点

新疆 AA 监狱创制的《AA 监狱监管改造质量保证体系》（下称《体系》），具有鲜明的监狱工作特点。从形式上看，具有条文化、手册的特点，便于查阅、应用；从内容上看，将改造罪犯过程看成一个大系统，将其分解成若干个子系统和若干工作环节，将这些环节衔接成一个有机、完整的开合的环；从功能上看，具有程式化、岗位职责职业化、评审标准化的特点。

这是新疆 AA 监狱将科学管理理论、现代管理思想在监狱的初步运用，其具体体现在以下几个特点。

（1）全面性。《体系》文件覆盖了监管改造工作的各个方面，将罪犯改造的全过程都纳入其中，对每项工作都作了具体、客观的规定，全面而不重复。

（2）科学性。《体系》涵盖了下达指令、过程实施、监测控制、工作改进等诸方面，同时将监管改造、教育改造、劳动改造三大手段有机联系起来，基本解决了长期以来监管与劳动"两张皮"的问题。《体系》还有循环、监督的机制，解决了长期以来监督检查一阵风的问题。《体系》还使复杂的管理工作简单化，提高了工作效率。所有这些正是科学管理所要求的，体现了现代管理思想。

（3）前瞻性。具有理论前瞻性是《AA 监狱监管改造质量保证体系》的生命力所在。《体系》是工作的方向、目标，是监狱工作的应然。有的条款暂时看有些不现实，但只要科学、合理，通过努力是可以实现的，在《体系》内仍作保留，这对保证《体系》的生命力意义深远。

（4）指导性。《体系》文件对每项工作的流程、要求都以条文的形式呈现，将改造罪犯工作及其流程予以规范，形成工作标准和工作流程。

（5）可操作性。在具体操作上体现在对监狱长、职能科室、中队（现改称监区）职能的分解和过程的衔接。《体系》文件来源于实践，按文件操作，就是对实际工作的指导。运行《体系》文件，就解决了"干什么、怎么干"的问题。

（6）持续改进。运行这个《体系》，就能及时发现工作中存在的问题，也能发现成功的做法，通过自我纠正、自我改进，达到持续改进工作的目的。

### 4. 取得的成效

AA 监狱推进《AA 监狱监管改造质量保证体系》运行的实践证明了《体

系》文件的契合性、有效性，民警独立开展工作的能力和业务素质、罪犯的改造质量等方面都得到了提高，达到了预期的目的。具体表现在以下方面。

（1）观念转了。表现为管理理念升华，各级领导能正视自己存在的问题，寻求解决办法，对待管理能够做到"多为成功找方法，不为失败找理由"。民警对管理有了新认识，"管"就是要按程序执法，"理"就是要有人情味，有德的渗透。法治意识增强，民警普遍认识到，监管改造工作应该：维护一个纲——落实《体系》，维护稳定，促进发展；突出程序——履行义务，严格执法；坚持制度——规范自我，照章办事；抓住关键——强练内功，提高素质。"能力"理念得到升华，民警认识到干好本职工作是最大的能力体现。在具体工作中，工作是否努力，看实效；能力大小，看素质；执法是否严谨，看观念；整体能否推进，看班子；管理能否创一流，看职能。工作理念得到升华，通过《体系》运行，大家认为：工作有条文——主动；工作有程序——好干；工作责任明确——好协调、沟通。大家普遍感到干工作不再是负担而是乐趣。

（2）职责清了。《体系》解决了职能科室之间、科室与监区之间的工作范围和职责，打破了"点思维"模式，进行"无边界"地合作。《体系》对民警责权进行了明确的界定，对执法程序实行控制管理，对效能评估标准进行了量化，使每位执法者的工作程序更加合理、工作目标更加清晰，提高了工作效率和效能。《体系》的实施，使民警的工作状态得到了改善。

（3）关系顺了。《体系》文件合理地界定了监狱各职能部门之间的工作关系，明确了各职务岗位责、权，强化了"从严看自我，重视看领导，落实靠大家"的意识，在工作中人为的因素少了，表面应付的少了，实事求是的作风大大增强，上级和下级、领导与民警的关系更加协调，工作更加顺畅。

（4）基层工作改进了。《体系》的运行，对于指导和规范基层监区的工作，效果更为明显，意义更大。通过运行《体系》，民警的工作能力、效率不断提高，执法更加严明，程序更加公正，罪犯改造效果更加明显，达到了工作规范化、标准化，民警的精神面貌以及中队的综合实力都发生了可喜的变化。

变盲目为明确。《体系》明确了每项工作的操作程序和追求效果以及具体操作方法，使工作的短期目标更加清晰，大大减少了工作盲目性。

变被动为主动。《体系》对每个职位的工作都明确界定，从而使每个人做到了有备工作，使主动工作成为现实。变松散为紧密，《体系》文件使每个人工作程序的接口清晰，改变了过去那种各自为政、沟通困难、工作重复的局面，使各项工作的配合更加紧密了。

变无序为有序。根据《体系》，监区制定了各职务职位（日、周、半月、月、季、半年、全年）工作内容、程序网络图，使职位职责清晰，工作内容规范。保证了监管业务工作的互相衔接和工作的有效到位，减少了扯皮推诿。

变虚为实。《体系》还为效能评价统一了标准，提供了一套评价、衡量监管制度是否落实、落实程度如何的工具，改变了工作重形式轻实效的状况。

变人治为法治。《体系》使基层很好地解决了执法有程序有制度、执法效果有记录、效能评审有标准的问题，减少了人治的因素，促进了依法行政、依法行刑的进程。

### （二）新疆监狱管理局推行的改造罪犯工作质量管理体系

2003 年 1 月，新疆监狱管理局组成课题组，对 AA 监狱推行的《AA 监狱监管改造质量保证体系》进行了调研，总结了 AA 监狱的经验，借鉴《质量管理体系　基础和术语》（GB/T 19000—2000）和《质量管理体系　要求》（GB/T 19001—2000），创制了新疆监狱管理局标准《新疆监狱管理局改造罪犯工作质量管理体系　指南》（下称《指南》），于 2003 年 3 月印发《关于在全区各监所贯彻推行改造罪犯工作质量管理体系指南的通知》在全区监狱推行。

#### 1.《指南》的内涵

所谓"指南"，是指该标准以指导性纲目为原则，只是从监狱改造罪犯工作质量管理目标和质量管理规范与控制方面提出指导性要求，由各监狱根据《指南》所指引的纲目、结合本监狱的情况进行具体细化，建立本监狱的质量管理体系。

《指南》以确保监管安全、提高罪犯改造质量为目的，以规范程序、科学管理为核心，运用质量管理体系理论，将监狱工作中与罪犯改造相关的过程及其相互作用，衔接成具有工作安排、实施要求、督促检查、持续改进、究责求效功能的有机整体，形成执法程序、管理规程、考评标准、改进途径。《指南》既是罪犯改造过程的控制，又是改造罪犯工作的要求与目标。

#### 2.《指南》的内容

《指南》包括质量手册、程序文件、工作准则文件、术语与定义文件、记录文件 5 个部分。

（1）质量手册。质量手册是指导监狱正确开展改造罪犯工作质量管理活动的基础文件，它描述了改造罪犯工作相互关联和相互作用的过程，提出了质量方针、质量目标，划分了质量管理职责，明确了质量管理流程，对质量管理体系的框架作了原则规定。

（2）程序文件。主要解决过程实施、控制与监测。分为 4 类 50 项。一是最高管理者过程文件，共 2 项；二是资源管理过程文件，共 2 项；三是改造实施过程文件，共 38 项；四是测量、分析、改进过程文件，共 8 项。

（3）工作准则文件。解决实施与控制的标准，主要是与改造罪犯工作关联度高的、现行的法律、法规、规章，共 103 项。

（4）术语与定义文件。为便于质量管理活动中统一口径，《指南》罗列了引用于 GB/T 19000 的术语 61 个，属于监狱工作专用的术语与定义 31 个。

（5）记录文件。它是各项质量管理活动的事实记载，主要以表格的形式呈现。

### 3.《指南》的原则

GB/T 19000 质量管理体系的八项质量管理原则，是质量管理的理论基础，是质量管理体系各过程展开的基础，是管理者有效实施质量管理必须遵循的信条。《指南》借鉴了这些原则，并贯穿于体系文件，构成《指南》的原则。

（1）以相关方要求为关注焦点。监狱的相关方要求是监狱的上级（直接上级是省区市监狱管理局，间接上级是司法厅、司法部监狱管理局和司法部）要求、监狱驻在地的中共党委及政府（和政府相关部门）要求、密切相关的法律法规（包括地方法规）要求、社会（包括公众、罪犯直接相关人）的关注点或需要、罪犯改造需要等，工作安排都要以是否满足相关方要求（或需要）为关注焦点。为此就要：明确监狱工作的总目标，每项工作具体目标，各个职位的要求；确保各个层次目标与总体目标相一致；重点管理好与罪犯直接接触的第一线；不论在什么职位，都应当确定焦点，定准位置，按标准工作。只有在全体民警特别是领导层中牢固树立这一理念，才能实现从高层到基层全员协调一致地尽其责、善其事。

（2）领导重视。领导特别是监狱"一把手"是监狱发挥职能的关键，领导应当创造并保持监狱民警能充分参与实现工作目标的内部环境。领导重视应体现在管理的各个层次，领导都应在其管辖范围内发挥作用。

（3）全员参与。全员参与是各项管理成功的必要条件。要取得成功，就应充分利用人力资源，尤其是发挥集体的合力。《指南》体现了这一原则，只要有岗位就定有职责，只要有职责就确立协作关系，形成人人参与、人人有责的局面。

（4）注重过程。借鉴"过程方法"原则，《指南》注重过程的管理。识别过程、划分责权，并尽可能无交叉。对于每个过程都按输入、活动、输出三要素设计工作文件；每个文件都包括目的、适用范围、职责、工作程序、相关文件、记录 6 项内容。使事事有人管、人人尽责做。

（5）系统管理。管理需要方法，采用系统的方法则有助于提高管理效率和有效性。《指南》借鉴"管理的系统方法"原则，围绕监管改造工作的方针和目标，确定实现这一方针和目标的关键活动，识别由这些活动所构成的过程，分析这些过程之间的相互关系及其衔接，用体系文件的形式将这些过程有机结合成一个系统。运行体系文件，就可以保证整体工作目标的实现。

（6）持续改进。《指南》通过策划、实施、评审、改进 4 个阶段，即 PD-CA 循环的管理方法，确定每项工作目标、步骤、措施，组织实施，监测、评审过程和结果，提出改进措施。对每项工作都如此闭环管理，直到实施的结果符合目标要求为止。

（7）科学决策。有效决策是建立在数据和信息分析的基础之上，依据准确的数据和信息的分析作出判断，是一种科学的决策方式。《指南》强调了各种记录、事实记载和数据、信息的积累。这些数据信息无疑是科学决策的依据。

（8）信息传输与沟通。《指南》确立过程输入、输出的接口；监狱内、外部沟通的渠道，内部沟通是在各层次之间进行，与外部沟通主要是向上级报送报表和信息；沟通的范围，内部侧重于原始记录，外部侧重于整理加工信息。

### 4. 内部审核

内部审核是由监狱专职人员，定期或不定期地对内部各单位执行《指南》的情况所进行的检查、纠正活动。《体系》文件规定了内部审核的组织、程序、要求、周期、审核结果的处理等。内部审核的目的是通过监督检查，检验《体系》文件的实施是否达到了要求，及时发现存在的问题，采取措施持续改进，来进一步完善《指南》文件。

### 5. 经验概括

推行《指南》的实践经验可以概括为领导重视、识别过程、独立编写、重在实践，具体如下。

（1）"一把手"及监狱领导层的作用至关重要。"一把手"提出、监狱领导层集体决定、专人负责、组织经费保障等一系列与最高决策层决策相关的工作是取得成功的关键。"一把手"及监狱领导层重视，是基于监狱有内在的需求，不是"你让我这么做"，而是"我要这么做"。正是这种需求才有贯彻执行的动力和决心，才出现了在全区监狱推行的好局面。

（2）着眼于体系，着手于过程。如何处理好质量管理体系的全局和局部的关系，是关系到《指南》有效性的大问题。为此，编写组从系统性考虑，树立《指南》全局的观念，对《指南》进行整体策划，理清过程网络，紧扣每个过程和活动，明确过程的接口，进而编写体系文件并推行。

（3）实事求是，自我完善。只有建立在本监狱的民警编制与素质、科室和监区分布与职能分工、管理工作基础、警戒设施现状、改造手段的运用等基础之上的《指南》才能适用、有效。因此，对任何质量管理体系的"范本"只能是借鉴，要结合本单位的实际消化吸收，而不能照搬。《指南》的建立和运行是一个不断修正、完善的过程，不能设想一开始就能建立一个完善的质量管理体系，这需要根据情况的变化而发展。

（4）培训为先，树立典型。培训是必要步骤，省略不得。通过培训，使民警了解 GB/T 19001 质量管理体系的概念、作用，熟悉质量管理体系的要求；帮助民警转变观念、调整思路、掌握标准。树立典型是成功做法，典型是样板，在全区监狱、在每个监狱的监区树立样板，创造性地开展工作，可以起到示范、领跑作用。

（5）重在实施，力戒形式主义。建立《指南》仅仅迈出了质量管理的一小步，更重要、更具实效、难度更大的是实施。因此，贯彻《指南》决非一日之功，不能寄希望毕其功于一役，需要转变观念、积极行动、脚踏实地、持之以恒。

### （三）新疆监狱管理局开展的监狱标准化工作

新疆监狱全面推行监狱标准化工作起始于 2011 年 11 月，其显著标志是建立了《新疆监狱标准体系》（2012 年 7 月完成），并推行之。由新疆监狱管理局独立创制的监狱标准体系，在标准内容依据方面，主要是与监狱工作相关的法律法规、规范性文件、制度规定等；在标准体系结构方面，参考了《综合标准化工作指南》（GB/T 12366—2009）、《企业标准体系　要求》（当时版本号为 GB/T 15496—2003，已改为 2017 版）、《服务业组织标准化工作指南　第 1 部分：基本要求》（GB/T 24421.1—2009）；在标准格式方面（技术要领），是依据《标准化工作导则　第一部分：标准的结构和编写》（GB/T 1.1—2009），选择了前言、目录、范围、要求、章、条、段、列项、规范性引用文件、附录等标准的技术要素。

### 1. 研制新疆监狱标准体系

2011 年 11 月 11 日，新疆监狱管理局制定了《〈新疆监狱标准体系〉研制方案》，并成立标准体系编写小组，11 月 23 日正式启动监狱标准体系研制工作。

研制小组按 6 大体系（职能职责规范标准体系、业务工作规范标准体系、行为规范标准体系、设施装备规范标准体系、形象标识规范标准体系、检查考核规范标准体系），制定了《新疆监狱标准体系编写大纲》。2011 年 12 月 5日，组织编写小组开始分工编写；2012 年 7 月，完成了《新疆监狱标准体系》的研制工作；2012 年 8 月 3 日，新疆监狱管理局与新疆质量技术监督局联合发出《关于深入推进监狱标准化管理工作的意见》在全区监狱推行；2012 年8 月 6 日，新疆监狱管理局与新疆质量技术监督局召开全区监狱系统推进标准化管理动员会，全面推进监狱标准化管理工作。

标准体系的研制按时间进程划分为 6 个阶段：研制准备，编写初稿，统稿（分两次统稿），编写前言和序、汇编成册，征求意见，编写总目录、装订成册。

标准体系的研制按事项划分为 9 类标准化活动：研究相关问题，收集梳理监狱工作制度文件和有关监狱标准化的文献，过程识别、确定主题，确定标准格式，同步清理业务记录台账，同步清理规范性文件，设计形象标识标准，编制执法监管业务过程图解，同步征集监狱文化建设用语。

### 2. 标准化管理的推进

2012 年 8 月 6 日，新疆监狱管理局召开全区监狱系统推进标准化管理动员会，全面推进标准化管理工作。

第一章　绪　论

在《新疆监狱标准体系》研制工作完成后，新疆监狱管理局即将相关工作向司法部监狱管理局作了专题报告。2013 年 8 月 2 日，司法部监狱管理局领导在新疆监狱管理局的报告上批示：新疆推行监狱标准化管理的做法很有创意，望在创新的基础上积极推进和实践，为新形势下监狱管理创新提供有益经验和做法。

### 3. 成立新疆维吾尔自治区监狱管理标准化技术委员会

2012 年 7 月 22 日，新疆监狱管理局致函新疆质量技术监督局，申报成立自治区监狱管理标准化技术委员会。2012 年 9 月 28 日，新疆质量技术监督局复函《关于批准筹建新疆维吾尔自治区监狱管理标准化技术委员会的函》。2013 年 6 月 13 日，新疆质量技术监督局批复《关于成立新疆维吾尔自治区监狱管理标准化技术委员会的复函》。技术委员会由 41 名委员组成，负责自治区监狱领域民警队伍建设、监管安全工作、狱政管理、教育改造、狱内侦查、生活卫生、监狱经济工作、罪犯劳动改造、监狱企业、监狱工人队伍等标准制修订工作。技术委员会按照《全国专业标准化技术委员会管理规定》进行管理，制定了《新疆维吾尔自治区监狱管理标准化技术委员会章程》，成立秘书处、制定秘书处工作规则，负责技术委员会日常工作。

### 4. 参与国家社会管理和公共服务综合标准化试点

2013 年 10 月，新疆监狱管理局向新疆质量技术监督局申报了"2013 年国家社会管理和公共服务综合标准化试点项目"，经新疆质量技术监督局审查、推荐，2014 年 4 月 9 日，国家社会管理和公共服务标准化工作联席会议办公室印发了《关于下达第一批社会管理和公共服务综合标准化试点项目的通知》（标委办服务〔2014〕84 号），将"新疆维吾尔自治区监狱标准化管理试点"（序号第 96 号）列为第一批试点项目，试点期限为 2014 年和 2015 年两年。该试点项目已于 2016 年获得试点评审验收。

## 二、上海市监狱的实践

### （一）上海市宝山监狱的实践

上海市宝山监狱自 2003 年开始，导入《质量管理体系　要求》标准的原理和方法，对"监管改造""生产管理"质量体系开始实施 ISO 9000 标准的贯标认证工作。2003 年，该监狱的监管改造体系和生产管理体系通过了质量体系双认证。2005 年 1 月，宝山监狱创制的"思想政治工作管理"质量体系一次性通过了上海质量体系审核中心的现场审核，并获得了国家认证认可委员会批准颁发的国际质量管理认证证书。由此该监狱成为全国监狱系统拥有三项质量管理体系认证证书的单位。

2006 年 10 月 25 日，上海市宝山监狱的"监狱管理（思想政治工作管理、监管改造、劳动改造）相关过程"一体化质量管理体系，通过了国家认监委、中国质量协会质量保证中心认证注册。这是该监狱在 2003 年监狱"思想政治工作管理""监管改造""生产管理"三项质量管理体系认证的基础上，持续改进监狱质量体系的运行有效性，提高监狱标准化管理和改造质量的又一重大突破。从掌握的文献看，上海市宝山监狱是全国监狱系统在监狱管理领域取得质量管理体系认证较早的监狱。

宝山监狱所推动的监狱管理标准化主要是在监狱工作"上位法"的基础上，对监狱各项管理作统一的规定，通过制定相应的工作规划、工作纪律、工作规范和工作标准，保证监狱执法的统一集中。他们认为，监狱管理标准化可以进一步严密工作执法程序，通过制定监狱执法工作的规则和流程、健全监狱执法责任制度来强化民警执法责任。该监狱通过推行标准化工作，特别是建立监狱一体化质量管理体系，凸显了"惩罚与改造相结合，以改造人为宗旨"的监狱工作方针，推进了监狱工作法制化、科学化、社会化建设进程，健全和完善了监狱刑罚执行制度，使监狱的信息化管理基础工作、民警的综合管理能力得到了显著提升；监区（分监区）明确了工作职能，执行力、指导力、创造力得到提高，标准化考评体系推进了监狱政治思想、监管改造、劳动生产等整体工作，提高了民警依法治监、公正执法的意识，为全面构建监狱现代警务机制、追求监狱卓越绩效奠定了基础。

（二）上海监狱系统的实践

### 1. 监狱标志标识的标准化

上海市监狱系统监狱标志标识的标准化起始于 2009 年。2009 年底该局成立监狱标志标识课题组，对全市监狱的标识标准化工作进行规划设计，2010年 2 月正式印发《上海监狱标志标识建设标准（试行）》，2012 年 10 月在原有工作基础上进一步修订完善。经过三年多的持续推进，到 2014 年基本实现了全市各监狱标志标识的标准化。

上海市监狱系统的标志标识分为 3 个类别。

（1）监狱标志色。监狱大门、监舍门窗统一着黑色，围墙内外、罪犯活动区统一着深灰和灰白相间色系，黑色体现庄严、凝重和惩罚，灰色彰显理性、平和与文明，给人庄重威严的观感。民警办公区域则使用蓝白相间色系，并对不同区域作了明确区别与归属，易辨识、易记忆，给人理性平和的感受。

（2）禁止性、限制性和警告性标志。标志标识的警示、限制、警告作用无处不在。比如监狱二大门人行通道和会见室入口处设置"禁止携带违禁危险物品"的警示牌，规范了出入监管区人员行为；监舍、罪犯习艺场所大门出入口设置红色警戒线，民警办公场所设置黄色报告线，鲜明的色彩反差，警示狱内各类人员在指定区域应遵循的行为准则；监舍大门一侧设置定置管理牌，责任民警和承包监组罪犯基本信息一目了然，且采用磁吸可拆卸装置应对人员变动和信息更新，并与罪犯"三连号""四固定"紧密衔接。

（3）开放的文化性标志。统一规范全系统功能相同的 360 处场所名称称谓，冠以中英文对照，明晰了标识区域的功能定位。此外，所有标志标识通过徽标和图形、色彩与线条、版面与布局的有机搭配，给人留下深刻的视觉印象，促进了规矩意识和矫正文化的形成和体现。

上海市监狱系统的标志标识覆盖狱内 8 大区域，分别为行政区大门、行政办公区域、监狱围墙周界、罪犯生活区域、罪犯劳动场所、罪犯学习区域、重点设施区、监狱配套功能区。经过为期三年的努力，形成 8 大区域内 7 个种类的标志标识，即名称标志、公共信息标志、道路交通标志、安全标志、消防标志、安全生产标志、特殊标志。至 2014 年 4 月，总计设置安装了 4.5 万块标志标牌，标志标识已实现了从大门到内部、从地面到楼宇、从围墙到岗楼、从罪犯区域到民警区域、从单体建筑到配套设施、从教育场所到劳动场所的全覆盖。

**2. 开展执法标准化体系建设**

2015 年 7 月，上海市监狱管理局召开局执法标准化体系建设专题研讨会，并与上海市质量和标准化研究院签署了全面合作框架协议。

该局提出，推进监狱执法标准化建设要做到"五个坚持"：坚持将法治文化作为软实力，坚持将制度、程序、流程的梳理提炼作为基础支撑，坚持将深化狱务公开作为典型样板，坚持将实用、管用、够用的信息化作为动力引擎，坚持将民警能力素质锤炼作为源头活水。

该局提出，要准确把握执法标准化体系建设的内涵与要义，厘清概念，准确把握执法标准化体系的科学内涵；要把握"系统、统一、简化、优化"的要义，更加注重管理体系的协同耦合，更加注重警务运作的科学规范，更加注重核心要素的审视梳理，更加注重监狱职能的价值实现，推进标准、标准化原理与监狱工作的紧密结合。要扎实推进执法标准化体系落地生根见效，注重顶层设计、整体规划，体现系统性；注重基层实践、精简高效，体现操作性；注重示范引领、群策群力，体现实践性。要求领导干部带头学深学透、带头践行标准化，思想上避免认识偏差，实践上防止产生误区。

2016 年 3 月 30 日，上海市监狱管理局再次召开执法标准化体系建设推进工作专题会议。会议对前期工作进行了总结，指出监狱执法标准体系建设工作体量大、任务重，要以"整体思考、突出重点"的思路运作，坚持试点先行，再逐步推开。设计的工作思路是：第一，坚持"简化"的方法，化繁为简，用简化的方式做到简约的效果，体现出核心的内容。第二，加强协作，加强与市标准化研究院等专业机构的协调，更多地争取专业合作单位的技术指导与支持；选好标准化起草小组人员，确保标准撰写质量。第三，明确推进责任，制定各项工作的时间表、线路图、责任书，保证各项任务不折不扣地完成。第四，全面梳理现有制度，做好标准与制度的有效对接，充分发挥制度的基础性作用。第五，加强学习，坚持法言法语，切实增强标准的规范性、科学性和法的属性，要避免一些习惯性思维和感情色彩。第六，注重标准化推进与信息化的配套，做到双轮驱动。

**3. 推进狱务公开标准化**

2016 年，上海市监狱管理局坚持标准化主导，全面深化狱务公开提质增效，规划设计了《狱务公开标准体系》，直接采用国家标准 32 项、行业标准 1 项、编写局标准 52 项，全面覆盖狱务公开活动的主要环节、核心要素和支撑要素以及面向公开对象的服务环节，其中《狱务公开管理规范》获地方标准立项。

在推行狱务公开标准化工作过程中，形成"1 + 8 + 6"（1 个实施方案、8 项配套制度、6 项工作机制）的实践框架。试点工作分为两轮：第一轮为期 3 个月，选取提篮桥监狱、北新泾监狱、五角场监狱等五个试点单位先行贯标；第二轮为期 6 个月（以上），在全局系统 15 所监狱全面贯标。

经过试运行，2017 年 9 月，上海市监狱管理局狱务公开标准化试点项目获得上海市质量技术监督局组织的"上海市社会管理和公共服务标准化试点"验收。《狱务公开管理规范》作为上海市地方标准获得专家组一致同意通过审定。

### 三、其他省区监狱的实践

以下省区市的监狱系统也开展了以"标准化"为主题的监狱管理活动。

#### （一）宁夏回族自治区监狱系统的实践

2012 年 12 月 27 日，宁夏监狱管理局发布了《宁夏监狱标准体系》，从 2013 年 3 月 1 日起实施。该标准体系由宁夏监狱管理局与宁夏标准化院共同研制。

该标准体系分为 4 个部分：通用基础标准子体系、运行保障标准子体系、业务管理标准子体系、工作标准子体系。

**1. 运行保障标准子体系**

其构成如下：

（1）人力资源标准，分为党建管理、党委中心组学习管理、民主生活会管理、工会管理、团员青年管理等 28 项；

（2）行政后勤标准，分为会务管理、接待管理、收文管理、发文管理、公文管理等 23 项；

（3）财务管理标准，分为会计机构设置和人员配备管理、监狱经费预算管理、监狱基本支出经费管理等 21 项；

（4）职业健康标准；

（5）合同管理标准，分为政府采购合同管理、合同审签和备案程序管理标准共 2 项；

（6）设施设备及用品标准，主要是警用装备管理标准共 1 项；

（7）物资采购管理标准，主要是监狱物资采购管理标准共 1 项；

（8）信息技术管理标准，分为机房管理、计算机和网络管理、网站管理标准等共 9 项；

（9）环境标准，分为配餐中心卫生管理、监区环境卫生管理、监舍内务卫生管理、罪犯个人卫生管理、监区卫生台账管理共 5 项；

（10）能源标准；

（11）安全与应急标准，分为监管安全突发事件处置管理、突发事件处置管理、罪犯集体食物中毒事件应急处置预案管理等共 5 项；

（12）纪检监察标准，分为党风廉政建设管理、重点执法环节监督管理、警务督察管理、纪检监察信访举报等共 12 项；

（13）文化建设标准，主要是监区文化建设管理标准共 1 项。

**2. 业务管理标准子体系**

其构成如下：

（1）刑罚执行标准，分为罪犯管理标准等共 11 项；

（2）狱政管理标准，分为监狱警察值班管理等共 27 项；

（3）狱内侦查标准，分为狱内侦查管理等共 12 项；

（4）教育与劳动改造标准，分为入监教育管理等共 12 项；

（5）生活卫生管理标准，分为罪犯配餐中心管理等共 8 项；

（6）监督与考核标准，分为标准化建设考核管理、警察队伍标准化建设考评细则等共 12 项；

（7）评价与改进标准。

**3. 工作标准子体系**

工作标准子体系划分为监狱管理局层级和监狱层级两个层级。纵向上，在两个层级又细分为决策层、管理层、执行层 3 个层级；横向上，两个层级又细分为党群工作系统和行政工作系统两个类别。

（1）在监狱管理局层级。党群工作系统的决策层主要是党委书记、党委副书记、党委委员、纪委书记、工会主席的工作标准；行政工作系统的决策层主要是局长、政委、副局长、政治部主任的工作标准。

党群工作系统的管理层分为党建管理部门、群众工作部门两个管理体系，并对两个管理体系的部门负责人制定了工作标准；行政工作的管理层分为 3 个子系统：政工系统、管教系统、后勤系统，并对 3 个子系统的处长、副处长制定了工作标准，即规定了各个部门的处长、副处长的工作标准。

执行层的工作标准，则按党群系统、政工系统、管教系统、后勤系统中各个部门的职位或（岗位）分别制定工作标准；对各个部门内勤干事则制定了通用工作标准。

（2）在监狱层级。监狱层级的决策层、管理层、执行层的划分类同于监狱管理局层级，对 3 类职位分别制定了工作标准，区别在于监狱的监区层级。在监区层级，将监区长（分监区长）、教导员（分监区指导员）、副监区长列为管理层，将监区（分监区）的其他职位列为执行层，分别制定出工作标准。

## （二）四川省监狱系统的实践

2007 年，为改变"基础差、底子薄、摊子大、隐患重、欠账多"，以及基层基础薄弱、管理简单粗放等问题，四川监狱系统解放思想、更新观念，引入企业标准化管理理念，试点推行狱政管理、劳动现场管理"两个标准化"，实现了"人定位、物定置、过程受控、目视识别"，监狱规范化管理得到极大提升。

2009 年，在总结"两个标准化"试点经验基础上进一步扩面提速。到 2011 年，构建形成了涵盖狱政管理、教育改造、刑罚执行、劳动改造、生活卫生、民警职位职责和外观标识等执法管理全过程的 11 个标准化体系，汇编成 23 册指导规范。

自 2014 年起，四川省监狱局每年动态评选授牌"管理最规范监狱""管理规范监狱""管理规范监区"，以严格考核、公开评选、动态调整的方式，激发全系统推进规范化管理热情，在全省监狱形成了你追我赶的良好态势，标准化向精细、全员化、全领域、全过程拓展。

2017 年，经四川省质量技术监督局批准，四川监狱着手《监狱管理规范》地方标准的编制，历经半年的不懈努力，编制完成涵盖刑罚执行、狱政管理、教育改造、劳动改造、生活卫生管理、民警管理监狱执法管理主要工作 6 个方面的地方标准。

2018 年 1 月 11 日，四川省质量技术监督局发布四川省地方标准公告"2018发字第 1 号"正式发布了《监狱管理规范》系列标准（DB51/T 2440.1~6 - 2018），在全国率先将监狱执法管理主要工作一次性纳入地方标准。

2018 年 1 月 22 日，四川省监狱管理局召开会议，在全省监狱部署学习宣传与深入贯彻《监狱管理规范》地方标准工作。这标志着四川省监狱标准化工作取得实质性进展，也标志着四川省监狱严格规范管理、勇争一流提升到一个新水平。

2018 年 3 月 21 日，国家标准化委员会办公室《关于下达第五批社会管理和公共服务综合标准化试点项目的通知》（标委办服务〔2018〕53 号），将

"四川省监狱管理标准化试点"（序号第 75 号）列入社会管理和公共服务综合标准化试点项目。

2018 年 5 月 18 日，四川省司法厅组织召开全省监狱戒毒系统深化落实标准化工作电视电话会议，对深化落实《监狱管理规范》地方标准，全面推进全国第五批社会管理和公共服务综合标准化试点工作进行了全面部署。

2018 年 6 月，最高人民检察院在全国 8 个省市监狱实行巡回检察试点，专门将四川省的《监狱管理规范》作为监狱工作考察标准。

2018 年，四川省监狱管理局按照社会管理和公共服务标准化工作计划，初步构建形成了通用基础标准、执法管理标准、支撑保障标准、监督考评标准四大板块 23 个规范的标准体系，以及对应的 18 本《操作手册（试行）》，并在全省监狱系统组织开展了贯标大比武，将监狱管理标准落小落细、落地落实。

目前，四川省监狱管理局正在按照既定计划，力争在 2019 年完成标准体系内容和《操作手册（试行）》的修订完善及试点推广等工作，在规定时间内完成全国第五批社会管理和公共服务综合标准化试点工作，力争一次性通过国家标准化委员会的验收。

### （三）江苏省监狱的实践

2017 年 3 月，为深入贯彻国务院"实施标准化战略"和江苏省党代会"大力推进基本公共服务标准化"要求，推进标准化在监狱系统各领域的普及应用与深度融合，充分发挥"标准化＋"效应，江苏省监狱管理局开始启动标准化建设工作，成立了"江苏省监狱管理标准化技术委员会"，并印发了《全省监狱系统标准化建设工作实施方案（2017—2019）》。在标准化建设工作中，始终坚持融合创新、引领发展，聚焦主业、突出重点，强化应用、质效优先，分类指导、协同推进的原则，建立监狱标准化建设统一规划、分类实施、协同推进的工作机制，强化各部门、各层级的工作责任，引入社会专业力量共同参与相互配合，形成监狱标准化建设的整体合力。

两年来，江苏省监狱局坚持实用、管用、好用的标准编制思路，系统分析监狱安全治理、刑罚执行、教育改造、生活卫生、刑务劳动、技术保障、设施建设、队伍建设、从严治党等领域的标准现状及需求，按业务领域编制标准体系框架，梳理各领域基础类标准、拓展类标准项目，依据国家法律法规，围绕省局职能事权，重点完成九大领域的两项地方标准和 23 项内部标准的编制工作，并将江苏省江宁监狱建设成"监狱管理标准化试点单位"。通过大力推进监狱标准研制、试点示范、全面应用，形成了适应监狱工作职能特点的标准体系、工作推进模式和机制，实现标准化与规范、精细化协调联动，为江苏监狱的中心工作提供了有力支撑。

### （四）浙江省宁波市望春监狱的执法标准化

宁波市望春监狱于 2013 年 5 月以"信息化条件下的监狱执法工作标准"为课题，开始进行监狱执法标准科研攻关，对管理罪犯涉及的各类行为与活动进行科学分类，以过程控制为目标，将整个监狱执法工作分解为环环相扣的任务链，逐一对任务点进行解析并重新组合。监狱将民警执法的全过程界定为罪犯入监、监狱安全、罪犯教育改造、罪犯刑罚执行、罪犯生活处遇、罪犯生产劳动、罪犯出监 7 个基本过程，细分为 1443 个执法标准点、6404 个子过程，建立执法标准体系。在完成执法工作标准项目第一阶段攻关后，望春监狱即应用于监狱执法管理之中，为民警日常执法管理提供了明确的规范指引，在狱内逐步形成了按标准办事的工作理念，有力促进了监狱严格文明执法。

2016 年 8 月，宁波市质量技术监督局将望春监狱执法标准化列为该市社会管理与服务创新试点单位，并列入市质量技术监督局"2017 年全市标准化工作要点"，将标准化作为推进社会治理创新的途径，"着力推进望春监狱执法标准化试点，树立狱务标准化标杆。"

2017 年 5 月 17 日，国家标准委下达第四批社会管理及公共服务综合标准化试点项目，将"宁波市望春监狱执法标准化试点工作"列为该批 103 个项目之一（序号第 33 号）。

2018 年 4 月，望春监狱与中国标准化院服务标准化研究所签署合作协议，就推进监狱执法标准化工作进行合作、联合攻关，确保试点项目如期验收。到 2018 年 4 月底，望春监狱以 10 项核心安全制度为指导，制定了推进执法标准化的总体工作方案。

### （五）云南省昆明监狱的实践

2007 年初，昆明监狱在学习 ISO 9000 质量管理体系理论的基础上，对质量管理体系导入监狱工作的可行性进行了研究。编制了《监管教育改造质量管理体系》文件，包括监管教育改造质量管理体系质量手册 1 项、程序文件

13 项、工作制度 132 项、纳入外来文件 95 项、工作指导书 32 项、工作表格 262 项。在试运行之后予以修订，增加管理规定 26 项、工作记录 31 项，删除管理规定 3 项、工作指导书 3 项、工作记录 11 项，修订管理规定 5 项、工作记录 11 项，形成了较为完善的《监区监管教育改造工作量化考核办法》，该办法对促进监区监管教育改造工作的考核实质化、现场化和规范化起到了指导作用。

2012 年 1 月，昆明监狱《监管教育改造质量管理体系》获得"ISO 9001：2008"质量管理体系认证证书，成为云南省监狱系统首家对监管教育改造工作开展质量认证、实行 ISO 9000 质量管理的单位。

从运行效果看，质量管理体系对促进监狱监管教育改造工作卓有成效。（1）凸显了"惩罚与改造相结合，以改造人为宗旨"的监狱工作方针，健全和完善了监狱刑罚执行制度，为进一步提高监狱警察整体素质、管理能力、规范执法行为和提高监狱的管理水平，降低罪犯重新犯罪率夯实了工作基础，为深入开展监狱、监区规范运行管理提供了有效的经验。（2）转变了理念、提高了意识。通过该体系的运行，监狱警察进一步明确了监管工作最根本的任务是为社会提供公共安全服务，监管工作的标准是安全隐患是否消除或控制，实现目标的有效方法是对罪犯行为实施全时空的有效控制，从而不断强化以工作质量为根本的工作意识，逐步完善以加强基础管理为手段的过程控制意识，努力提高以体系运行有效性为重点的持续改进意识。（3）规范管理、过程控制。通过细分职责、量化指标、理顺关系，细化、规范工作流程，建立评审、考核和改进机制，完善文件化的管理载体，让服刑人员的监管活动和警察的执法活动始终处于受控状态，保证了执法活动的规范、公正、文明和有效。（4）夯实基础、提升质量。贯标工作就是练内功，该体系的建立和工作过程的识别及开展"顾客"满意调查和统计分析服刑人员意见反馈活动，均促进了监狱排查、防控、处突和领导四项机制的完善，夯实了监管改造工作的基础，发现和弥补了工作漏洞，体现了"建立管理体系，规范执法行为，严格过程控制，提高监管水平"的质量方针。

## 四、司法部重视标准化工作

### （一）倡导标准化管理

早在 2010 年 7 月 30 日，司法部召开的全国司法厅（局）长会议就对加强司法行政工作专业化建设提出要求，指出："形成完备的司法行政专业理论体系；建立各项业务管理模式，形成一套管理理念、管理方式和管理手段；建立各项业务工作运行机制，规范工作程序，完善操作流程；形成门类齐全的业务规范和标准体系，使每一项业务都有可供遵循的统一标准，都有必须熟练掌握和严格操作的'规定动作'。"这里虽未使用"标准化"专业术语，但就其实质看，意在倡导推行司法行政工作标准化。

2011 年 7 月 18 日召开的全国司法厅（局）长研讨班指出："要建立完善司法行政标准化体系，以标准化推进规范化；把体现各项工作业务特性的基本条件、基本做法、基本要求固定下来，细化执法执业标准，量化自由裁量标准，规范执法执业流程，完善设施设备标准，完善司法行政专业标识，制定、推广相关的国家标准、行业标准和技术规范，努力形成覆盖司法行政主要业务领域、门类齐全的司法行政业务标准体系。"

2016 年 12 月 30 日，司法部印发了《关于进一步加强司法行政信息化建设的意见》，❶ 有关标准、标准化的要求是：在信息化建设的原则中要"坚持统一规划，统一标准，统一管理"原则，建设目标中"到 2020 年，建立网络纵横贯通、信息及时全面、硬件高效集约、技术成熟先进、标准科学统一的司法行政信息化体系"，"以网络、数据、硬件、技术、标准建设为主体，大力加强司法行政信息化基础建设"为建设任务之一，并且指出："7. 加快标准体系建设。加快研究制定《司法行政系统标准化体系建设发展规划（2017—2020 年）》，建立健全涵盖司法行政各业务职能、各工作领域的标准规范，构建全面的司法行政标准化体系，确保各项工作'有标可依'。尽快修订整合司法行政现行标准，统一信息化基础、技术、管理三大类标准规范，建立完善统一的司法行政信息化标准体系。建立标准动态管理机制，定期检查评估，做好持续改进，努力实现静态、动态标准的有机统一。"该意见不仅提出了"司法行政系统标准化体系"概念，而且也大体规划了信息化建设过程中的标准建设工作。

## （二）设施建设与信息化建设中的标准化

2010 年，国家住房和城乡建设部发布了《监狱建设标准》（建标 139 –

---

❶ 载"中华人民共和国司法部 中国政府法制信息网"：http：//www. moj. gov. cn/government_pub-lic/content/2017 – 01/13/tzwj_6669. html，最后访问时间：2019 年 4 月 24 日。

2010）。

司法部于 2011 年着手研制监狱信息化系列标准（司法行业标准，标准代号 SF），于 2012 年 5 月 28 日印发了关于发布《监狱信息化软件开发总体技术规范》等十五项业务技术标准的通知（司发通〔2012〕125 号），于 2012 年 6 月 1 起实施。所有这些都成为我国监狱标准化的开端。❶

2017 年 5 月 8 日，"中华人民共和国司法部 中国政府法制信息网"以《司法部正式颁布 19 项信息化实施标准》为题，对司法行政信息化建设的标准进行了分析❷：

> 为进一步加强和规范司法行政系统信息化建设，保障司法行政信息化健康有序发展，今年以来司法部陆续研究制定了《全国司法行政信息化总体技术规范》等 19 项信息化标准，已作为司法行政行业标准予以发布。这些标准的出台，对于实现司法行政信息化系统互联互通、业务协同、资源共享，推动司法行政信息化建设具有重要意义。

> 近年来，各级司法行政机关十分重视信息化建设，但由于缺乏统一的标准规范，各地信息化系统相互封闭、数据不兼容，难以互联互通、信息共享，不利于司法行政事业的长期发展。为此，司法部坚持需求导向和问题导向，加强整体规划和设计，明确了司法行政系统信息化建设的思路和目标任务，计划用三到四年时间，全力构建司法行政信息化升级版。同时，确定今年一季度出台主要技术标准，上半年完成顶层规划设计，年底前完成部指挥中心指挥平台、公共法律服务平台、数据库框架建设。今年以来，司法部全力组织集中攻关，充分调动各方面力量，在较短时间内，完成了 19 项标准的编制，通过了国家标准化研究院组织的审查，日前，已正式以司法部部颁行业标准予以发布。

> 本次发布实施的 19 项标准，包括总体标准 1 项、数据平台类标准 4 项、应用技术类标准 14 项。标准内容涉及司法行政信息网络、指挥中心、公共法律服务、资源交换等技术平台；涵盖监狱、戒毒、社区矫正、律

---

❶ 参见《司法部现行有效规范性文件目录（截至 2013 年底）》，载"中华人民共和国司法部 中国政府法制信息网"：http://www.moj.gov.cn/government_public/content/2014-04/08/tzwj_6649.html，最后访问时间：2019 年 4 月 24 日。
❷ 载"中华人民共和国司法部 中国政府法制信息网"：http://www.moj.gov.cn/news/content/2017-05/08/bnyw_11491.html，最后访问时间：2019 年 4 月 24 日。

师、公证、安置帮教、人民调解、司法所建设、司法鉴定、人民监督员等业务领域，规范了司法行政信息化的整体构架、主要功能、技术要求、数据分类及编码、信息交换、安全体系等内容。

今后，司法行政系统信息化建设必须严格执行统一的标准规范。对于各地已经建成使用的信息系统，应根据实际情况逐步向新的标准过渡；对于新开发的信息系统，必须采用新的标准，凡不符合标准的一律不能开工建设。

据悉，为做好信息化标准的宣传贯彻及实施，司法部将在近期举办专题培训班，组织好标准的培训，使各地能尽快掌握标准，认真组织实施。今后一段时间，司法部将持续做好标准的推广应用，加快推进各类平台建设，高效开发利用信息资源，为司法行政事业发展提供有力保障。

2018 年 11 月，司法部印发关于"智慧监狱"建设的意见❶，首提"'智慧监狱'技术标准"命题，认为"'智慧监狱'技术标准既是基层监狱管理业务融合、数据汇聚以及智能分析的技术准则，更是整个监狱业务系统全面协同、资源融合共享和政策研究的技术纲领。在建设'智慧监狱'的过程中，必须统筹制定科学实用的'智慧监狱'技术标准。"

2018 年 12 月 6 日至 8 日，司法部"智慧监狱"技术标准研讨会在江西赣州召开。❷ 2018 年 12 月，司法部发布《智慧监狱 技术规范》（SF/T 0028—2018），对"智慧监狱"建设的总体要求、总体架构等方面规定了基本要求和技术要求，用于指导全国"智慧监狱"建设的总体设计、建设、管理和应用。

如果说"智慧监狱"抑或监狱信息化是一座大厦，那么监狱标准体系则是它的地基和骨架。司法部有关基于信息化目的标准化建设的部署具有鲜明的导向性。可以预见，有关"智慧监狱"抑或信息化建设的监狱工作标准，将会不断地发展和丰富。

---

❶ 参见中国安全防范产品行业协会主办的"新闻中心网"：http：//news. 21csp. com. cn/c23/201904/11380194. html，最后访问时间：2019 年 4 月 24 日。

❷ 黄辉、黄新明、尹承锋：《智慧监狱"技术标准研讨会召开》，载"法制网"：http：//www. legaldaily. com. cn/index/content/2018－12/06/content_7713202. htm，最后访问时间：2019 年 4 月 24 日。

# 第三节　标准化监狱趋势

在全国监狱系统的监狱工作执法和管理日常业务中，尽管经常使用标准、标准化词汇，但多存在于观念形态，多局限于按名词属性使用，多是将"标准"作为标签来强调工作质量或程序，而非按动词属性自觉地用标准化的理论推行标准化行动；即便是监狱信息化建设中的"标准"，也多出于"标准"对于信息化的必要性，故不是"标准化"意义的标准化。

本研究认为，标准化监狱在我国监狱未来发展中，有着趋势性特征和充分的外部条件。本节关于监狱管理模式诸如"法制管理模式""质量管理模式"等概念性话语，非经实务部门定义，而是著者梳理监狱管理史的总结性概括，意在阐明监狱管理发展的阶段性特征，能否立论，还有待争鸣。

## 一、监狱管理模式演进评析

所谓管理模式是在管理的人性假设基础上设计出的一整套具体的管理理念、管理内容、管理工具、管理程序、管理制度和管理方法论体系并将其反复运用于组织，使组织在运行过程中自觉加以遵守的管理规则。经模型化，可表述为：

管理模式 = 管理理念 + 系统结构 + 操作方法

所谓监狱管理模式即由监狱管理的法制思想、工作方针、法规体系、对象体系与方法体系构成的相对固化的操作系统。纵观中华人民共和国成立以来的监狱管理发展史，从狭义的监管改造罪犯的监狱管理模式看，若以标志性的管理理念或操作方法为特征来界分，可以按发展脉络将监狱管理模式用一组概念性话语来定义。

## （一）法制管理模式

1954 年我国颁布实施了《中华人民共和国劳动改造条例》。1981 年 8 月公安部召开第八次全国劳改工作会议，1981 年 12 月中共中央办公厅、国务院办公厅转发公安部《第八次全国劳改工作会议纪要》的通知指出："要健全监管法规，从收押到释放，逐步实现监管工作的法律化、制度化。"1982 年 2 月公安部印发了《监狱、劳改队管教工作细则》和《犯人生活卫生管理办法》；

1989 年司法部监狱管理局印发了《对罪犯实行分押分管分教的试行意见》（史称"三分"）；1989 年 1 月司法部制定《关于起草司法行政法律、法规和制定规章的规定》（司法部令第 1 号）；1994 年颁布实施《中华人民共和国监狱法》（以下简称《监狱法》）；1995 年 2 月国务院印发《关于进一步加强监狱管理和劳动教养工作的通知》（国发〔1995〕4 号）❶。

可以将这一阶段的一系列部署与实施称为"法制管理模式"，其显著特点是大规模建章立制、完善制度，以提高制度的覆盖面并使之系统化、修订制度并使之更加完善为主要特征。

### （二）现代化文明监狱模式

1994 年 1 月召开的全国司法厅（局）长会议提出"将中国监狱建设成为现代化文明监狱"的构想。1995 年 2 月印发的《国务院关于进一步加强监狱管理和劳动教养工作的通知》提出"对罪犯实施依法、严格、文明、科学管理"，并且将"将中国监狱建设成为现代化文明监狱"构想写入文件之中。1995 年 2 月召开的全国监狱工作会议进一步提出"统一标准，总体规划，统筹安排，分步实施，逐步把我国监狱建设成为坚持社会主义方向，体现人类社会文明、进步成果的现代化文明监狱"，并作为今后一个时期监狱工作的战略目标。同年 10 月司法部印发了《关于创建现代化文明监狱的标准和实施意见》，将"标准体系"确定为狱政设施标准、罪犯行为管理标准、罪犯生活管理标准、罪犯教育改造标准、罪犯劳动改造标准、监狱人民警察队伍建设标准 6 个分支。2004 年司法部对现代化文明监狱标准予以修订，规范为队伍建设标准、刑罚执行标准、狱政管理标准、教育改造标准、生活卫生标准、劳动改造标准、设施设备和经费保障标准 7 个分支。1996 年 6 月，司法部印发了《关于现代化文明监狱考核评审工作若干问题的通知》（司发通〔1996〕88 号），对现代化文明监狱的申报程序、评审程序和规则、批准命名程序进行了规范。

"现代化文明监狱"是这一阶段的标志性"理念"和"操作方法"，可以将这一系列部署与实施称为"现代化文明监狱模式"，其特征是通过建立监狱工作的相关规范，以创建部级、省级现代化文明监狱为抓手、以达标验收为主

---

❶ 载"国务院办公厅网"：http://www.gov.cn/xxgk/pub/govpublic/mrlm/201011/t20101112_62567.html，最后访问时间：2019 年 4 月 24 日。

要手段，整体系统推进监狱管理。

## （三）"三化"管理模式

"三化"是指监狱工作法制化、科学化和社会化。2002 年 12 月 26 日司法部召开的全国司法厅局长会议指出："推进监狱工作的法制化、科学化和社会化建设，努力提高罪犯教育改造质量。"2003 年 11 月 25 日司法部召开全国监狱"三化"建设工作座谈会，进一步指出推进"三化"建设是监狱工作发展的必然要求，是提高罪犯质量的根本途径，是多年来监狱工作实践的总结。同时指出："监狱改造罪犯工作是一项十分严肃的执法工作，依法治监和依法行刑是规范监狱活动的基本准则……改造罪犯工作必须适应形势的变化，研究把握监狱工作的发展规律，及时转变工作思路和工作方法。只有不断地推进监狱工作科学化，才能把握和遵循罪犯改造规律，提高工作的针对性和有效性，使罪犯改造工作建立在科学的基础之上。"同年司法部印发了《关于进一步推进监狱工作法制化科学化社会化建设的意见》（司发〔2003〕21 号）。

"三化"是这一阶段的标志性"理念"，可以将这一系列部署与实施称为"三化"模式。其特点是通过法制化将监狱各项管理纳入法制轨道，总体目标是科学的法规体系、扎实的法规执行、良好的法制秩序；通过科学化引导监狱各项管理须遵循客观规律，总体目标是投入最小，成效最大；通过社会化引导监狱工作融入社会管理之中，总体目标是建立与社会信息沟通、作用互动的机制。

本研究认为，总的来看，监狱工作法制化可以理解为监狱及其民警依法行使公权、履行监狱职能、实现监狱宗旨的活动。其内容是制定法规、执行法规、遵守法规；其要求是把监狱的全部工作纳入法制化的轨道，切实做到依法行刑、依法治监；其任务是要使全体民警树立监狱工作的法治观念，建立完备的法规体系，形成科学的执法运行机制，从而实现职权法定化、行为程序化、责任明晰化、业务精英化。

监狱工作科学化可以理解为监狱民警在能动的监狱工作中，以科学的理论、科学的手段来从事监狱工作的社会实践活动。其内容是认识规律、运用规律；其要求是善于用科学的理论、观念、方法和手段提高工作质量，从而使各项工作更加符合监狱工作的基本规律。

监狱工作社会化可以理解为监狱与社会发生信息沟通、交互作用的活动。

其内容是改造手段社会化、改造过程社会化、改造力量社会化、后勤服务社会化；其要求是坚持专门机关与群众路线相结合，克服监狱工作封闭性、神秘性，利用社会力量服务于罪犯教育改造工作。

历史地看，现代化文明监狱创建活动更侧重于硬件建设和软件建设，"三化"则更侧重于软件建设，在一定意义上，"三化"建设是创建现代化文明监狱的深化和发展。"三化"具有时代特征和创新品格，是我国监狱贯彻依法治国方略的必然趋势，是监狱管理符合客观规律、提高民警工作效率、提高罪犯改造质量的必然趋势，是监狱融入社会、弥补监狱教育改造力量不足、降低行刑成本的必然趋势。可以定论，深入推进"三化"建设对于推动监狱的社会主义政治文明建设、完善中国特色社会主义监狱理论与制度、提升监狱民警科学文明素质、提高罪犯改造质量、推动监狱工作整体发展进步，对于维护社会和谐稳定、促进经济社会发展都具有重要的历史意义。

### （四）规范化管理模式

2005 年 5 月，中央政法委决定用半年时间在全国政法机关开展"规范执法行为，促进执法公正"专项整改活动。2006 年 1 月，新疆监狱管理局根据上级要求决定开展"基层工作规范年"专项活动，印发了《关于开展基层工作规范年活动的意见》（新狱发〔2006〕18 号），同时制定了规范化考核办法和规范化建设标准，明确了 4 个方面规范重点。以"基层工作规范年"专项活动为抓手，新疆监狱全面推开了监狱执法和管理规范化建设工作。

2009 年 11 月 18 日，司法部印发《关于加强监狱安全管理工作的若干规定》（司发通〔2009〕179 号，简称"35 条规定"）。2009 年 11 月 24 日，司法部召开全国监狱劳教所管理工作电视电话会议，提出监所管理工作总要求是："按照依法、严格、科学、文明管理的要求，全面加强监所管理，落实管理责任，建立适应新形势下教育改造工作要求的管理体系和工作机制，建立一支严格公正文明廉洁的警察队伍，努力提升监所管理科学化、规范化、法制化水平，提高教育改造质量，确保监所安全稳定。"

新疆监狱根据司法部要求，在 2006 年"基层工作规范年"基础上，再次全面深化监狱执法和管理规范化建设工作，并在 2010 年全区监狱工作电视电话会议上、2010 年 4 月 14 日规范化管理现场会上作出全面部署，其主导思想是围绕执行法律法规、增强依法履职能力，着力解决执法和管理中存在的基础不牢靠、工作不到位、不规范的突出问题。全区监狱工作电视电话会议指出："要坚持管理创新的高标准，按照精、准、细、严的要求，细化上下级、部门之间的管理职责和目标任务，尽可能使管理目标量化、流程规范化、考核标准化、部门协同化、效率最高化。"新疆监狱管理局在 2010 年 8 月 20 日印发的《关于贯彻落实司法部全国司法厅（局）长会议精神的意见》（新狱发〔2010〕285 号）文件中，将规范化概括为 9 个方面：队伍建设规范、刑罚执行规范、狱政管理规范、教育工作规范、劳动管理规范、安全防范规范、执法管理规范、物质环境管理规范、党务管理规范。

2011 年 3 月 11 日，司法部印发《关于在全国监狱劳教（戒毒）系统开展规范化管理年活动的意见》（司发电〔2011〕22 号），设定的任务目标是：通过开展规范化管理年活动，使全体监狱人民警察更加熟悉并充分掌握相关法律法规、规章制度和政策。全面健全完善并落实刑罚执行管理、教育改造管理、狱政管理、警察队伍管理、设施和经费管理等制度，规范管理行为，强化责任追究，切实将监狱管理和队伍建设提高到新水平。《意见》涉及的对象为 6 大类、78 项事项。总的来看，规范化管理模式的要义是：健全完善制度、规范执法和管理行为、强化执法和管理责任，概而言之就是规范地执行制度。

2011 年，新疆监狱系统开展了与全国监狱大体相同的规范化管理工作。新疆监狱在实践操作上，紧紧围绕监狱安全稳定、提高罪犯改造质量两大目标，按照人要定责、事要定规、物要定位的总思路：（1）重点规范刑罚执行管理，建立刑罚执行工作协调机制；（2）重点规范狱政管理，加强罪犯行为养成、民警直接管理管理制度；（3）重点规范狱内侦查管理，加强监管安全风险评估，落实狱情研判处置制度；（4）重点规范教育改造管理，落实"5 + 1 + 1"（即罪犯每周 5 天劳动、1 天学习、1 天休息）制度；（5）重点规范生活卫生管理，落实罪犯伙食被服个人财物管理制度，规范监舍环境个人卫生、罪犯就医、疾病预防控制、健康档案管理；（6）重点规范安全警戒设施和信息化管理，建立安全警戒设施和信息化建设标准，规范购置和建设程序；（7）重点规范财务管理，完善经费使用审批制度，规范监狱财务预算和国有资产管理；（8）重点规范警察队伍管理，落实干部选拔任用制度，规范教育培训、政治工作例会和民警思想分析会、警务管理。在操作方法上，努力做到"四个紧密结合"：（1）与解决当前执法和管理的现实问题紧密结合，重点解决执法和管理粗放、民警和罪犯的不良行为习惯、工作细节上不严密的现实问题；（2）与正在开展的主题实践活动紧密结合，在专项活动中推进规范化管理；（3）与完成全年目标任务紧密结合，与全年工作绩效考核一并安排一并评价，并按照司法部监狱局要求，评定考核名次；（4）与推进社会管理创新、保障和服务全区工作大局紧密结合，在管理创新中贯彻规范化理念，以科学态度和科学方法推动管理创新。

总的来看，新疆监狱通过推进规范化管理，广大监狱民警的规范化意识明显增强，讲规矩、讲章法、讲标准、讲规范已成为自觉行动，制度管理、规范管理、精细管理已得到认同和推行，成为推动监狱管理转型的思想基础；进一步完善了制度体系，基本达到了事事有管理制度，扩大了制度的覆盖面；有效提升了广大监狱民警的警戒控制能力、教育改造能力、分析解决问题能力、狱情收集研判能力、公正文明执法能力、创新管理能力；进一步提高了监狱管理质量，有力推动了执法监管、教育改造、队伍管理等重点业务工作各项制度的贯彻落实，基本形成了具有新疆特色的监狱管理的规律性认识和方法体系；监狱的执法公信力、社会影响力显著提高。规范化管理活动取得的这些阶段性成果，都是进一步推进监狱标准化管理的基础和条件。

"规范化"和"35 条规定"是这一阶段的标志性"理念"和"操作方法"，这一阶段的监狱管理模式可以概括为规范化管理模式。

### （五）质量管理模式

在本世纪初，全国部分省区市的个别监狱陆续自主地推进了《质量管理体系 要求》（GB/T 19001），虽不具有广泛性，却是我国监狱管理走向科学化的有益探索，也是标准化管理的开端。可以将这些监狱确立的"质量管理体系"理念、借鉴 ISO 9000 "操作方法"的管理过程称为质量管理模式。

从掌握的文献看，新疆监狱管理局最早在全区监狱系统所有监狱全面推行质量管理体系。客观地看，新疆监狱管理局创制的《监狱改造罪犯工作质量管理体系 指南》，是现代科学管理理论在监狱改造罪犯工作中的成功运用，是监狱改造罪犯工作管理工具的创新，体现了标准化管理的思想，是标准化理论在新疆监狱的初步实践，是标准化管理的雏型，是新疆监狱管理进入科学管理新阶段的标志。

概括上述部分省区市监狱的做法，监狱推行质量管理模式的基本思路是，借鉴《质量管理体系》原理，将监狱工作中与罪犯改造相关的过程及其相互作用看成一个系统，以质量管理的八项原则❶为理论依据，以确保监狱安全稳定、提高罪犯改造质量为目的，以规范程序、科学管理为核心，以现行法律、法规、规章为基础，将监狱工作方针、工作目标、工作要求融为一体，形成体系文件；建立"计划—实施—评价—改进"（PDCA）的监管改造工作机制，将监狱工作衔接成具有工作安排、实施要求、督促检查、持续改进、究责求效功能的有机整体，形成执法程序、管理规程、考评标准、改进途径。

客观地分析，质量管理模式对于监狱工作的理论价值在于，提出了监狱工作质量管理的概念和管理原则，构建了质量管理模式，丰富了监狱学理论。质量管理模式对于监狱工作的实践价值在于，探索出监狱工作法制化、科学化建设的有效途径，促进监狱工作法制化，提高依法治监的水平；促进监狱工作科学化，提高科学管理的水平；促进民警忠于职守，提高依法行政的能力；促进罪犯积极改造，提高罪犯的改造质量。

推行质量管理模式的意义，可以概括为：增强了监狱民警的质量意识，改变了传统的监狱管理理念，从而使监狱民警将提高工作质量变成一个渐进趋稳的行动；引用了科学的管理方法，从而为监狱建立一整套完善的质量管理、运作、检查、评价的体系；通过职能配置、权责划分和衔接沟通，预防了工作中的责权不分，堵塞了管理漏洞，提高了管理效率；促进了民警提高素质、忠于职守，促进了罪犯积极改造；提升了监狱的形象，扩大了监狱工作的社会影响。质量管理模式已产生了较好的管理效益和社会效益。

## 二、现代化文明监狱基础上的标准化监狱

前文已经分析，监狱管理模式由管理理念、系统结构、操作方法三个要素构成。其中，系统结构具有相对稳定性，而"理念"和"操作方法"多体现时代特征。

历史地看，监狱工作的"理念"和"操作方法"在不同时代有着不同的标志性概念，有较高共识度、延续至今的如下。

就"理念"来说，共识度比较高的标志性概念化的"理念"是：法制、

---

❶ 2016年修订的GB/T19001《质量管理体系 要求》，将质量管理原则由八项改为七项，原八项原则是：以顾客为关注焦点、领导作用、全员参与、过程方法、管理的系统方法、持续改进、基于事实的决策方法、互利的供方关系；新七项原则是：以顾客为关注焦点、领导作用、全员积极参与、过程方法、改进、循证决策、关系管理。

"三化"、规范化、现代化文明监狱，在全国监狱系统基本形成了共识，并在全国监狱得到贯彻；"质量管理"理念作为治监的观念，仅在局部形成共识，虽具有典型性、先导性，但不具有普遍性。

就"操作方法"来说，共识度比较高的标志性概念化的"操作方法"当属"三分"（分押、分管、分教）和创建现代化文明监狱。两种工具深刻地影响着前时代以至当代全国监狱工作。2009 年至今，虽然中断了现代化文明监狱创建、验收工作，但是，全国监狱依然多有期待，许多监狱依然采用现代化文明监狱"标准"这一理念和工具，按"标准"管理监狱事务；更期待应时而生发出一种新的管理工具，以填补因创建现代化文明监狱中断而出现的管理理念和管理工具的真空。

（一）现代化文明监狱模式评析

关于现代化文明监狱前文已经分析，这里再作延伸阐述。

从监狱管理学的角度，可以将现代化文明监狱定义为现代监狱管理模式。

现代化文明监狱作为一种管理模式，它是由一套与监狱管理相关的具体的管理理念、管理内容、管理工具、管理程序、管理制度和管理方法论要素构成的、相对固化的操作系统，用公式表述为：

现代化文明监狱模式＝现代文明的管理理念＋反映现代文明的系统结构＋可执行的操作方法

从管理理念上分析，主要是管理观念的现代化和管理方式的现代化。观念的现代化表现为依法治监的法治观、以人为本的刑罚观、科学文明执法的管理观、借鉴创新的发展观。管理方式的现代化表现为管理对象的系统观、设施装备的先进观、环境条件的保障观、管理手段的技术观。

反映这些观念的要求是，在《关于创建现代化文明监狱的标准和实施意见》中提出了"对罪犯实行依法管理、严格管理、文明管理、科学管理"，监狱设计和装备的技术标准，罪犯生活、卫生条件的环境标准，教育改造工作的具体目标，劳动改造的环境和工作目标标准，监狱领导班子结构标准，以及监狱机构设置标准。

从系统结构来分析，该模式设计了现代化文明监狱管理对象的 6 项内容（即设施和装备管理体系、狱政管理体系、生活卫生管理体系、教育改造管理体系、劳动改造管理体系、队伍建设管理体系）、现代化文明监狱管理制度，以及评审验收的审核验收的程序和方法。

从操作方法来分析，该模式设计了创建现代化文明监狱的原则、重点领域、推进的步骤。

虽然司法部于2004年重新修订了现代化文明监狱的标准，但仅是对管理对象与具体标准的微调、充实，新标准设计为队伍建设、刑罚执行、狱政管理、教育改造、生活卫生、劳动改造、设施设备和经费7个部分，并未对原标准进行实质性修改。

应当看到，自全国监狱全面推行现代化文明监狱管理模式以来，极大地调动了全国各地监狱争创现代化文明监狱的热情，极大地推进了全国监狱硬件设施建设和业务管理软件建设，极大地提高了罪犯改造质量，极大地提升了全国监狱管理水平，为维护社会稳定和保障社会事业发展作出了重要贡献。客观地评价现代化文明监狱模式，可得出这样的结论：它是一个相对完整的、具有鲜明中国特色和时代特征的监狱管理模式，彰显了"惩罚与改造相结合，以改造人为宗旨"的监狱工作方针，体现了依法治国的法治原则，适应了社会主义现代化建设发展的总趋势，体现了监狱工作科学化发展的时代要求。

但是，随着社会"管理"向社会"治理"演进，随着管理理论和管理技术发展，特别是国家治理体系和治理能力现代化对监狱管理提出的新要求，这一模式的不适应性也日渐显现，突出表现在：管理理念的滞后性、管理技术应用的滞后性、管理创新的被动性。

——称谓的局限性。"现代"是个时态概念，用"现代"定义监狱发展，显然缺乏稳定性，有失严谨。

——系统结构的局限性。无论是最初的6个体系还是后来的7个体系，都不能涵盖监狱工作的各个领域，因而缺乏系统性、整体性、协同性。

——管理技术的局限性。无论现代化文明监狱模式的结构多么完整，究其管理技术在本质上仍然属于沿习传统，并未有实质性突破，因而缺乏技术含量。

（二）标准化监狱是现代化文明监狱的历史演进

党的十八大报告指出："全面建成小康社会，必须以更大的政治勇气和智慧，不失时机深化重要领域改革，坚决破除一切妨碍科学发展的思想观念和体制机制弊端，构建系统完备、科学规范、运行有效的制度体系，使各方面制度更加成熟更加定型。"本研究认为，监狱管理制度"更加定型"的重要途径就是推行标准化管理。当前，我国正在迈入中国特色社会主义新时代，党的十九大擘画了从 2020 年到 2035 年现代化国家的奋斗目标，其中，"法治国家、法治政府、法治社会基本建成，各方面制度更加完善，国家治理体系和治理能力现代化基本实现。"从"更加定型"到"更加完善"、再到"国家治理体系和治理能力现代化基本实现"是一次质的飞跃。作为国家各项事业一部分的监狱工作，自当与社会主义现代化国家建设同步，以"标准化监狱"的现代化样态，推进中国监狱走向中国特色社会主义现代化监狱。

**1. 现代化文明监狱是标准化管理的雏形**

客观地分析，现代化文明监狱标准已经具备了"标准化"的雏形。

第一，引领未来发展。现代化文明监狱模式，试图构建具有"现代化"时代特征的、体现当代监狱"文明"的、"标准化"的监狱管理模式，用"现代化""文明"引领未来中国监狱发展走向。

第二，符合"标准化"的实体要件。就现代化文明监狱 7 个体系标准而言，在实体要件上符合"标准化"的要义，表现在对于全国各个监狱重复开展的、需要经常开展的工作，予以统一一致地规范，其中内含了量的标准和质的规定性。

第三，初步构建起监狱管理体系。可以说，现代化文明监狱 7 个体系标准，是监狱"主业"的集中概括表述，表明了与改造罪犯工作直接相关的执法和管理业务范畴，所构建的管理体系可以成为"标准化"的基础。

第四，使用"标准"的概念，为未来的标准化管理创制了观念意识基础。

可以说，现代化文明监狱为监狱标准化管理做了铺垫、准备了条件。也可以说，从现代化文明监狱到标准化监狱已是水到渠成。

**2. 标准化是制度"更加定型"的重要方法**

"标准化"是为了在既定范围内获得最佳秩序，促进共同效益，对现实问题或潜在问题确立共同使用和重复使用的条款以及编制、发布和应用文件的活动。标准化活动确立的条款，可形成标准化文件，包括标准和其他标准化文件。标准化的主要效益在于为了产品、过程或服务的预期目的改进它们的适用性，促进贸易、交流以及技术合作。❶ "标准"是指通过标准化活动，按照规定的程序经协商一致制定，为各种活动或其结果提供规则、指南或特性，供共同使用和重复使用的文件。❷ 显然，"共同使用""重复使用"是"标准"和"标准化"的显著特征。

事实上，多年以来，全国监狱系统自上而下，正是通过制定相应的制度对民警或罪犯共同做的事项和重复做的事项而加以规范的。只是人们并未完全认识到，用"标准"或"标准化"的理论来加以"更加定型"、来形塑监狱管理模式。

### 3. 标准化的基本原理正适应了监狱管理发展的趋势

标准化的统一原理符合监狱工作统一性的目标要求。监狱是严肃的执法部门，这就要求执行法律法规规章在全国监狱达到高度一致。

标准化的简化原理符合为民警减负的呼声。随着监狱法制不断健全，监狱工作越来越复杂，需要应用简化原理对现行的工作环节进行筛选提炼，精简出必要的环节，删减重复多余的环节。

标准化的协调原理符合监狱工作协同化的要求。监狱业务分工越来越细，在客观上需要应用协调原理，条分缕析地建立业务工作标准，规范职能分工和工作流程，使各项工作协同推进。

标准化的最优化原理是提高监狱工作效能的现实需要。监狱工作是一项系统工程，需要建立稳健、节约、高效的工作机制，进而实现刑罚执行的目标，取得理想的执法效果。

另外，司法部已建立的《监狱建设标准》《监狱信息化》标准是我国监狱标准化管理的开端和先导，社会治理领域的标准化具有示范和引导作用，为在监狱应用提供了充分的可借鉴范式。

历史地分析，现代化文明监狱模式是监狱管理模式发展的必然阶段，但它又是一个不自觉的"标准化"过程。推进监狱管理创新，需要在"现代化文明监狱"基础上，自觉地能动地应用标准化管理理论加以改造、推陈出新。

---

❶ 《标准化工作指南 第1部分：标准化和相关活动的通用词汇》（GB/T 2000.1—2014），"3.1 标准化"词条。

❷ 《标准化工作指南 第1部分：标准化和相关活动的通用词汇》（GB/T 2000.1—2014），"5.3 标准"词条。

### 三、标准化监狱是监狱管理模式的创新发展

党的十九大报告指出："实践没有止境，理论创新也没有止境。世界每时每刻都在发生变化，中国也每时每刻都在发生变化，我们必须在理论上跟上时代，不断认识规律，不断推进理论创新、实践创新、制度创新、文化创新以及其他各方面创新。"全国监狱正在与中国特色社会主义同步进入新时代，就管理的手段或方法而言，下一步应走向何处？理论创新、实践创新、制度创新从何处做起？这不仅是认识发展问题，也是实践创新问题。迫切需要监狱高层从战略层面加以研究规划。

#### （一）标准化是监狱管理的较高形态

##### 1. 标准化是国家规范社会秩序的手段之一

抽象地看，国家治理社会不外乎一靠法律法规、二靠行政政策。在国家颁布的法律法规中，有一部分虽不以法律法规的形式存在，但实质上具有法律属性，需要用法律、行政法规等手段强制执行，这就是"国家标准"中的强制性标准和推荐性标准。国家通过颁布实施《标准化法》、推行"国家标准"，与法律、行政手段一并调节社会关系。在这个意义上，标准化是国家治理社会的一种手段。

标准化管理已广泛应用于公共服务和社会治理的多个领域。历史地分析管理的演进过程，一种管理模式经不断地修正、完善，其归宿是定型，而定型的标志就是转化成标准。因此，管理模式的发展最终都要上升到标准化管理阶段。经济领域管理最为典型，由最初的企业规章制度到企业标准，成熟之后上升到行业标准，再上升到较高位阶的国家标准。监狱管理模式的演进也应遵循这样的规律，也要最终发展到标准化阶段。

##### 2. 标准化是监狱管理的较高形态

分析监狱管理模式的演进可以发现，监狱管理模式的每一次跨越，都以认识飞越、理论准备为先导，都以制度经验积累为基础，都以现代管理技术发展为条件和支持，都与国家的政治经济社会发展的阶段相适应，都是监狱管理科学化的进步。监狱管理创新绝不能割断历史，必须继承已有管理思想、管理技术方法，这是一个肯定—否定—否定之否定的辩证发展过程，是监狱管理演进

的规律，探索并创新监狱管理模式是监狱管理进步的历史发展趋势。这就提示我们，要与时俱进地适应新时代新发展新要求，充分运用当代社会科学和管理技术发展的最新成果，不断创新并更新原有的模式。因此，在我国进入中国特色社会主义新时代的时代背景下，创新监狱管理进而推进监狱治理体系和治理能力现代化是当代监狱人民警察的历史责任。

纵观新中国成立以来的监狱管理发展史，不同时期的管理水平有不同的定义。科学化、法制化、规范化、精细化、现代化、标准化等概念，都是反映监狱管理水平的标志性概念，也体现着监狱管理发展的过程或者阶段性特点。"科学化"是监狱管理水平的本质体现，是监狱管理发展的总目标、总要求，随着人们的认识和科学技术的发展，"科学化"的内涵会越发丰富；"标准化"则是"科学化"的最高表现形式；"规范化"是监狱标准化管理的基本形态，是"科学化"的现实表现，通过渐进的"规范化"，达到更高境界的"标准化"。质量管理体系是监狱标准化管理的一个方面，是通过"规范化"再上升到"科学化"的手段。创建现代化文明监狱是实现监狱标准化管理所经历的阶段。

建设标准化监狱不仅是非常可行的，而且也是十分必要的，由此可以得出结论，新时代监狱管理创新的趋势是"标准化监狱模式"。

（二）建设标准化监狱的趋势性

标准是经济活动和社会发展的技术支撑，是国家治理体系和治理能力现代化的基础性制度。❶ 我国已经于 2012 年 8 月制定了《社会管理和公共服务标准化工作"十二五"行动纲要》，将标准化理论用于社会治理领域，全国多个省市正在通过创建标准化社区、标准化警务管理、标准化政务服务、标准化安全生产单位的途径，来创建新时代我国社会治理的新模式。可以预见，标准作为国家治理体系和治理能力现代化的基础性制度，必将覆盖到社会治理和公共服务的各个领域，以制定标准、组织实施标准的对标准的制定、实施进行监督的标准化工作，必将延伸到的社会治理和公共服务的各个领域。

监狱是国家的刑罚执行机关，监狱工作的对象、任务和工作要求，必将随

---

❶ 《国家标准化体系建设发展规划（2016—2020）》（国办发〔2015〕89 号），2015 年 12 月 17 日印发。

着我国社会主义进入新时代，随着人民对美好生活的新期待而发展，必将具有鲜明的时代特征。为全面履行监狱职能，就必须不断探索监狱管理规律，不断创新监狱管理模式，促进监狱管理从粗放型向精细化、从前时代向现代化发展。研究认为，新时代监狱管理创新发展的趋势是"标准化管理模式"。

在新时代，监狱坚守底线安全、践行改造宗旨，统筹推进政治改造统领监管改造、教育改造、文化改造、劳动改造新格局，❶ 在客观上就要求推行标准化管理模式。坚守底线安全、践行改造宗旨，意味着监狱必须在不断提高罪犯教育改造质量上寻找工作突破口。而标准化管理则有着"以人为本"的方法论内涵。可以这样理解，监狱"以人为本"最主要的是以罪犯为中心，监狱标准化管理体系的建构过程本身就是围绕将罪犯改造成守法公民这一中心任务而进行的系列标准化活动，监狱标准化活动过程就是通过标准的制订→实施（相对稳定一个阶段）→修订（提高）→再实施（相对稳定）→再修订（再提高），呈阶梯状发展。每一次修订都是对监狱管理水平的一次提升，都是对监狱基层基础工作的进一步完善，是推进监狱工作目标不断实现的过程。由此可见，监狱标准化管理是坚守底线安全、践行改造宗旨的具体体现，也是践行改造宗旨的内在要求。

监狱工作统一性的目标与任务，要求监狱执行法律法规在全国监狱系统达到高度一致，符合标准化的统一原理。随着监狱法制不断健全，监狱工作越来越复杂，需要应用标准化的简化原理对现行的工作环节进行筛选提炼，精简出必要的环节。监狱业务分工越来越细，在客观上需要应用标准化的协调原理，条分缕析地建立业务工作标准，规范职能分工和工作流程。监狱工作是一项系统工程，需要建立稳健、节约、高效的工作机制，进而实现刑罚执行的目标，取得理想的执法效果，这正符合标准化最优化原理的要义。通过创建标准、实施标准形成我国监狱的"标准化监狱"模式，或可成为全国政法部门社会治理创新的范式。

---

❶　2018 年 6 月 28 日司法部召开的全国监狱工作会议指出，监狱工作要始终坚持以习近平新时代中国特色社会主义思想特别是政法思想为指导，切实提高政治站位，坚守安全底线，践行改造宗旨，统筹推进以政治改造统领监管改造、教育改造、文化改造、劳动改造的新格局，奋力开创新时代监狱工作新局面。参见蔡长春：《全国监狱工作会议要求：统筹推进以政治改造为统领的五大改造新格局》，载《法制日报》，2018 年 6 月 29 日第 1 版。

（三）建设标准化监狱的可能性与可行性

**1. 建设标准化监狱的可能性**

实践证明，标准化是一种非常有效的工作方法，是制度化的最高形式，在推进社会治理和各项社会事业发展中有着重要的技术性基础性作用。

标准化管理作为一套管理理论，在各个领域是通用的；作为一项管理工具，对支持各领域业务建设是适用的。从这个大前提推论：监狱标准是监狱管理的技术支撑，是监狱治理体系和治理能力现代化的基础性制度。将标准化理论应用于监狱执法和管理领域，创新监狱治理、建设标准化监狱，符合社会治理创新发展的趋势，将成为我国监狱管理发展到新时代的产物，或可成为反映我国监狱管理水平的显著标志。因此，在监狱领域建立标准、实施标准、推行标准化管理是完全可能的。标准化管理模式在社会治理领域的众多范例，以及上述分析，为监狱管理模式创新发展、创建标准化监狱提供了无限可能性。

**2. 建设标准化监狱的可行性**

全国监狱开展了多年规范化管理的实践，尽管完整的、符合标准化管理内涵的监狱标准化工作，仅局限于小范围省区市监狱；尽管部分省市监狱管理局推行的标准化工作主要局限于狱务公开领域和狭义的罪犯改造领域；尽管少数监狱推行的质量管理体系还不是完整的标准化管理，但这些探索积累都具有示范意义，具备了在全国推动标准化管理、创建"标准化监狱"的思想认识基础和实践基础，已经具有了推行标准化管理的条件。这些事实也充分证明，建设标准化监狱是完全可行性的。

就现实性来看，目前全国监狱系统正处于设施建设"硬件"标准创建阶段，而体现公权履职行为特征的"管理标准"尚处于探索阶段，监狱信息化标准更具有先导性和示范性。事物的发展总是先有特殊性再到普遍性、先从个别再到一般，这就需要局部省区市监狱在监狱管理中率先推行标准化管理，再扩大覆盖面，推及到多个监狱，推及到人和物的标准化全领域；这也需要监狱系统的各级领导、理论工作者和实际工作者，全面总结示范单位的经验，全面并深刻理解标准化管理的内涵和外延，将实践经验升华到理论高度，继而将理论成果转化为能够指导标准化管理工作的工作模式。由此不断推进监狱管理提质增效，推进我国监狱现代化进程。

## 四、推进监狱管理创新发展

事物总是波浪式前进螺旋式上升的，也总是从量变走向质变、在新质基础上再向前发展的。肯定、否定、否定之否定是事物发展的普遍规律，监狱管理的发展也遵循着这样的规律。监狱管理模式总是随着社会文明进步、随着管理技术的发展而不断向前发展的。在继承以往监狱管理合理内核的基础上建立监狱标准体系、推进标准化管理，是监狱管理模式发展的科学辩证法。因此，可以充分借鉴实体产业界标准化管理的实践经验，充分借鉴政府行政服务领域标准化管理先行先试的经验，构建适合于中国监狱改造罪犯工作特色的监狱标准化理论体系，用以指导和推动监狱标准化管理，使我国监狱管理向着科学化更进一步。全国多个监狱意欲推进的标准化管理，预示着监狱管理或将进入新的发展阶段。

### （一）标准化管理是监狱现代化的标志

我国监狱的治监理念、管理工具的每一次跃升，都推动着监狱管理模式的重大变革。在党和国家倡导并推动创新社会治理、标准化战略的大背景下，创造性地开创监狱标准化管理，这既是我国监狱弯道超车、跨越发展的需要，也是实现监狱与各项社会事业同步现代化、创制中国监狱模式、向国际社会表达中国监狱话语的现实需要。

监狱管理是一门科学，科学的理论一定是发展的，而不是静止和一成不变的。这样的发展，须以我们对习近平新时代中国特色社会主义思想特别是习近平新时代中国特色社会主义政法思想、对我国社会主要矛盾已经发生转化、对新时代中国特色社会主义各项事业现代化发展趋势等重要方面的宏观把握为导向，须以我们对我国监狱性质地位职能作用顺应新时代发展的认识为前提，须以我们对做好新时代监狱工作的使命意识为基础，须以我们对当代科学技术知识掌握的程度为条件。正是需要具有这样的导向、前提、基础、条件，才能够自觉能动地推动着中国监狱管理不断向着科学化水平发展，才能够不断地创新监狱管理模式。可以推断，标准化管理的普遍适用性，必将进一步推动监狱依法管理，进一步提高监狱管理效能，推动监狱管理技术现代化并由此使监狱管理成为一项技术，进而构建系统化的新时代中国特色社会主义监狱理论体系。因此，标准化管理是我国监狱管理发展到新时代的标志。

### （二）标准化管理是继承以往管理经验的成果

监狱管理模式演变史，就是一部监狱管理创新发展史。管理模式的每一次转变都是对以往管理思想、管理经验的继承与发展。认识不到这一点，或者否定这一点就是历史虚无主义。这个继承性体现在以下方面。

#### 1. 法律规章的继承

在一定意义上，推行标准化是在推行一项管理工具，但并不否定监狱作为法治工作部门的性质，并不否定罪犯的法律地位，并不否定已经出台的法律规章。从源头上讲，监狱工作现行的法律法规是监狱标准的最主要的来源，监狱工作标准化就是将已经出台的法律规章的原则性规定细化成标准，用"标准"的形式固化下来，并且将"标准"作为管理的对象，纳入管理范畴。正是基于这样的认识，可以将建立监狱标准体系的过程，变成法律规章立改废的过程，变成法律规章转化为"标准"的过程。

#### 2. 管理经验的继承

管理经验是监狱管理理论发展的基础，对管理经验系统性总结升华，则构成监狱管理理论体系。这就需要十分重视对已有管理经验的梳理总结、概括升华，已经成文的法律规章直接转化为"标准"；尚未制定规章制度的管理事项，经分析、总结、提炼，将经验转化为"标准"。在一定意义上，建立监狱标准体系的过程，就是一次对监狱管理工作再反思、再梳理、再总结、再研究、再升华的过程。

#### 3. 管理技术的继承

就监狱管理而言，管理技术就是管理方法或管理工具。经过多年的思想宣传、持续推行和实践应用，广大民警对规范化管理乃至处于雏形的标准化管理已经有了高度认同。事实上，作为一项管理工具，质量管理体系在推动监狱管理上台阶提水平上，发挥了很好的作用。建立监狱标准体系，就继承了质量管理的方法，如过程的方法、PDCA循环的方法、管理的系统方法；在规范化管理基础上的标准化，就继承了规范化管理的方法。

### （三）标准化管理是监狱管理思想的发展

任何领域的管理都是在一定管理思想指导下展开的，监狱管理也不例外。

监狱标准化管理思想，是强调监狱管理的各项业务工作除了符合规定的程序和标准外，还须贯彻体现一套完整"标准化"的价值观念体系。这套价值观念体系反映了监狱标准化管理的精髓，主要是以下方面。

### 1. 法治思想

依法"治"监是我国监狱的显著特征。这是监狱工作标准化区别与企业标准化的本质要求。离开"法治"的监狱标准化必然会偏离监狱工作的方向。监狱标准化管理就是贯彻了这一思想，是在依法行刑、依法行政前提下的标准化。

### 2. 统一思想

"统一"是标准化的特性。监狱标准化管理就是按照"统一"的思想，统一监狱标准体系，在全国监狱形成统一外观形象、统一办事依据、统一执法流程、统一职位职责、统一执法和管理目标、统一评价方法和质量要求的"标准化"工作的模式。

### 3. 简化思想

"简化"是标准化的另一特性。监狱管理是一项十分复杂的社会管理活动，多个子系统独立运行且密切相联。监狱标准化管理着眼于将烦琐的、重复的工作简单化，尽可能地将相似、相近的管理事项予以归并统一，尽可能地减少民警日常工作中的重复、无效劳动。

### 4. 协调思想

复杂的监狱管理活动，要求各个管理执法的系统、环节保持高度的协调性。建立监狱标准体系的过程，就是一个协调的过程。在建立标准体系时，要按照协调思想注重标准体系结构的完整性，注重各个单项标准之间的协调、注重标准与法律规章之间的协调、注重理想状态与实际状况之间的协调，既防止标准过高不能执行，也防止标准过低降低管理水平。

### 5. 渐进思想

任何事物都是一个由低级到高级渐进发展的过程，监狱标准化管理也是这样。这一思想主要体现在：渐进地制定标准，由点的标准化到面的标准化，逐渐延伸标准化的领域、逐渐扩大覆盖范围；渐进地执行标准，按照策划、实施、检查、改进（PDCA）的方法持续地改进工作；按照先易后难、先推开后规范的思路推行标准化；渐进地提升标准，按照新的要求、新的管理技术、新的发展趋势更新标准，这是一个再标准化的过程。

（四）开创监狱管理的新境界

监狱管理的新境界在于思想性。理想说明了目标，思想则反映着境界。人有思想而有品味，理论有思想而有内涵，监狱有思想而有境界。思想是行动的指南，思想的高度决定着价值判断的水准，有什么样思想就有什么样的行动。仅仅具有推动监狱事业发展的远大理想是远远不够的，还必有思想。标准化管理思想体现的是一种理念、一种模式、一种眼界、一种境界。

能够推动监狱管理跨越式发展的，是人们对于监狱管理的思想。以新疆监狱为例，2003 年在监狱管理中引入 ISO 9000 质量管理理论，推行监狱质量管理模式，是监狱管理思想的重大发展。在此基础上，巩固质量管理成果、继承质量管理经验，引入标准化管理模式，创造性地开展监狱标准化管理，则是新疆监狱管理思想的又一次重大发展。如此类推，未来监狱发展就是要按着这样的思想，全力推动我国监狱管理达到跨越式发展的新高度。

监狱管理的新境界在于科学性。科学管理监狱是几代监狱人民警察孜孜追求的目标。监狱管理属于社会科学范畴，虽然不像自然科学领域那样可以进行技术设计、精准计量，但是作为一项改造人、造就人的系统工程，监狱管理也必须符合科学性要求。这个科学性应主要体现在：指导思想是先进的，管理理论是系统的，管理工具是有效的，管理效果是可衡量的，由此构成科学的监狱管理模式。推行现代化文明监狱模式、推行监狱工作法制化科学化社会化模式、推行规范化管理模式，直至可以预见的标准化监狱管理模式，都是监狱管理科学化的进步，都是一次由量的积累走向质的飞跃。因此，要在推进标准化管理过程中，学习好标准化的理论，应用好标准化的工具，推动监狱管理科学化走向新的阶段。

监狱管理的新境界在于创造性。与社会各项事业发展同步，监狱事业也是向前发展的；与社会治理创新同步，监狱管理也需要创新。监狱正是在不断的管理创新过程中，更好地履行了监狱的使命。创新社会治理是形势所需、是发展所驱，也是政法工作的重点任务。如何在社会治理大背景中推进监狱管理创新，是一项需要站在战略高度、从制度安排层面加以研究的课题。创造性地将标准化理论应用于监狱管理之中，必将开创监狱标准化管理的新模式、新境界。这种新模式、新境界所体现的是开创新时代监狱工作新局面的理论自觉，体现的是对自身管理水平和管理能力的高度自信，体现的是兼收并蓄一切科学理论成果的创新活力。

监狱管理的新境界在于引领性。将监狱工作实践的经验加以总结、提炼、概括，升华到理论高度，是对中国特色社会主义监狱管理理论的贡献；将这些科学性的理论应用于指导新的监狱工作新实践，对未来发展作出前瞻和预期，则是监狱管理理论的价值所在。能够产生理论价值的研究成果，才能具有引领作用。构建标准化监狱理论，应该是能够起到引领作用的研究成果，应该能够成为未来监狱工作的导向、标杆、参照系，或将推进标准化管理的过程变成管理理论创新过程、管理流程再造过程、管理机制重构过程，使之成为推动监狱管理转型的标志性工程。

# 第二章　监狱标准化管理基础

标准化发端于制造业。即使发展到当代，欲在实体企业建立一套科学完整的标准体系、推行标准化管理也是一项大工程，也是许多企业的高管们历经多年而难以成就的大事。因而，在监狱系统推进标准化管理不可能一蹴而就。既需要实践行动，也需要理论支持。

标准化理论应用于监狱领域、构建监狱化的标准化管理理论是一项全新的课题。这就涉及如何解决标准化在监狱系统进行"监狱化"改造的问题。全国监狱系统监狱标准化管理的成功案例表明，将已经在实体产业界广泛运用的标准化管理理论，经"监狱化"改造之后，应用到监狱管理领域之中，从而构建监狱标准化理论体系，不仅是可能的，而且是可行的。

本章重点阐述监狱标准化管理的理论要素，试图构建监狱标准化管理理论的一般框架。

## 第一节　监狱标准化管理的价值

所谓监狱标准化管理的价值，是指标准化对于监狱的功用。研究多个监狱、多个省区市监狱管理局推行监狱标准化工作的案例可以发现，监狱标准化是一个制度化过程，也是一个为监狱治理动态地提供机制和实现机制的过程。在这个意义上，标准化可以为监狱现代化贡献治理价值。本研究将标准化之于监狱的价值概括为以下几个方面。

### 一、政治性价值

2018年1月，习近平总书记对政法工作作出重要指示，强调要"强化'四个意识'，坚持党对政法工作的绝对领导，坚持以人民为中心的发展思想，增强工作预见性、主动性，履行好维护国家政治安全、确保社会大局稳定、促进社会公平正义、保障人民安居乐业的主要任务，努力创造安全的政治环境、稳定的社会环境、公正的法治环境、优质的服务环境，增强人民群众获得感、幸福感、安全感。"❶ 监狱"履行好维护国家政治安全、确保社会大局稳定、促进社会公平正义、保障人民安居乐业的主要任务"，不仅是一种施政策略，以维护国家政权的合法性，更重要的在于它还是一种价值取向和社会存在；不仅是一个突出的法治问题，也是一个社会问题，更是一个政治问题。监狱所要做的，就是要正视"履行好维护国家政治安全、确保社会大局稳定、促进社会公平正义、保障人民安居乐业的主要任务"的社会存在，弘扬监狱履行这些主要任务的社会价值。

## （一）标准化以技术理性传达公平正义的价值指引

人民群众的获得感、幸福感、安全感，在于政府基本公共服务提供的公益性、公平性价值。由于我国地区之间经济社会发展阶段存在差异，加上我国基本公共服务的地方提供体制问题，区域间基本公共服务不均等不仅成为一个突出的经济问题，也是一个社会问题，而且更是一个政治问题。标准化可以为基本公共服务的提供传递一定的政治化功能。其逻辑是：基本公共服务标准化以均等化为目标，也就是以人为目标，力图克服地域之间差别，可以通过制定共通的、广泛的、相对统一的标准的形式，从量纲上保证公共服务的全面性和可及性。这一政治性价值可以通过政府规制的政策方式来实现。从政府监管的视野来看，标准化是一种干预强度相对较弱的、覆盖全部流程和环节的政府监管工具。

将标准化的这一技术理性延伸到监狱工作领域，以"罪犯"为本、将罪犯改造成守法公民，并且将其作为监狱价值目标指南，通过标准化的途径为国家"创造安全的政治环境、稳定的社会环境"，为社会创造"公正的法治环境"，为罪犯提供"优质的服务环境"，则是标准化技术理性的体现。

## （二）标准化以程序理性传达民主参与的价值指引

民主管理、民主参与国家事务是一条宪法原则。同样道理，我国监狱贯彻中国共产党"以人民为中心"的思想，就需要保障监狱法制的民主性。制定

---

❶ 详见《法制日报》，2018 年 1 月 23 日第 1 版。

标准过程，就内涵着充分的民主价值观。《标准化法》第十五条规定："制定强制性标准、推荐性标准，应当在立项时对有关行政主管部门、企业、社会团体、消费者和教育、科研机构等方面的实际需求进行调查，对制定标准的必要性、可行性进行论证评估；在制定过程中，应当按照便捷有效的原则采取多种方式征求意见，组织对标准相关事项进行调查分析、实验、论证，并做到有关标准之间的协调配套。"第十六条规定："制定推荐性标准，应当组织由相关方组成的标准化技术委员会，承担标准的起草、技术审查工作。"法律保障了"标准"制定过程的充分民主性。

由此可以推出，在实现监狱治理化的过程中，标准化可以激活监狱治理活力，通过建立统筹协调、系统管理、内外沟通的标准化推进机制，促进我国监狱的"社会共治"，传递民主参与的价值指引。

## （三）监狱标准化将为国家行政机关标准化管理工作提供示范

监狱标准化管理无论对监狱系统的规范管理，还是对其他执法部门的效能建设都具有很强的现实意义。

目前，标准化管理在政府行政部门应用的理论研究成果不少，但远未达到"理论体系"的程度。基本上存在于两种状态：一是研究重要性、必要性、可行性、政策性建议的多，而富有实践性可操作性的对策措施少，因而研究成果难转化；二是虽多冠以"标准化"之名，但实质上研究的对象属于政府职能范畴的再梳理，因而并无政府部门标准化管理之实。

我国监狱隶属于政府行政序列，是特殊的政府行政部门。通过将属于政府行政部门的监狱标准化作为特殊的研究对象，从理论上明确同属于政府行政部门的监狱如何构建标准体系、如何推进标准化管理，标准化理论如何在政府行政部门延伸、落地与深化。这在当前我国政府部门尚未全面启动标准化管理的现状下，对于构建政府部门标准化管理理论就有很强的前瞻性、先导性、示范性。监狱标准化管理理论若经进一步地演绎推论、延伸，或可转化成"政府行政部门标准化管理概论"的雏形，从而为建立政府部门标准化管理理论体系提供理论依据，或可填补政府行政标准化管理理论空白。

实施监狱标准化管理可以推动国家标准落地。国家已经将在政府部门推进标准化管理作为一项提高政府服务效能的途径写入国家标准化发展规划，并且制定了《质量管理体系　地方政府应用 GB/T 19001—2000 指南》（GB/Z

19034—2008)、《政务服务中心网上服务规范》(GB/T 32168—2015)、《政务服务中心运行规范》(GB/T 32169.2—2015)(分为 4 个部分：第 1 部分：基本要求；第 2 部分：进驻要求；第 3 部分：窗口服务提供要求；第 4 部分：窗口服务评价要求)、《政务服务中心标准化工作指南　第 1 部分：基本要求》(GB/T 32170.1—2015)、《政务服务中心标准化工作指南　第 2 部分：标准体系》(GB/T 32170.2—2015)等国家标准，以推进政府服务标准化工作。在全国监狱推行标准化管理工作，是司法行政部门落实国家标准的具体行动，可以成为政府部门推进标准化工作的示范单位。

## 二、工具性价值

标准化的工具性价值在于不仅可以增进组织对于复杂过程治理的系统性和协调性，而且可以对不同主体进行实际分工、明确责任，提高组织的执行力。

### (一) 标准化可以成为监狱科学化管理的基础

在物质产品生产企业，标准化可以将企业生产程序和管理业务衔接起来，成为一个有机的整体，保障企业管理系统整体发挥功能，为企业现代化、科学化管理提供了基础条件。

所谓监狱科学化管理，就是善于运用规律和科学管理工具实施对监狱的管理。随着中国特色社会主义进入新时代，中国监狱也必然要与时俱进地与我国现代化建设进程同步推进，这就要求监狱管理者依据改造罪犯工作的新的时代要求和监狱发展的客观规律进行管理，实现监狱管理组织机构高效运行、管理方式和管理技术现代化。

标准化作为一种具有广泛效用的管理工具，有着"系统解构"的方法论内涵，运用该方法构建规范的监狱管理业务系统，并且将各项业务工作有机地衔接起来，成为一个协调的整体，从而保障整个监狱管理体系充分发挥功能，进而实现科学管理。标准化对于当前管理比较粗放的监狱改进管理、对于管理水平较好的监狱巩固成果、对于管理水平较高的监狱提升层次、对于管理水平很高的监狱领先登上"示范"的制高点，都具有管理工具的支撑意义。

### (二) 标准化是监狱管理由繁到简的途径

近些年来，监狱各项管理制度的出台、措施的细化、职能的细分，无疑对提高管理水平有促进作用，但也带来上下级之间、部门之间、诸业务单元之间职能职责交叉、工作流程不清晰、工作质量"粗糙"的问题。简化管理、提高效率是多数民警的呼声。推行管理标准化，无疑可以为简化管理创造条件。

标准化的功能之一是简约化。"简约"最通俗的理解就是把复杂的事情简单化，通过标准化的方法，对现行的监狱工作环节进行筛选提炼，精简出必要的环节，删减重复多余的环节，条分缕析地建立业务管理标准、规范职责分工和工作流程，减少执法和管理活动的复杂性，就有利于监狱民警在日常的执法和管理活动中保持工作之间的协调性，减少民警工作的盲目性和无效性，增强民警工作实现最优效果的可预见性。推行管理标准化，无疑创造了简化管理、提高效率的条件。

## 三、制度性价值

标准化是制度化的最高形式，而制度化是建立监狱治理秩序的前提条件。标准化在这里不仅可以提供制度规范的连续性、规制性等功能，而且可以弥补监狱法律法规制定滞后性的缺陷，其标准化过程就提供了良好的治理机制。

### （一）标准化是解决制度"统一"的工具

监狱是严肃的执法部门，反映监狱执行刑罚的限度、改造罪犯的内容和形式、罪犯改造质量的尺度等方面，都要求在全国监狱达到统一。而实际情况并非如此，原因之一就是尚未建立统一的、明确的标准，由此造成某些执法和管理工作在全国监狱不统一，即使同一项工作在同一省区的多个监狱也不一致。为解决这个问题，推行标准化管理则是最佳选择。

标准化正有着这样的功能。欲实现监狱内部各执法和管理环节上的相互衔接，保证各监狱之间刑罚执行限度、罪犯改造质量尺度的统一和公正，取得良好的社会效益，就需要通过制定和贯彻各类标准来实现统一刑罚尺度、统一执法要求、统一管理规范、统一工作程序的目的，并将其作为指导监狱执法和管理活动、教育改造罪犯活动的依据。标准的高度统一性和通用性，使监狱管理模式划一，确保在环境转换和人员轮换的情况下工作不走样、质量不下滑、组织效能正常发挥。

共同使用和重复使用是标准和标准化的显著特征。用标准作工具正可以将民警共同做的事项和重复使用的制度而加以规范，使之"更加定型"和"更加完善"。监狱各项工作经标准化之后，使标准在其规范的领域内对监狱民警具有约束性要求，使同一项执法和管理活动、物的特征在不同时间、不同地点、不同民警的重复操作下，其依据、流程、要求、方式都达到统一。这样就可以减少不必要的多样性，从而避免"混乱"，达到标准设计的系统化、管理手段科学化、业务运行程序化、考核评价严明化、队伍建设规范化和台账资料精简化的现实效果，实现监狱执法和管理效益最大化。

### （二）标准化是建立监狱最佳秩序的重要工具

监狱作为国家的刑罚执行机关，其重要价值就是通过规范执法行为，筑牢基层基础工作，不断提升管理水平，最大程度地实现惩罚和改造罪犯的职能，实现监狱执法的公平正义的"最佳社会效益"，"将罪犯改造成守法公民"（《监狱法》第三条）。

标准化能够成为建立监狱基层基础建设和执法管理活动最佳秩序的工具。通过标准化，将法律、法规、规范性文件具体化，对监狱及民警的执法和管理活动，从程序、内容、结果都予以规定，使监狱执法标准、工作标准、管理标准有效统一，对每项工作是什么、干什么、怎么干、依据什么干、干到什么程度、干好干坏怎么办等都予以规范，既是对监狱民警执法和管理行为约束，也是一种积极的导向，能最大限度地减少随意执法、经验执法和妥协执法的缺陷，确保规范地落实各项制度、各项工作有序运转，实现公正执法、规范执法、建立稳定秩序的目的，促进监狱安全稳定长效机制的建立和完善，使管理水平在一种整体良性循环中不断得到新的提升，从而确保监狱持续安全稳定的"最佳秩序"，来实现监狱工作"最佳社会效益"。

### （三）标准化是管理信息化的一项基础性工作

政法工作信息化是大势所趋。近年来，执法信息网上录入、执法流程网上管理、执法活动网上监督、执法质量网上考核已经成为监狱工作信息化建设的方向和目标。说到底，监狱工作信息化，就是用计算机模拟人工操作流程，或者说，将人工操作时的工作语言转换成机器语言，由机器输出操作的结果。缺乏规范的人工操作程序，便不能实现监狱工作信息化。制定统一的管理业务、职位工作流程标准，可以为编制业务工作应用程序、使某项工作信息化提供直接依据。制定统一的技术标准，有利于软件硬件系统数据交换通畅、消除信息

"孤岛"、降低建设成本。

司法部于 2012 年 5 月 28 日印发的《关于发布〈监狱信息化　软件开发总体技术规范〉等十五项业务技术标准的通知》（司发通〔2012〕125 号）中所附的司法行业技术标准，已成为监狱信息化建设的技术依据。事实上，建立《监狱信息化》标准、《"智慧监狱"技术规范》标准的过程，本身就是一个"监狱信息化"工作标准化的过程。正是运用了标准化技术，才得以建立《监狱信息化》标准、《"智慧监狱"技术规范》标准。

## 四、文化性价值

### （一）标准化可以引领监狱文化建设

在一定意义上，文化是一种意识观念、一种行为规范、一种形象精神。事实上，"标准"本身就是组织文化的组成部分，最为显著的是标准体系中属于标识标志（VIS）的标准反映着监狱的外观形象。推行标准化管理就是在贯彻并且宣扬"标准"的文化理念，就是在引导监狱民警达到一种"标准化"的境界。"标准化"文化的氛围将是："标准"的意识深入人心，"符合标准"成为基层监狱民警的价值目标，"按标准办事"成为监狱民警日常行为准则和工作常态，监狱民警按标准工作，罪犯按标准改造。如此便提升了监狱文化的境界——"标准化监狱"。

### （二）标准化可以引领"质量"的观念

标准化管理模式的显著特征是将"标准"作为管理的对象，用"标准"的方式开展管理。在推进标准化管理过程中，把监狱工作中相对独立的事项编写成一个标准，将散见于各项规章制度之中的具体规定全部融入同一个标准中，在该项标准中规范职责权限及其边界，规范该项工作上下贯通的环节，解决了这些问题，就有利于沟通协调，若广大监狱民警都能严格地贯彻执行标准，就能提高工作的效能。

在实施标准化管理过程中，无论是工作标准还是管理标准，虽然没有直接标明"这是质量要求"的字样，但实质上都是"工作质量"的要求，其表现是：标准文本中的条款，有的用"要求"字眼、有的用"应当"字眼、有的用"须"字眼。在本质上，"标准"就是对工作事项的程序、过程的"质量"

的要求。按"标准"开展工作，就能提高工作质量。这也说明，"标准"就是"水平"的体现，按"标准"开展工作，就能达到"标准"所预设的期望的工作水平。建立可操作的标准化的评价工具，就能够衡量"标准化监狱"的质量与水平。

### （三）标准化可以为民警能力培训提供范式

管理需要规则，规则需要具体化，格式化的规则才可以训练。近些年来，全国监狱系统开展了多次岗位练兵活动，其基本要求是"干什么、学什么，缺什么、补什么"。而在文件或指导意见中，列举的需要"学"的、"补"的内容多是一些文件式的规定，而且不论职在何种岗位，"学"和"补"的内容大同小异。岗位练兵的经验证明，泛泛地学习培训法律法规，多是事倍功半。由此，使岗位练兵的效果大打折扣。另外，新世纪以来，全国监狱招录了大量非监狱管理专业背景的新民警，也迫切需要提供一套程式化的技能培训教材。

推行标准化管理，将监狱每项业务的法规具体化、格式化，将重复性的工作形成可操作的规范文本，形成标准化的可明示的操作流程手册，才能明确每个岗位必须熟练掌握和严格操作的"规定动作"，才能使培训工作"模块化"，才能做到训之有"物"。创建全领域的民警职位工作标准、执法和管理业务标准、设施装备和技术标准等系统完备、管用有效的标准体系，就可以为分类培训民警、岗位练兵提供教材——标准示范，特别是可以作为新警培训教材，成为指导民警实践操作的直接依据、检查考核的参照标尺。

## 五、治本性价值

### （一）标准化可以提升管理水平

《质量管理体系　要求》（GB/T 19001）"引言"指出：

采用质量管理体系是组织的一项战略决策，能够帮助其提高整体绩效，为推动可持续发展奠定良好基础。

组织根据本标准实施质量管理体系的潜在益处是：

a）稳定提供满足顾客要求以及适用的法律法规要求的产品和服务的能力；

b）促成增强顾客满意的机会；

c）应对与组织环境和目标相关的风险和机遇；

d）证实符合规定的质量管理体系要求的能力。

在监狱，推行以 GB/T 19001 标准为主要构成的标准化工作，不仅可以帮助监狱提高整体绩效，还可以为推动可持续发展奠定良好基础。

标准化作为一项管理工具，在提升监狱管理水平方面主要体现在：可以对广大监狱民警从观念到行为进行一次重大变革，促进民警标准化的思维方式和标准化的行为模式，提升民警"时时想标准、事事用标准"开展工作的能力；可以增强监狱执法和管理的科学性、系统性、规范性和预见性，以管理标准体系规范管理流程和部门职能分工，以职位标准体系规范职位职责，通过对人、事、物的统筹、协调管理，从而整合优化工作流程、提高工作质量和水平。

（二）标准化可以控制监狱安全风险

GB/T 19001 "引言"指出，组织根据本标准实施质量管理体系的潜在益处之一是"应对与组织环境和目标相关的风险和机遇"。在"0.3.3 基于风险的思维"中指出，"基于风险的思维是实现质量管理体系有效性的基础"，"为了满足本标准的要求，组织需策划和实施应对风险和机遇的措施。应对风险和机遇，为提高质量管理体系有效性、获得改进结果以及防止不利影响奠定基础。"该标准关于应对风险的策划是：

6.1　应对风险和机遇的措施

6.1.1　在策划质量管理体系时，组织应考虑到 4.1 所提及的因素和 4.2 所提及的要求，并确定需要应对的风险和机遇，以：

a）确保质量管理体系能够实现其预期结果；

b）增强有利影响；

c）预防或减少不利影响；

d）实现改进。

6.1.2　组织应策划：

a）应对这些风险和机遇的措施；

b）如何：

1）在质量管理体系过程中整合并实施这些措施（见 4.4）；

2）评价这些措施的有效性。

质量管理体系的主要用途之一是作为预防工具。在监狱推行以 GB/T 19001 为主要构成的标准化管理，就能够预防并控制监狱安全的风险。

## （三）标准化可以保证改造罪犯工作质量

2018 年 6 月 28 日司法部召开的全国监狱工作会议提出"要坚守安全底线，完善安全治理体系，创造世界最安全的监狱。"要践行改造宗旨，以政治改造为统领，统筹推进监管改造、教育改造、文化改造、劳动改造。[1] 本研究认为，监狱安全是国家安全的一个重要方面，必须置于总体国家安全观之中，始终服从服务于总体国家安全观，既要加强监狱内部安全治理，确保监管场所持续安全稳定，还要努力提高罪犯改造质量，降低重新犯罪率，确保社会安全。

《综合标准化工作指南》（GB/T 12366），列明的综合标准化的基本原则如下：

将综合标准化对象及其相关要素作为一个系统开展标准化工作，并且范围应明确并相对完整。

综合标准化的全过程应有计划、有组织地进行，以系统的整体效益（包括技术、经济、社会三方面的综合效益）最佳为目标，保证整体协调一致与最佳性，局部效益服从整体效益。

标准综合体内各项标准的制定及实施应相互配合，所包含的标准可以是不同层次的，但标准的数量应当适中，而且各标准之间应贯彻低层次服从高层次的要求。

应充分选用现行标准，必要时可对现行标准提出修订或补充要求。积极采用国际标准和国外先进标准。标准综合体应根据产品的生命周期及时修订。

《政府部门建立和实施质量管理体系指南》（GB/Z 30006）在"引言"中指出：

政府部门建立和实施质量管理体系，有助于建立和完善依法行政、规

---

[1]　蔡长春：《全国监狱工作会议要求：统筹推进以政治改造为统领的五大改造新格局》，载《法制日报》，2018 年 6 月 29 日第 1 版。

范履职、廉洁透明、高效服务的工作机制，使各项工作科学化、制度化和规范化，从而更加规范和高效地履行公共服务和社会管理职能，增进人民群众对政府部门的满意度。

政府部门建立和实施质量管理体系的过程，是以政府部门所承担的公共服务和社会管理职责为前提，以为人民服务为宗旨，基于现代质量管理的理念和基本原则，运用过程控制的方法、系统管理的方法、基于事实决策等方法，实现依法行政、规范履职、廉洁透明、高效服务的政府自身建设目标的过程。

按照上述原则，并且依据 GB/T 19001 建立监狱的质量管理体系，将"以改造罪犯为中心"、最大限度地预防减少重新犯罪作为质量方针，将"将罪犯改造成守法公民"作为质量目标，来推行标准化管理并持续改进，就为保证改造罪犯工作质量提供了重要的方法论。

这应当是监狱管理的基本过程，再运用过程方法进一步细化，就构成了监狱管理体系的有机整体。

# 第二节　监狱标准化理论框架

监狱标准化管理的系统包括：概念体系、监狱标准化管理的原则、监狱标准化的领域、监狱标准化的系统、监狱标准体系的结构、监狱标准分类、监狱标准形式、监狱标准化管理的实施等内容。这些系统观点的有机组合便构成了监狱标准化理论框架。

监狱标准化的理论框架大体涉及下列内容：（1）标准化管理概要；（2）监狱标准化管理的意义与价值；（3）监狱标准化管理概念范畴；（4）监狱标准化管理原则；（5）监狱标准化的领域；（6）监狱标准结构与体系；（7）监狱管理体系的标准化；（8）标准化监狱的评审；（9）监狱标准化工作管理；（10）标准化管理的实施。

## 一、监狱标准化管理的内涵

### （一）重点概念

有关标准、标准化、标准化对象、标准化领域的通用解释，已在第一章第一节"三、标准化原理概要·（一）主要概念"中阐述。这些概念均包含在《标准化工作指南　第 1 部分：标准化和相关活动的通用术语》（GB/T 20000.1）之中。这里侧重阐述监狱标准化的有关概念。

### 1. 监狱标准化

监狱标准化是指为了实现监狱公正、廉洁、文明、高效执法和管理的最佳秩序，以法律法规为依据，对监狱执法和管理的各个方面制定统一标准并组织实施的活动。这个概念包括了监狱标准化的目标、依据、内容等方面，同时还体现了标准化的监狱特点。

应用标准化的理论、借鉴标准化管理的方法，并进行适应监狱管理特征的"监狱化"改造，将标准化的理念、方法融入监狱执法和管理之中，从而可以使监狱从模糊管理走向"技术"管理。

### 2. 监狱标准化管理与监狱管理标准化

监狱标准化管理是指运用标准化的理论、技术或工具开展监狱管理的活动。其显著特点是将"标准"作为管理的对象，纳入管理事项范畴。

监狱管理标准化是指为了获得监狱范围内的最佳秩序，依据"上位法"对监狱管理过程中执法和管理尺度、执法和管理质量、工作流程、考核评价等现实问题或潜在问题制定共同使用和重复使用条款的活动。具体包括监狱管理相关标准的制定、标准的组织实施，以及对标准的实施进行监督。

### 3. 监狱执法和管理标准

监狱执法和管理标准是指将监狱执法和管理作为标准化的对象所制定的标准。

### 4. 监狱执法和管理标准化

执法和管理标准化是指对监狱执法和管理领域中需要协调统一的执法和管理事项制订标准并实施标准的活动。简言之：制定并组织实施执法和管理标准的活动，即是执法和管理标准化。

### 5. 监狱职位标准

监狱职位标准是针对民警所承担工作的事项、方法、程序和质量要求所制定的标准。有的监狱在制定监狱标准体系时使用"岗位标准"或"工作标准"概念。本研究认为，未来监狱标准体系建设中，使用"职位标准"更为合理。

《企业标准体系　要求》（GB/T 15496—2003）曾应用"工作标准"的概念，但在 2017 年修订《企业标准体系　要求》（GB/T 15496—2003）和《企业标准体系　管理标准和工作标准体系》（GB/T 15498—2003）标准时，将《企业标准体系　管理标准和工作标准体系》题名改为《企业标准体系　基础保障》（GB/T 15498—2017），并且用"岗位标准"替代原"工作标准"概念。

《企业标准体系　要求》（GB/T 15496）对岗位标准作了下列阐述：

5.2.4　岗位标准体系

5.2.4.1　岗位标准体系一般包括决策层标准、管理层标准和操作人员标准的三个子体系。

5.2.4.2　岗位标准体系应完整、齐全，每个岗位都应有岗位标准。

5.2.4.3　岗位标准宜由岗位业务领导（指导）部门或岗位所在部门编制。

5.2.4.4　岗位标准应以基础保障标准和产品实现标准为依据。当基础保障标准体系和产品实现标准体系中的标准能够满足该岗位作业要求时，基础保障标准体系和产品实现标准体系可直接作为岗位标准使用。

5.2.4.5　岗位标准一般以作业指导书、操作规范、员工手册等形式体现，可以是书面文本、图表、多媒体，也可以是计算机软件化工作指令，其内容可包括但不限于：

a）职责权限；

b）工作范围；

c）作业流程；

d）作业规范；

e）周期工作事项；

f）条件触发的工作事项。

研究认为，岗位与职位既有联系也有区别。监狱的职位设置从出于监狱职能和监狱的组织结构，职位的职责再分解则细化为具体的岗位。反过来说，岗位与人对应，只能由一个人担任，即是常说的因事设岗；若干个具有共性或相似职责的岗位就组成了一个职位。职位具有统括性，岗位具有具体性。但在某些职位只设一个岗位时，职位与岗位是等价的。在建立监狱标准体系时，宜用职位概念更为恰当，但可以借鉴企业标准体系中的岗位概念。

### 6. 监狱标准体系

监狱标准体系是指在监狱范围内的标准按其内在联系形成的科学有机整体。监狱标准体系可以针对国家、行业、专业或监狱所应有的各种标准，包括标准的类别、性质及标准之间的内在联系，形成科学的有机整体。

### （二）监狱标准化管理的内涵

监狱标准化管理的含义有两层意思：一是运用标准化的理论、技术或工具开展监狱执法和管理活动；二是将"标准"作为管理的对象，纳入监狱工作事项范围。

理解监狱标准化管理的内涵应把握以下几点。

### 1. 树立"标准化"的意识观念

监狱管理者需要认识到，在监狱所推进的标准化，不仅仅是要推行一套管理工具，更是要倡导"标准化"的意识观念，在于引导民警用标准规范自己的行为、衡量工作质量的高低，自觉地运用和执行标准、不断持续改进达到更高境界，形成民警按标准工作的氛围；引导罪犯用标准规范自己的服刑行为，按标准进行自我改造。

### 2. 要动态地制定和推行标准

事物总是发展前进的，以此推理，所制定的标准也不是一劳永逸、一成不变的，而是一个动态发展的过程，需要根据新颁布的法律法规规章以及工作质量的最新要求适时修订，并且能够预见监狱工作发展的趋势。

### 3. 标准化管理是一种动力驱动机制

对于落实监狱工作制度，上级组织多数情况下往往依靠被动指挥式的"上级驱动"，这容易导致在执行中出现消极、被动的现象；标准体系则提供了开展日常工作的范式和预期，多数情况下，可以引导民警自觉主动地开展工作，在执行力上可以转变为"内生驱动"，从"让我使用标准"向"我要使用标准"转变。

### 4. 标准化管理是一种管理模式

这一模式是将"标准"作为管理的对象，用"标准"的方式开展管理，由明确组织结构和职责分工、标准制定、标准发布、标准实施、标准评价与改进等、标准化发展规划等一系列管理活动构成一个完整的管理体系。

### 5. 标准化管理是体现监狱管理水平的标志

多年以来，全国监狱一直致力于创建现代化文明监狱，一般也用创建现代化文明监狱的数量来衡量监狱管理水平；推行标准化管理之后，可以用"标准化监狱"或"标准化监区"的创建数量与质量来衡量监狱管理的水平。

### （三）可预期的标准化管理目标

推行标准化管理是一个持续发展的过程。实施标准化管理可以使监狱的执法能力和管理水平有明显提高，执法形象和执法公信力有明显提升。可预期目标如下。

### 1. 实现监狱管理统一化效果

监狱标准化管理的目标之一应是实现统一化。通过统一化达到标准设计的系统化、管理手段科学化、业务运行程序化、考核评价严明化、队伍建设规范化和台账资料精简化的效果。

### 2. 实现监狱管理标准通用化

"重复性使用"是标准的基本特点。通过制定标准，使标准在其规范的领域对监狱民警具有约束性要求，使同一项执法和管理活动在不同时间、不同地点、不同民警重复操作时，其依据、要求、流程、方式、检验都是通用的。

### 3. 实现监狱工作系列化

监狱管理工作涉及民警的执法管理，涉及罪犯的管理、教育、劳动等诸多领域，这就要求必须树立系统思维的观念，建立与监狱工作发展需求相一致的系列标准体系，使各业务系统、各部门之间相互协作、相互配合，减少部门职能交叉，提高行政效能。

### 4. 实现监狱工作简约化

简约化就是把复杂的事情简单化，使监狱民警在日常的执法和管理活动中，把多余的、可替换的环节合理简化，减少执法和管理活动的重复性劳动，同时更易操作，增强民警工作达到最优效果的可预见性。

### 5. 形成标准化的工作氛围

通过标准化管理达标考评，开展标准化管理提升行动，形成"标准化"

的文化氛围和标准化的监狱工作模式，推动管理理念、管理方式、管理技术转变，向标准化要效能、要质量、要水平，真正实现行为模式统一、办事依据统一、工作流程统一、评价尺度统一、考核奖惩统一、工作效果统一，切实提高监狱行政效能和依法管理能力，创建当代中国的示范监狱。

## 二、监狱标准化的过程与方法

监狱标准化涉及一系列制定标准、实施标准、检验标准实施情况的活动。制定标准、实施标准、检验标准是监狱标准化工作的三个基本过程。

### （一）标准化工作过程

《标准化法》第三条规定了标准化工作的任务是"制定标准、组织实施标准以及对标准的制定、实施进行监督"。也就是说，标准化工作的范围包括制定标准、组织实施标准以及对标准的制定、实施进行监督。这一任务涵盖了标准化活动的全过程。在一个具体的组织内部，开展标准化工作也当有三项任务：制定标准、实施标准、监督检查。

#### 1. 制定标准过程

制定标准过程即是标准的"生产"过程，是监狱标准化工作的开端和源头。不制定标准，监狱标准化管理便无从谈起。

制定标准是指标准制定部门对需要制定标准的项目，编制计划、组织草拟、审批、编号、发布的活动。

根据《国家标准制定程序的阶段划分及代码》（GB/T 16733—1997），我国国家标准制定程序划分为 9 个阶段：预阶段、立项阶段、起草阶段、征求意见阶段、审查阶段、批准阶段、出版阶段、复审阶段、废止阶段。《企业标准化工作　指南》（GB/T 35778—2017）将制（修）订标准的阶段分为：立项、起草草案、征求意见、审查、批准、复审、废止 7 个阶段。制定监狱标准可以参照 GB/T 16733、《标准化工作导则　第 1 部分：标准的结构和编写》（GB/T 1.1），并且参考借鉴 GB/T 35778。

联系监狱标准化工作实际，这里设计 4 个阶段：准备阶段、预审与立项阶段、起草与征求意见阶段、审查与批准阶段。

#### 2. 实施标准过程

标准化的真正效果在于全面地贯彻实施。只有通过实施标准，才能体现标准的功用，也才能客观正确地评价和改进标准，否则标准化管理便是纸上谈兵。因此，实施标准是推进标准化管理的关键所在。

实施标准是指有组织、有计划、有措施地贯彻执行标准的活动，包括宣传推广标准和各方面应用执行标准。实施标准过程包括三个阶段。

（1）制定实施计划。可以成立实施的领导机构，制定贯彻执行的方案，规定有关部门应承担的任务和完成时间；规定实施标准的内容、方式、步骤、负责人员、起止时间、应达到的要求。有关部门或监区应根据规定的各项标准的实施时间，将各项标准及时贯彻，实现标准化的目标。

（2）做好实施准备。实施机构负责实施标准的组织协调；向有关人员开展必要的培训与宣传，讲解标准及其贯彻要求；进行技术准备，必要时邀请专业技术人员参与；进行物资准备，为实施标准提供必要的物质资源。

（3）执行实施标准。依据管理标准、职位标准、技术标准的不同要求和特点，在做好准备工作的基础上，由各部门或监区分别组织实施有关标准。在贯彻实施标准中遇到的问题，应及时与标准批准发布部门或标准起草单位沟通。在实施过程中，应定期对标准的适应性进行审查与修订，不断更新与充实标准。应指定专人在标准实施过程中跟踪检查，记录标准实施过程中的有关数据资料，做好信息反馈。

### 3. 检验评价标准过程

对监狱标准的实施情况进行检查评价是提高标准化管理水平的重要过程。通过检查评价可以掌握标准贯彻执行的情况，促进有效执行标准，并发现标准本身存在的问题，采取改进措施。

《标准化法》规定，"对标准的实施进行监督"是指对标准贯彻执行情况进行督促、检查和处理的活动。该项活动主要由法定监管部门依法对标准的制定程序、标准的内容以及实施标准的行为等进行监督，并对相关违法行为追究法律责任。

监狱标准化工作主管部门可以组织各有关单位和人员根据标准实施后的管理效益进行评价和验收。一般而言，检查评价宜采取统一领导、分工负责的组织方式，由监狱标准化机构统一组织、协调、考核，各有关部门按专业分工对有关标准的实施情况进行监督检查。

检查评价的内容包括：已实施标准的执行情况，检验已实施标准的符合性，检验标准体系运行的有效性和工作效率，检验新发布的标准是否符合有关法律、法规、规章和强制性标准要求。

检查评价一般采用整体评价的方法，由监狱组成独立的评价小组，对建立的标准体系以及实施相关标准和开展标准化工作的全过程进行整体评价。具体方法主要是通过评价人员现场观察、提问、听对方陈述、检查、比对、验证等获取客观证据的方式进行。

检查评价的结果应形成文件，以作为改进的依据。对不符合标准要求的项目要进行分析研究，制定纠正和预防措施，写出评价报告。

## （二）监狱标准化工作的原则

编制监狱工作标准、推进标准化管理是一项开创性的工作。监狱开展标准化工作的原则，应根据国家标准化法规和国家标准化基础标准和本著第一章第一节所阐述的标准化基本原理，充分借鉴企业标准化工作的经验。《企业标准化工作 指南》（GB/T 35778）给出了企业标准化工作原则：需求导向、合规性、系统性、适用性、效能性、全员参与、持续改进。本研究认为，监狱标准化工作应坚持下列原则。

### 1. 依法原则

监狱代表国家行使公权，其一切活动都应当依法进行。监狱标准化是在依法行刑、依法行政前提下的标准化，是将法律法规规章转化成"标准"而加以实施，是为更好地实施法律法规规章的工作方法创新。因此，标准化的过程仍然是依法行刑、依法行政的过程。离开"依法"必然会背离监狱的刑罚执行机关的属性。

依法原则主要体现在制定标准过程，依法原则有两层含义：其一，要依照监狱工作的相关法律、法规、规章等制定标准，标准的内容要件要符合监狱工作的相关法律、法规、规章的要求；其二，要依照《标准化法》及标准化工作的法规、规章制定标准，标准制定的程序要件要符合《标准化法》及标准化工作的法规、规章的规定。

### 2. 统一原则

标准化的主要特征是统一，在标准化实践过程中，首先做到概念的统一，才可能做到事物的统一。"统一"的对立面是"多样"。监狱工作"依法"的特性就要求各项工作在全国（至少在同一省区市）监狱都要有统一的标准，避免多样性（或自由裁量）。

这就要按照统一原则，通过制定标准、实施标准，实现全国监狱统一执法的管理目标，统一办事依据，统一工作流程、方法和质量要求，统一考核奖惩等。经"标准化"后，监狱工作在形式上成了相对独立的"模块"，将层层分解建立起来的"模块"系统化，则成为同一省区市或全国监狱的标准体系。

实施统一原则要注意两个方面：其一，已经由法律、法规、规章明示的监狱工作事项，标准的实质性要求必须统一到法律、法规、规章的明示上；其二，未经法律、法规、规章明示的监狱工作事项，须依监狱、省区市监狱管理局、司法部监狱管理局的事权范围，对该事项进行统一。

### 3. 简化原则

多年来，多数监狱自觉应用新理念、新技术深化了监狱管理，但也带来了复杂、烦琐、重复劳动的新问题。运用简化原则即是将复杂、烦琐的工作简单化，需要重复操作的事项信息化，在保持监狱工作结构完整的前提下合理精简，归并重复的、低效能的、可替换的环节，精练出高效的、能满足法律要求的必要环节。

### 4. 协调原则

推行监狱标准化应十分注重监狱标准体系结构的完整性，监狱标准体系内部各执法和管理事项标准之间、监狱标准与系统外相关要素之间，标准与法律规定之间，都要相互协调一致，实现"无缝对接"。总的要求是协调、平衡、最优，由此建立起合理的标准秩序或相对平衡的关系。

### 5. 优化原则

优化原则是指要从监狱标准化的目的出发，优化监狱标准体系的构成要素，优化监狱标准化工作方案设计、优化标准推行过程中的组织实施。基本要求是建立的监狱标准体系内部要相互协调，推行监狱标准化的过程要稳健、节约、高效，使监狱标准化工作达到最理想的效果。

### 6. 渐进原则

渐进原则是指在监狱标准化过程中，无论是一项标准，还是标准体系，都要随着时代的发展向更高层次和广度变化发展，新的法律法规出台、上级组织新要求的提出、新管理技术或方法的应用等，都需要对监狱标准化工作再标准化。随着时间推移和条件改变，原有的标准总要由新的标准所代替。监狱标准化是一个渐进的、不断完善的过程。按照这一原则，实际推行中要先易后难、先推开后规范。

### （三）综合标准化方法

监狱开展标准化工作需要运用一组科学的标准化方法，比较重要的是运用综合标准化方法。《综合标准化工作指南》（GB/T 12366）所给出的综合标准化工作的原则、工作程序和方法，可以应用借鉴。

#### 1. 综合标准化含义

理解综合标准化，首先要明确以下3个概念。

相关要素，是指影响综合标准化对象的功能要求或特定目标的因素。在开展综合标准化活动时所选择的最终产品等主题对象。（GB/T 12366，2.1）

标准综合体，是指综合标准化对象及其相关要素按其内在联系或功能要求以整体效益最佳为目标形成的相关指标协调优化、相互配合的成套标准。（GB/T 12366，2.2）

综合标准化，是指为了达到确定的目标，运用系统分析方法，建立标准综合体，并贯彻实施的标准化活动。（GB/T 12366，2.3）

综合标准化一般可称为"全面标准化"或"整体标准化"，也即把监狱执法和管理工作中所涉及的全部因素综合起来进行系统处理的标准化管理方法。

#### 2. 综合标准化的特征

综合标准化有以下3个基本特征。

（1）系统性。根据系统工程学的定义，系统性首先是表明特定情况下，人、设备与过程的有序结合，它们相互作用以保证达到预期的目标；其次是表明物理的或抽象的对象的有序排列。

系统性是综合标准化的实质性特征之一。在运用该方法开展监狱综合标准化工作时，既要充分考虑标准化主体对象与其他相关要素之间的功能联系，确定主体对象与各相关要素的协调一致，又要合理地确定综合系统的范围和最佳约束条件。

（2）目标性。运用综合性标准化方法，首先需要确定明确的目标，并通过综合标准化计划反映出来。综合标准化所涉及的范围广泛，对于某一省区市监狱局来说，它的总目标一般是要建立能够既适应本省区市监狱所处的社会环境又符合监狱发展趋势的现代标准化体系；而对于某个监狱来说，其目标就在于建立健全适合本监狱的一整套现代标准化体系，以促进监狱不断提高执法和管理水平，获得最佳社会效果。

（3）整体最佳性。所谓整体最佳性，就是在推行综合标准化时，要考虑整体系统的总体效果最佳，而不要求各相关要素单项指标最佳，这是推行综合标准化的基本要求，也体现了综合标准化的优越性。

按照系统的科学观点，单体最佳的总和不等于整体最佳。要达到标准综合体的整体最佳效果，监狱的各有关单位就要密切配合，协调行动，既要做好技术协调，又要做好组织协调。组织协调是技术协调的重要保证条件，没有协调，就谈不上综合标准化。

### 3. 综合标准化的原则

GB/T 12366 对开展综合标准化工作提出了如下原则要求，在运用综合标准化方法时可以充分借鉴这些原则。

（1）把综合标准化对象及其相关要素作为一个系统开展标准化工作。

（2）综合标准化对象及其相关要素的范围应明确并相对完整。

（3）综合标准化的全过程应有计划有组织地进行。

（4）以系统的整体效益（在监狱系统包括监狱、罪犯及其家庭 3 个方面的综合效益）最佳为目标，局部效益服从整体效益。

（5）标准综合体的标准之间，应贯彻低层次服从高层次的要求。

（6）充分选用现行标准，必要时可对现行标准提出修订和补充要求。

（7）标准综合体内各项标准的制定与实施应相互配合。

### （四）标准化的其他方法

除了综合标准化方法之外，还可以应用简化方法、系列化方法、组合化和模块化方法、超前标准化方法。

### 1. 简化方法

简化就是在一定范围内缩减对象（事物）的类型数目，使之在一定时间内足以满足一般或基本需要的标准化方法。

运用简化方法应开展的监狱标准化活动包括：（1）对监狱工作事项进行简化时，既要对不必要的多样化加以压缩，又要防止过分压缩；（2）对简化方案的论证应既要考虑到当前的情况，也要考虑到今后一定时期的发展趋势要求，以保证所制定标准的生命周期相对稳定；（3）简化的结果必须保证在既定的时间内、足以满足法律法规规章对监狱工作的一般要求，不能因简化而使执行打折扣。

### 2. 系列化方法

该方法源自于企业"产品系列化"，这是企业对同一类产品中的结构型式和主要参数规格进行科学规划的一种标准化形式。系列化是使某一类产品系统的结构优化、功能最佳的标准化形式，是标准化高度发展的产物，是标准化走向成熟的标志。

将该方法应用于监狱标准化时，应主要开展下列工作。

（1）量化或定性描述监狱工作总体目标和分项目标。

（2）以总体目标或分项目标为基础，按监狱工作事项的特性的相似性，将监狱工作事项划分若干系列，这是对监狱工作事项在横向上的展开。

（3）在系列内部再进行工作事项的细分，并按层次排列，分别确定标准化的主题，这是对监狱工作事项在纵向上的展开。

（4）根据标准化的主题确定标准的规范性技术要素。

### 3. 组合化和模块化方法

组合化和模块化是按照标准化的原则，设计并编制出一系列通用性较强的单元，根据需要拼合成不同用途的物品的一种标准化的方法。组合化和模块化是受积木式玩具的启发而发展起来的，也有人称之为"积木化"和"模块化"。

组合化、模块化方法应用于监狱标准化工作，主要过程和内容大体如下。

（1）模块分解。按一定的功能（某项工作的特性）、运用过程的方法将监狱工作事项分解为相对独立的业务单元，这些业务单元即是"模块"。

（2）将那些通用性较强或比较繁杂的单元，作为一项单独标准化的对象制定标准。

（3）模块组合。在将监狱工作某一特定系列作为标准化对象时，可以采取"引用"技术，将模块标准引用到系列标准化对象之中，按模块"接口"（或称输入与输出）与其他模块组合成一项系列标准。也就是说，"模块"构成系列中的一个部分。

#### 4. 超前标准化

超前标准化是根据预测，对以后有可能成为最佳的标准化对象，规定出高于实际达到水平的规格和要求的标准化方法。该方法是旨在适应未来科学技术和经济发展要求的标准化方法。

超前标准化的工作成果就是制定出有一定超前期的超前标准。超前标准化的主要内容包括：

（1）对标准化对象作出超前预测；

（2）确定超前标准的级别和种类；

（3）明确超前标准实施期限；

（4）实施超前标准的有关措施（比如组织和管理方法以及必要的行政手段等）。

### 三、监狱标准化的领域

监狱标准化的领域即是明确对监狱工作中的哪些事项进行标准化。

标准化的对象是"需要标准化的主题"（GB/T 20000.1，"3.2 标准化对象"词条），"一组相关的标准化对象"称为"标准化领域"（GB/T 20000.1，"3.4 标准化领域"词条）。由此概念出发，在监狱工作中，只要是重复性的且需要标准化的"主题"，都应列为监狱标准化的对象；将这些标准化对象按一定的关系排列，则构成了标准化的领域。

那么，监狱的重复性且需要标准化的工作有哪些？如何归类？本研究认为，监狱的所有工作事项，可以按其特性和功能用行刑组织、行刑运行、安全防范、运行支持、评价改进五个子系统来概括（五个子体系构成了监狱管理体系，将在第三章第一节阐述），此五个子体系则是监狱标准化的领域。

#### （一）行刑组织领域标准化

监狱对罪犯执行刑罚可以简略为"行刑"。监狱"行刑"是一个比较抽象的概念，只有将行刑的具体职责和权限分配给相应执行机构的具体岗位的时候，行刑才可执行可实施。

"组织"是质量管理或标准化工作的一个重要概念。在《质量管理体系　基础和术语》（GB/T 19000）中，"组织"是"指为实现目标，由职责、权限和相互关系构成自身功能的一个人或一组人"（"3.2.1 组织"词条）。在《标准

化工作指南　第 1 部分：标准化和相关活动的通用术语》（GB/T 20000.1）中，"组织"是指"以其他机构或个人作为成员组成的，具有既定章程和自身管理部门的机构"（"6.2 组织"词条）。而"机构"是指"〈负责标准和法规〉有特定任务和组成的法定实体或行政实体"（"6.1 机构"词条）。在质量管理或标准化工作领域，"组织"是一个名词性的实体概念。

行刑组织中的"组织"有两层含义，可以分别作名词和动词来理解。（1）在作名词理解时，它是一个实体。作为一个实体需要开展的标准化活动有：确定执行行刑的组织体系和结构、执行机构和岗位，将行刑的职责和权限分配给这些执行机构和岗位。（2）在作动词理解时，是指"实体"协调分散的人或事物使人或事物形成一定系统性或整体。作为动词的"组织"需要开展的标准化活动有：确定适合有效的措施形式（比如制度、工作程序、理念、目标等），以确保组织和岗位中的各类人员都能够理解和知晓各自所应承担的监狱工作的具体任务、应履行的职责和权限、应达到的目标。

对行刑组织的过程进行标准化，就是行刑组织标准化。这一领域的事项包括：刑罚执行的组织体系，机构设置和岗位设置，职能、职责及权限分配，内部沟通的途径与方法。

行刑组织领域标准化的结果，主要是以职位职责的职位标准的形式呈现出来，如监狱长岗位职责规范、狱政管理岗位职责规范等。在一定意义上，行刑组织领域标准化是监狱组织架构的具体化。

（二）行刑运行领域标准化

行刑运行领域的标准是监狱标准体系的主体部分，是监狱"主业"的具体化。在行刑运行领域，需要对罪犯收押、释放，还包括罪犯减刑、假释、暂予监外执行、服刑期间犯罪处理的全过程从纵向上进行细化；从横向按政治改造、文化改造、监管改造、教育改造、劳动改造五个主要过程进行细分。比如，针对罪犯改造可以制定监狱服刑人员行为规范、罪犯收押规范等标准，针对民警执法过程可以制定罪犯行政奖惩管理规范、罪犯分押分管分级处遇管理规范等标准。

（三）安全防范领域标准化

2018 年 6 月 28 日，司法部召开的全国监狱工作会议提出"坚守安全底线"的要求。事实上，监狱既要维护国家安全和社会稳定，也要确保自身的绝对安全稳定。坚守安全底线是监狱开展各项工作的基础和前提，是根本条件和最低要求。一所监狱如果连安全都保不住，就很难谈得上改造罪犯，因而安全防范是监狱重要的工作领域。安全防范领域标准化就是将安全防范工作事项全部纳入标准化的对象。主要包括：安全保卫标准化、隐秘预防标准化、案件侦办标准化、应急工作标准化、物防技防标准化。

### （四）运行支持领域标准化

监狱对罪犯执行刑罚，需要具备必要的法律、法规、规范性文件等执法和管理依据，必要的能够胜任职责的监狱民警，必要的基础设施、设备、警用装备、经费，必要的罪犯改造环境如卫生环境、监狱安全稳定环境、良好的人文环境，必要的能够增强内部或外部协调性、一致性的内部和外部沟通机制，这些条件或事项均属于运行支持领域。

运行支持领域的标准化，主要是针对这些为监狱改造罪犯工作提供必要的资源以及针对资源管理制定的标准，主要包括：人员支持领域标准化、物质支持领域标准化、服务支持领域标准化、组织能力支持领域标准化。

### （五）评价改进领域标准化

监狱工作的结果是以行刑的绩效或某一执法活动的实现程度（或称有效性）来反映的。测量、检验、评价什么以印证监狱工作目标实现的程度，针对测量、检验的结果采取什么样的改进或纠正措施，以及确定在分析和评价行刑的绩效或有效性时所使用的方法，则属于评价改进过程要解决的问题。

行刑的运行评价改进领域的标准化，主要是针对行刑评价改进过程中，为满足评价和改进监狱工作成果而制定的标准，以满足评价和改进执法和管理的需求。可以制定检查与监督、考核与评价等方面的标准，如可以针对监狱标准化管理工作开展情况制定监狱标准化管理评审验收规范。

### 四、监狱标准化的系统

如果将上一专题所阐述的五个领域看作是监狱标准化工作在纵向的展开，那么监狱标准化的系统则是监狱标准化工作在横向的展开。可以将监狱标准化工作划分为几个平行系统。

（一）概念标准化系统

国家标准《标准化工作指南 第1部分：标准化和相关活动的通用术语》（GB/T 20000.1）是国家基础标准。对标准化领域的相关活动所应用的通用术语，在全国范围内的标准化领域作了统一规范。这些通用术语即是概念的标准化。

在监狱工作中，有大量的术语词汇需要标准化。这些术语词汇经标准化后，可令全国监狱都使用统一的词汇语义，这就有利于在全国交流，防止误读误判。例如，"监狱人民警察"词汇，有的省市缩略为"干警"、有的缩略为"民警"、有的缩略为"警察"，虽不至于误读误判，但至少不够统一；再如"重点罪犯""重点时段"等词汇，在全国各地各有表述；又如有的省市将"狱政管理系统"称之为"狱政管理条线"；更有的将"改造"与"矫正""矫治"不加区别地混用，极易引起误读误判，导致混乱。特别是在信息化领域，更有大量的术语需要标准化。这些都是极为典型的事例。为此，需要进行系统研究，制定监狱管理领域通用术语的司法行政行业标准。

（二）业务标准化系统

业务标准化是指将监狱的所有业务按一定的标准，划分为若干个既相对独立、又前后联系的业务系统，并对此加以定义。它实质上是将监狱各项业务结构化。只有将业务工作结构化、业务术语标准化，监狱工作才能"模块化"。

那么监狱管理中有哪些独立的业务"模块"——或者说有多少项业务工作呢？这要从前述五个子体系来分解，即从行刑组织、行刑运行、安全防范、运行支持、评价改进五个基本业务体系再分解。运用过程方法、系列化方法、组合化和模块化方法对五个子体系再次划分，可分解为若干个子子过程，这些子子过程，即是业务工作的"模块"——基本业务单元。

以这些基本业务单元为标准化的对象，制定相应的标准即是业务标准化。

（三）工作程序标准化系统

在质量管理话语体系中，"程序"是质量管理体系的专有名词，是指"为进行某项活动或过程所规定的途径。"（GB/T 19000，"3.4.5 程序"词条）在监狱管理领域，"程序"通常是指一项工作所具有的科学严格的逻辑关系，或称一项工作的先后次序。通常有两类：一是法定程序，主要由法律法规规定，如办理罪犯减刑假释的法定程序；二是内设程序，主要由监狱根据本监狱工作的实际运行状况自行设计，如费用报销程序、监狱长办公会议程序等。

工作程序标准化就是将监狱业务工作的程序作为标准化的对象，对这些法定程序及经反复实践充分证明了的"成熟"的内设程序，用"标准"的形式"更加定型"，使每项工作（过程）的输出转化为下一项工作（过程）的输入，从而对每一项业务从工作流程的程序上进行一致性的规定。

这个"一致性的规定"可以理解为：

（1）法律法规、司法部（或部监狱管理局）规范性文件作出的程序和实体内容的规定，要在全国监狱范围内达到高度一致；

（2）省区市监狱管理局规范性文件作出的具有实体内容的程序规定，要在该省区市范围内的监狱达到一致；

（3）某一监狱规范性文件作出的程序和实体内容的规定，要在该监狱范围内达到一致。

（四）硬件标准化系统

监狱改造罪犯工作虽然主要依赖监狱人民警察的人力资源、思想资源、法制资源等软件系统，但也必须具有必备的物质资源，这些资源构成监狱的硬件。在范围上主要包括以下几个要素。

1. 建（构）筑物

是用于开展罪犯改造工作，满足罪犯生活、学习、劳动、活动所需要的建筑物或构筑物，用于满足民警开展改造罪犯工作所需的工作场所、生活场所、学习场所、活动场所的建筑物或构筑物，满足监狱安全防范的建筑物或构筑物。

2. 设施与设备

满足特定需求的设施与设备，如狱政设施与设备、教育设施与设备、安全防范设施与设备、生活设施与设备（如卫生、光照、通风、防寒、防暑），也包括警用装备。

3. 信息技术

是用于管理和处理信息所采用的各种技术，包括通信技术、信息处理系统、应用软件等。

对这些硬件的功能、性状、参数、维护、责任部门等方面进行标准化，以满足实现监狱工作目标之需要。

## 五、监狱标准体系

标准体系是指"一定范围内的标准按其内在联系形成的科学的有机整体"（《标准体系构建原则和要求》（GB/T 13016—2018），"2.4 标准体系"）。构建一组科学的监狱标准体系是监狱标准化管理的显著标志，也是监狱标准化建设的一项重要工作。

### （一）新疆监狱标准体系

#### 1. 新疆监狱标准体系的构成

2012 年，新疆监狱管理局尝试构建了《新疆监狱标准体系》。

《新疆监狱标准体系》共设计标准 281 项，汇编成 7 本分册。其中有 4 项作为自治区地方标准，于 2012 年 7 月 16 日由自治区质量技术监督局发布，分别是《监狱监管安全风险评估管理规程》（65DB/T 3421—2012）、《监狱监区文化建设管理规程》（65DB/T 3422—2012）、《罪犯社会帮教管理规程》（65DB/T 3423—2012）、《罪犯集体教育管理规程》（65DB/T 3424—2012）。

7 本分册简要介绍如下。

第 1 分册《执法监管业务标准》，是为了突出监管改造"主业"，将与改造罪犯直接相关的标准汇入此分册。其内容包括 4 个地方标准，以及新疆监狱标准化工作导则和执法监管业务标准。其中执法监管业务标准按业务模块划分为：狱政管理业务标准、刑罚执行业务标准、教育改造业务标准、狱内侦查业务标准、生活卫生业务标准、劳动改造业务标准。

第 2 分册《党务政务保障标准》，是除了"主业"以外的其他业务工作标准，包括 10 项技术标准。按业务模块划分为：党建业务标准、纪检监察业务标准、队伍管理业务标准、政务管理业务标准、保障服务标准、企业财务与生产标准。其中，保障服务作为一个大类，又包括后勤服务、监狱财务管理、宣传与理论课题管理、内部审计、工会管理、妇女工作管理、精神文明管理、科技信息管理与技术、基本建设。

第 3 分册《岗位职责标准》，将所有的岗位职责标准汇入此分册，便于使用。分为监狱领导岗位（10 项）、刑罚执行部门（10 项）、狱政管理部门（20 项）、狱侦部门（3 项）、教育改造部门（14 项）、生活卫生部门（13 项）、监狱医院（9 项）、劳动改造与安全生产部门（3 项）、监区（13 项）、政治工作部门（16 项）、行政办公部门（13 项）、监狱财务装备部门（13 项）、科技信息部门（5 项）、警务督察部门（2 项）、纪检部门（6 项）、后勤服务（2 项），共 152 个具体职位标准。

第 4 分册《执法监管业务流程图解》，是与第 1 分册相配套使用的图解。

第 5 分册《执法文书表单标准》，主要是执法文书格式标准。其中：（1）标准统一了《专题会议记录》，将原有多个会议记录（如罪犯减刑假释保外就医会议记录、狱政管理工作会议记录、教育改造会议记录等）统一规范为《专题会议记录》，为各部门、各类会议通用。（2）统一了《督察检查记录》，将原来的警务督察、狱政检查、安全生产检查等项工作检查的记录统一为《督察检查记录》。（3）统一了《设施设备建设使用维护记录》，将所有的应当维护的设施设备的记录统一为一个文本格式。

第 6 分册《形象标识标准》，该标准：（1）区域分类，按功能划分为监狱局办公区、民警工作区（行政办公区、警务执勤区、保障服务区、文体活动区）、罪犯改造区（教育区、劳动区、生活区）、民警住宅区；（2）标识图示，按应用的对象划分为色彩标识、标牌标识、定置布局标识、办公用品标识、警务装备标识、文化宣传用语标识；（3）文化宣传用语，共列示了 119 项。

第 7 分册《法律法规规章汇编》，共选编 111 项法规、规章、制度，与各项标准配套使用。

### 2. 新疆监狱标准体系的特点

依据标准化原理及国家发布的标准建立的新疆监狱标准体系，概括起来有以下特点。

（1）标准体系是符合标准化要义的。标准化的实质就是制定标准和实施标准，获得最佳秩序和社会效益则是标准化的目的，而制定标准是实施标准的基础和前提。监狱执法和管理需要有法律法规政策依据，也需要有执行法律法规政策的流程，将这些依据和流程按照标准化的原理予以标准化就是一个制定标准的过程。监狱执法和管理的依据、各环节的流程越清晰、越流畅、越精简，据此所制定的标准就越具有价值。一些监狱虽然在推进"标准化管理"，但多存在于理念状态，或者局部业务的标准化，而不是全面的实质内容的标准化。新疆监狱系统正是在准确理解标准化的要义的基础上，按照标准化的原理，建立了一种全面的、标准化程度比较高的《新疆监狱标准体系》。

（2）标准体系是合乎规范的。标准的编写质量是评价标准好坏的关键指标。编写质量不高的标准，显然不能够称之为好标准。而能够体现好标准质量的，除了该标准技术要素的符合性、适用性、有效性之外，还表现在该标准文本体例上的规范性、技术要素结构选择上的合规性。也就是说，一个质量较高的标准，不仅应在内容上体现出标准化对象的科学、技术、经验等综合性成果，还应满足形式上的要求。这就是标准内容与形式的辩证法。《新疆监狱标准体系》正是按照这个内容与形式的辩证法设计编写的，不仅"神"是，而且"形"也是。在形式上，直接依据了《标准化工作导则》（GB/T 1.1），并且参考了《标准的编写》（白殿一等著，中国标准出版社，2009 年 9 月第 1版），选择了部分、前言、目录、范围、要求、章、条、段、列项、规范性引用文件、附录等标准的技术要素。在内容上，则主要依据了现行法律、法规、规范性文件的规定，没有现行规定而又需要标准化的，则主要地将经验转化为标准。

（3）标准体系是严谨的。标准编写过程既是一个按照 GB/T 1.1 设计标准体例结构的技术性工作，也是一项对标准化对象开展学术研究的理论创新活动。单就编写一项标准而言，这个过程尚不够复杂、艰巨，但要构建一个完整的标准体系，则是十分庞大的系统工程。这时，标准形式的问题就退居次要方面，而标准内容体系的构建则上升为主要方面，成为推进标准化工作的第一位的问题。作为执行刑罚、以执法为主要特征的监狱系统，建立标准体系的复杂性更是非比一般。《新疆监狱标准体系》的严谨性主要体现在以下方面。

它是全面的。《新疆监狱标准体系》之所以称为体系，就在于它已经覆盖到监狱执法与管理的各个领域。既突出了作为监狱工作"主业"的监管执法领域标准，也涵盖了非"主业"方面的诸如党务、政务、服务保障方面的标准，涵盖了反映职位职责特点的职位标准，还包括了监狱企业管理方面的标准。

它是系统的。《新疆监狱标准体系》之所以称为体系，就在于它在横向上建立了管理标准体系、职位标准体系、技术标准体系，在纵向上建立了用于指导开展标准化工作的《监狱标准化工作导则》，作为标准主体部分的业务工作标准，用于评价标准化工作开展情况的《标准化监狱评审验收规程》。这是该标准体系系统性的突出体现。

它是协调的。《新疆监狱标准体系》之所以称为体系，就在于它的内部各组成部分之间的联系是有机的，而不是对立矛盾的；就在于各项标准之间，既有相对独立性，又相互联系，一个标准的输出是另一个标准的输入。虽然体系十分庞大，但庞而不杂、庞而不散、庞而不堵。

它是科学的。《新疆监狱标准体系》之所以称为体系，就在于它具有理论支撑，标准起草人员广泛深入地开展了标准化理论应用研究，搞清了监狱工作标准化的应然状态，奠定了《新疆监狱标准体系》的理论基础；就在于它的编写过程是科学的，标准起草人员树立科学严谨的态度、应用科学的工作方法，将理论研究成果转化为指导编写《新疆监狱标准体系》的思路，应用过程分析的方法，创制了编写大纲，合理组织编写分工、加强过程协调，不断地研讨论证每一个过程。

（4）标准体系是建设性的。这个建设性体现在：第一，建设性地将法律法规转化成标准的文本；第二，建设性地开创了行政机关开展实施依法行政管理的标准化管理模式；第三，建设性地建立了标准化管理水平的考核评价机制。可以说《新疆监狱标准体系》创出了行政管理标准化的新路子。

## （二）宁夏监狱标准体系

据掌握的文献分析，宁夏监狱管理局创制的监狱标准体系也是一个科学的体系，不仅编制了监狱标准体系明细表，而且还绘制了监狱标准体系总体框架图、标准体系结构图、各子体系标准展开图。其框架大体如下。

| 第一层次 | 第二层次 | 第三层次 |
|---|---|---|
| 通用基础标准 | 1. 标准化导则，采用国家标准，已列出19项<br>2. 术语与缩略语标准，采用国家标准，已列出14项<br>3. 数值与数据标准，采用国家标准，已列出4项<br>4. 量和单位标准，采用国家标准，已列出3项<br>5. 测量标准，采用国家标准，已列出6项 | （略） |

| 第一层次 | 第二层次 | 第三层次 |
|---|---|---|
| 运行保障标准 | 1. 人力资源标准<br>2. 职业健康标准<br>3. 财务管理标准<br>4. 合同管理标准<br>5. 设施设备及用品标准<br>6. 物资采购管理标准<br>7. 信息技术管理标准<br>8. 环境理标准<br>9. 能源标准<br>10. 安全与应急标准<br>11. 纪检监察标准<br>12. 文化建设标准 | 制定了23项，采用国家标准5项<br>采用4项国家标准<br>制定了2项，采用国家标准5项<br>制定了2项，采用国家标准5项<br>制定了1项，采用行业标准132项<br>制定了1项，采用行业标准1项<br>制定了9项<br>制定了5项，采用国家标准5项<br>采用行业标准10项<br>制定了5项，采用国家标准13项<br>制定了12项<br>制定了监区文化建设管理标准 |
| 业务管理标准 | 1. 刑罚执行标准<br>2. 狱政管理标准<br>3. 狱内侦查标准<br>4. 教育与劳动改造标准<br>5. 生活卫生管理标准<br>6. 评价与改进标准 | 制定了11项<br>制定了27项<br>制定了12项<br>制定12项<br>制定了8项<br>采用国家标准 GB/T19580—2012《卓越绩效评价准则》 |
| 工作标准 | 1. 监狱管理局工作标准<br>2. 监狱工作标准 | 又按决策层工作标准、管理层工作标准、执行层工作标准展开 |

## （三）监狱标准体系框架

这里按照《标准体系构建原则和要求》（GB/T 13016）给出的原则和方法，建设性地提出监狱标准体系的框架。该框架的细目见第三章，该框架的论证见第四章。

**监狱标准体系框架（示例）**

| 第一层 | 第二层 |
|---|---|
| 通用基础标准 | 监狱标准化工作指南<br>术语与缩略语<br>符号与标志<br>信息编码规则 |

| 第一层 | 第二层 |
|---|---|
| 行刑组织标准体系 | 组织架构标准体系<br>职位标准体系 |
| 行刑运行标准体系 | 执法标准体系<br>行为管理标准体系<br>教育标准体系<br>改造质量评估标准 |
| 安全防范标准体系 | 安全保卫标准体系<br>隐秘预防标准体系<br>案件侦办标准体系<br>应急工作标准体系<br>物防技防标准体系 |
| 运行支持标准体系 | 人员支持标准体系<br>物质支持标准体系<br>服务支持标准体系<br>组织能力支持标准体系 |
| 评价改进标准体系 | 监狱绩效评价标准<br>标准化工作评审标准 |

基础标准体系可以为开展标准化管理提供基础性指导。

行刑组织标准体系可以明确监狱内部各内设机构、各个基层单位、各个工作岗位的职责权限，是法定职责权限的具体落实和体现，按层次划分为监狱管理局、监狱、监区（分监区），再划分为决策层、管理层、操作层职位标准。划分三个层次的职责权限是制定行刑运行标准、行刑支持标准、评价改进标准的基础。

行刑运行标准体系可以体现监狱改造罪犯的主业，是监狱标准体系的主要构成，其他各项标准都是为该标准体系支撑服务。

安全防范标准体系可以体现监狱确保安全稳定的职能，是监狱标准体系的主要构成，为实施其它标准体系提供安全保证。

行刑支持标准体系是以上 3 项标准体系有效实施的支撑和保障。

评价改进标准体系是兜底标准，是督促并且检验上述标准落实情况的标准。

## 六、监狱标准分类

监狱标准分类即监狱标准的结构划分。第一章第一节"我国标准层级与分类"阐明了国家宏观层面的标准分类，它提示了标准分类的一般方法。可以为一定的目的用不同的分类标志对监狱标准进行分类，并提供分类方法依据。

### （一）按标准化对象的性质划分

按标准化对象的性质，监狱标准可以划分为管理标准、职位标准、技术标准。

#### 1. 管理标准

管理标准是对监狱工作中执法、管理业务制定的标准，是对业务的组织协调和权责分配所作的规定，对组织协调和分配该业务的过程进行控制，对业务程序、质量要求提出明确要求。其重点在于强调"办业务时"的职责清晰和程序分明。

管理标准通常描述跨职能的活动，突出的是某项业务的管理程序，回答办理此项业务时，各职能部门如何协调，在某环节由哪个部门做、怎么做、做到什么程度、何时做、何地做等，必要时可以辅之以流程图。如狱政管理体系中《监狱大门执勤管理》《罪犯行政奖惩管理》，行政服务体系的《公文管理》《公务车辆管理》。

#### 2. 职位标准

职位标准是针对监狱各部门、监区的各岗位人员的基本职责、工作要求、考核办法所作的规定，包括职责、权限、工作程序、办事细则、考核标准和相互关系规则等。职位标准要依据监狱所设置的内部机构和工作事项来确定，用以规范各层级民警的工作行为，如《监狱长岗位职责》《监狱党委书记岗位职责》《财务部门职位职责　出纳岗位》。职位标准从其依据的来源看，通常需要依据"三定"方案来设定。

职位标准在纵向范围上，可以按决策层职位标准、管理层职位标准、操作层职位标准进行划分。在每个层级的横向范围上，可以按从事行刑组织工作岗位、从事行刑运行工作岗位、从事安全防范工作岗位、从事运行支持工作岗位、从事评价改进工作岗位再划分。

### 3. 技术标准

技术标准是指对监狱的物所作的规定。具体来说，是对物满足监狱工作要求的性状/状态所作的规定，这些规定以"参数"为表现形式；使用过程中的维护、管理方面的规定以"要求"为表现形式。比如安全防范技术标准、卫生标准、设备维修标准、能源标准、司法部制定的《监狱信息化》标准、住房和城乡建设部制定的《监狱建设标准》等。这里的物既包括有形的物质，也包括无形的计算机系统或应用软件。

### （二）按标准地位划分

按标准地位可将监狱标准划分为基础标准和应用标准。

基础标准是指导监狱开展标准化工作的标准，一类是规范监狱如何推进标准化管理，在一定行政区域范围内统一监狱标准化管理模式，如《监狱标准化工作导则》；另一类是术语与缩略语、符号与标志、量与单位标准。

应用标准是监狱标准体系的主要构成，应用于开展具体执法和管理业务工作、岗位职责、硬件建设的标准。在范围上包括业务标准和程序标准。

### （三）按标准化对象与用途划分

监狱工作按标准化对象与其用途可划分为以下五类标准。

（1）执法监管、安全业务标准。执法监管业务代表了监狱工作的特性，反映着监狱的职能，是监狱的"主业"。此类标准是标准体系的主体和重点，涵盖了与罪犯刑罚执行直接相关的所有工作。按业务模块划分为：狱政管理业务标准、刑罚执行业务标准、教育改造业务标准、狱内侦查业务标准、生活卫生业务标准、劳动改造业务标准。

（2）党务政务保障标准。该类标准是除"主业"部门以外的部门开展辅助业务制定的标准。这类业务相对于监狱的"主业"而言，是必不可少的辅助业务。这类业务庞杂、分散，而且业务有较高的专业性（如信息化、会计）。按业务模块划分为：党建业务标准、队伍管理业务标准、纪检监察业务标准、政务管理业务标准、财务业务标准、基本建设和科技信息业务和技术标准、劳动与安全业务标准、保障服务标准。

（3）民警岗位职责标准。该类标准是针对监狱工作中的每个职位应当承担的职责、权限、资格、任务而制定的标准。可以将监狱所有业务工作和程序分解为具体的工作事项（或称过程），按照前后环节相邻、过程相对独立原则重新组合，将具体事项归并为具体工作职位（或岗位）。再按职位（或岗位）确定该职位的职责标准。由此形成的职位标准相当于该职位的作业手册，是民警开展日常业务工作的指南。制度和流程并不能解决具体作业层面的问题，但是这些作业手册可以有效地提高作业（或称执行）层面的标准化程度；反过来，也是确定一项业务、一个部门或单位机构编制数的参考依据。

（4）执法文书表单标准。执法文书表单即常说的法律文书、业务工作记录，日常通称为台账。可以对该类执法文书表单作统一规定，对现有的进行清理整合归并，可统称为"执法文书表单"标准，包括执法文书类、审批性函件类、告知性函件类、证据性记录类、报表类、资料性记录类。

（5）形象标识标准。该类标准是针对监狱硬件环境、外观形象、标志标识制定的标准。按视觉形象识别（VIS）可划分为基础标识（如系色、线条）和应用标识；按应用的区域可划分为监狱管理局办公区、监狱民警工作区（行政办公区、警务执勤区、保障服务区、文体活动区）、罪犯改造区（教育区、劳动区、生活区）、民警住宅区等不同区域的标识；按应用的对象可划分为色彩标识、标牌标识、定置布局标识、办公用品标识、警务装备标识、文化宣传标识。

# 第三节　标准化诸对关系

标准化可以作为监狱管理的工具，但并不是唯一的工具。在推行标准化管理过程中，理解并处理好下列诸对关系，对于科学地制定标准、顺利推进标准化管理工作，提升监狱工作水平、充分实现监狱工作标准化目标是十分重要的。

## 一、标准与法规的关系

在监狱推行标准化管理，首先要解决的是标准在监狱工作中的地位（即标准的法律效力）问题，即要搞清楚标准与法律法规规章的关系。

监狱工作的法律法规是监狱标准的来源，监狱标准体系须以现行法律法规为支撑；监狱工作的法规不足时，标准可以成为监狱工作法规的补充。

### （一）标准被引用就转化成法规的组成部分

监狱是严肃的执法部门，必须严格执行法律、法规、规章，以及政府相关部门制定的规范性文件。

根据《标准化法》规定，强制性标准必须执行。国家鼓励采用推荐性标准。

按照标准制定权限规定，司法部只能"对没有推荐性国家标准、需要在全国某个行业范围内统一的技术要求，可以制定行业标准"（《标准化法》第十二条）。行业标准属于推荐性标准。

对于强制性标准，司法部只能"依据职责负责强制性国家标准的项目提出、组织起草、征求意见和技术审查。国务院标准化行政主管部门负责强制性国家标准的立项、编号和对外通报。""强制性国家标准由国务院批准发布或者授权批准发布。"（《标准化法》第十条）

即使推荐性国家标准，司法部也无制定的权限。这是因为，《标准化法》第十一条规定："对满足基础通用、与强制性国家标准配套、对各有关行业起引领作用等需要的技术要求，可以制定推荐性国家标准。推荐性国家标准由国务院标准化行政主管部门制定。"

那么，这是否意味着监狱可以自愿采用或者任意采用"推荐性标准"？标准在监狱工作中不具有法律地位？

在本书第一章第一节中已经分析，当推荐性标准被相关法律、法规、规章引用，则该推荐性标准具有相应的强制约束力，应当按法律、法规、规章的相关规定予以实施。这时，监狱必须执行该标准，标准就转化为法规的一部分，就具有了法律约束力。因此，标准与法规并不对立。

### （二）宜用标准文本替代规章制度文本

未来，司法部制定的规章、规范性文件（统称为规章制度），似可以采用标准的形式。这是因为，虽然标准与规章制度对于所规范的实体内容方面是同一的，但是：（1）标准的技术化程度比规章制度的技术性要高，特别是需要以程序为标准化对象的制度，若使用标准的格式来规定，其表述更为简练、直接；（2）标准的章、条、款更方便被另外的文件、或被本标准的其他条款所引用；（3）当需要规范的事项比较复杂，存在整体与部分的关系时，采用标准格式的优越性更为突出；（4）标准格式要素中的前言、引言、附录、参考文献等要素，更便于标准的使用者掌握标准的制定过程、归口单位和起草单位、标准的各版次及其变化、本标准与其他标准的关系等方面的信息，更利于理解本标准。而用传统方法制定的制度则不同，不具备标准格式的这些优势。

### （三）标准是法规的必要补充

《国家标准化体系建设发展规划（2016—2020 年）》关于推进标准化体系建设原则指出："加强标准与法律法规、政策措施的衔接配套，发挥标准对法律法规的技术支撑和必要补充作用。"上文已经阐述，一般来说，监狱工作的法律法规主要回答"可为"还是"不可为"的问题；而对于"可为"的事项，多数情况下规定得比较原则、抽象，既不利于基层民警操作，也不利于在全国监狱统一。

在这种情况下，就可以依据某项工作的"上位法"，对监狱法律法规规定得不够具体而又有必要进行细化的内容，用标准的格式予以细化规范。这样，就可以将原则性规定转化成定量、定制的具体操作程序或技术。由此，可以使监狱法规体系向具体化、精细化的方向延伸，从而使监狱工作科学化、精细化由设想变成可能。这样制定的标准与法律法规共同构成了监狱工作的"法制化"制度体系。

## 二、标准化与规范化的关系

标准化与规范化是监狱管理工作中常用的两个概念。准确理解规范化与标准化是一个影响监狱工作思路的大问题，有必要加以辨析。

### （一）两者是近义词

在词典里，"规范"的基本义是指"约定或规定的标准"或"准则"。作名词时是指"准则"的意思；作动词时，是指"使……符合规范"的意思。若用"标准"话语体系来解释，规范是指"阐明要求的文件"（GB/T 19000，"3.8.7 规范"词条）。

"标准"的基本义是指"衡量事物的准则"，在标准化管理过程中常指"通过标准化活动，按照规定的程序经协商一致制定，为各种活动或其结果提供规则、指南或特性，供共同使用和重复使用的文件"，如"国家标准"

（GB/T 20000.1，"5.3 标准"）。

"化"放在名词或形容词后面，"表示转变成某种性质或状态。"

从字面意思分析，"规范化"意指"使……符合规定的标准"，"标准化"意指"使……与标准一致"。两者是近义词，可以通用。

但从语意的强弱看，"标准化"要比"规范化"的语意要强，"标准化"比"规范化"的范畴更大。

从达到"精细化"的程度分析，"标准"比"规范"更"精确"，"标准化"比"规范化"更接近"精细化"。

"规范化"和"标准化"是近义词，不宜并列使用。

## （二）从社会管理角度分析

从法律效力来看，国家通过颁布《标准化法》来推进国家标准化工作，而"规范化"则达不到这个层次。在颁布的国家标准中，只有"标准化"词条，而无"规范化"词条。

从社会经济管理发展趋势看，国家规范社会经济管理的手段主要是法律法规和国家标准（强制性标准可以看作技术法规），国家鼓励制定社会管理、社会服务的国家标准来维护社会经济秩序。这可以进一步理解为，标准化具有管理社会经济事务的属性和功能，而规范化则不具备这一属性和功能。

## （三）从监狱管理角度分析

在监狱日常工作中，经常不加区别地应用两个概念。事实上，两者的含义是有区别的。

### 1. 相同点

两者都描述监狱管理科学化的水平。"科学化"是监狱管理水平的本质体现，是监狱管理发展的总目标、总要求。规范化与标准化既指监狱管理"科学化"所达到的程度或水平，也指使监狱管理达到"科学化"的过程。

两者目的相同，都以获得监狱最佳秩序和社会效益为目的。程序、过程相同，都要通过制定标准或规章制度，并且贯彻落实这些标准和规章制度的过程来达到目的。

### 2. 相异点

规范化一般存在于理念、观念层面，它缺乏一套可理解、可执行、可衡量的操作体系来支撑。

而"标准化工作的任务是制定标准、组织实施标准以及对标准的制定、实施进行监督。县级以上人民政府应当将标准化工作纳入本级国民经济和社会发展规划，将标准化工作经费纳入本级预算。"（《标准化法》第三条）以此来理解，标准化是可实践可操作的，不仅具有理念的意义，还具有工具的意义。标准化已经具有了一套由比较定型的理念和技术构成的规范体系。

### 3. "监狱标准化管理"是监狱管理内容与形式的有机统一

从内容上看，标准化与规范化的对象与内容是一致的，"规范化管理年"以刑罚执行等六个方面为内容，标准化管理也以现行的工作为内容。从形式上看，规范化的形式是规章制度，而标准化的形式是按国家标准的统一格式制定的标准文本，也即制度在形式上更像"标准"，而规范化则做不到这一点。

综合以上分析，本书认为，规范化是标准化的基础，要做好监狱工作，必须加强基层基础建设，夯实基层基础是加强监狱管理的着力点和奠基性工程，深化规范化管理是提升监狱管理水平的基本要求，推进标准化是强化基层基础工作、推动监狱管理进入新阶段的重要切入点和基本手段。这就需要持续深化规范化管理，将规范化的有效做法、成功经验转化为执法和管理标准，建立包括基本条件、基本做法、基本要求等基本要素的业务工作标准体系，在规范化基础上提升到标准化，推进监狱管理标准化工作。由此可以推断，从规范化到标准化是推进监狱管理从传统走向现代的标志和方向。

## 三、标准与质量管理体系的关系

### （一）质量管理体系标准概述

通常所称的质量管理体系，是指《质量管理体系》系列国家标准，主要包括：

《质量管理体系 基础和术语》（GB/T 19000—2016，其上一版次是 GB/T 19000—2008）；

《质量管理体系 要求》（GB/T 19001—2016，其上一版次是 GB/T 19001—2008）；

《追求组织的持续成功 质量管理方法》（GB/T 19004—2011），该标准替代《质量管理体系 业绩改进指南》（GB/T 19004—2000）；

《质量管理体系　项目质量管理指南》（GB/T 19016—2005）。

该系列标准是应用范围和延伸最广泛的国家标准。国务院 2018 年 1 月 17 日印发的《国务院关于加强质量认证体系建设促进全面质量管理的意见》（国发〔2018〕3 号）反复强调"质量管理体系"，意见指出：

（四）创新质量管理工具。积极采用国际先进质量管理标准，将全面质量管理、六西格玛、精益管理等国际先进质量管理方法结合中国实际加以改造提升，积极开发追溯管理、供应链管理、业务连续性管理等适应新业态需求的质量管理工具，打造中国质量管理"工具箱"。充分发挥行业主管部门作用，鼓励各行业结合行业特点，推动质量管理通用要求与行业特殊要求相结合，积极开发新型质量管理工具，推广质量管理先进行业及企业的成果经验。

（五）推广应用质量管理先进标准和方法。开展百万家企业学习应用新版质量管理体系标准活动，鼓励企业运用质量认证方式加强质量管理，推动质量管理先进标准、方法向一二三产业和社会治理等领域全面延伸。

（六）转变政府质量治理方式。增强各级政府的质量意识，加强质量基础建设，推广质量管理标准和质量认证手段，提升质量治理能力。鼓励各级政府部门特别是行业主管部门建立推行质量管理体系，运用卓越绩效等先进质量管理方法，引入第三方质量治理机制，转变政府职能和管理方式，提高行政效能和政府公信力，推动一个一个行业抓质量提升，直到抓出成效。

（七）打造质量管理体系认证"升级版"。运用新版 ISO 9001 质量管理体系等国际先进标准、方法提升认证要求，以互联网、大数据等新技术改造传统认证模式，通过质量管理体系认证的系统性升级，带动企业质量管理的全面升级。

本研究认为，GB/T 19001 适用于各种类型的组织，能够帮助组织提高整体绩效，为推动可持续发展奠定良好基础。新版 GB/T 19001 相较于 2008 版，主要变化体现在：（1）标准采用高层结构❶，与其他主要管理体系标准保持一致，有助于组织开展多个体系的整合；（2）更加强调建立体系时与组织自身

---

❶ 高层结构的框架是，一项标准主要含 10 个章节：1. 范围，2. 参考文件，3. 术语和定义，4. 组织的环境，5. 领导，6. 规划，7. 支持，8. 运营，9. 绩效评估，10. 改进。

的特定需求相适应，要求结合组织的实际；（3）要求组织中的高层领导积极参与并承担相应责任，使质量管理工作与更广泛的业务战略相适应；（4）对以风险为基础的思维提出明确要求，以支持和改进对过程方法应用的理解；（5）更加强调领导作用；（6）更少的规定性要求，对文件的规范要求进一步简化，在文件编制上给予组织以更大灵活性；（7）质量管理原则从8项改为7项：以顾客为关注焦点、领导作用、全员积极参与、过程方法、改进、循证决策、关系管理（2008版质量管理8项原则：以顾客为关注焦点、领导作用、全员参与、过程方法、管理的系统方法、持续改进、基于事实的决策方法、与供方互利的关系）。

本研究认为，GB/T 19001具有一体性、综合性的特点。也就是说，依据该标准建立质量管理体系文件，形成一系列办法、规定、程序和要求的集合，进而建立质量手册，就相当于建立了"监狱标准体系"。

## （二）国家推荐采用质量管理体系

2008年发布的《质量管理体系　地方政府应用GB/T 19001—2000指南》（GB/Z 19034—2008）指导性文件，在"引言"中指出：

> 政府组织建立质量管理体系具有两大益处：一方面，标准要求以满足服务对象的质量需求为目标，通过建立具有很强约束力的形成文件的质量管理体系，使各项工作以及影响工作结果的全部因素都处于严格的受控状态，同时，通过对管理体系进行有计划的审核以及评审，力求不断地改进社会管理工作，确保预期目标得以实现。另一方面，相对于地方政府而言，导入质量管理体系，是实现经济、社会与环境协调、可持续发展的一项举措，是建立诚信政府和服务型政府的技术保障，为实现科学决策和"执政为民"提供了途径。

2013年发布的《政府部门建立和实施质量管理体系指南》（GB/Z 30006—2013）指导性文件，在"引言"中指出：

> 政府部门建立和实施质量管理体系，有助于建立和完善依法行政、规范履职、廉洁透明、高效服务的工作机制，使各项工作科学化、制度化和规范化，从而更加规范和高效地履行公共服务和社会管理职能，增进人民群众对政府部门的满意度。

政府部门建立和实施质量管理体系的过程，是以政府部门所承担的公共服务和社会管理职责为前提，以为人民服务为宗旨，基于现代质量管理的理念和基本原则，运用过程控制的方法、系统管理的方法、基于事实决策等方法，实现依法行政、规范履职、廉洁透明、高效服务的政府自身建设目标的过程。

本指导性技术文件基于 GB/T 19000—2008《质量管理体系　基础和术语》中所阐明的质量管理原则和质量管理体系基础，按照 GB/T 19001—2008《质量管理体系　要求》标准，结合我国政府部门的实际和工作特点，为政府部门建立和实施质量管理体系提供一种框架性指南。

从上述标准"引言"的阐述可以看出，国家鼓励政府及其各级组织应用 GB/T 19001 国家标准。2018 年 1 月《国务院关于加强质量认证体系建设促进全面质量管理的意见》对政府部门特别是行业主管部门建立推行质量管理体系提出了明确的要求。

事实也证明，一些地方政府或部门依据 GB/T 19001 将质量管理体系要求与地方政府的具体实际工作深度融合、建立并贯彻质量管理体系之后，都切实地改进了地方政府的工作，并在此基础上，推动了地方政府的管理水平向更高的层面提升。

## （三）标准与质量管理体系的关系

本研究认为，标准与质量管理体系的关系可从以下几个方面来理解。

### 1. 从发展演变的先后关系来理解

标准是从质量管理体系标准起始的。1941 年，美国制定了第一个质量管理标准《质量管理中统计方法的应用》，此后标准覆盖的领域逐步扩大。在当代实施标准化的过程中，绝大多数组织往往是从实施《质量管理体系　要求》（GB/T 19001）国家标准开始，再逐步将标准覆盖到本组织的各个领域。但是，标准及其标准化又作为整合各类用于管理的规范性文件的方法，对建立并实施质量管理体系、统一协调各项标准的一致性有着指导意义。

### 2. 从概念的内涵与外延来理解

标准与质量管理体系作为名词时，两者是类属与分支、包含与被包含的关系。标准是一个类属概念，质量管理体系是标准中的一个具名标准，若干个类似于质量管理体系的具名标准，构成标准的总体。作为名词时，标准包含了质量管理体系。

在这个意义上，监狱标准体系是监狱各管理系统标准的集合，将所有标准按其内在联系形成一个科学的有机的整体，它几乎覆盖了监狱工作的方方面面；而质量管理体系作为一项为实施质量管理和质量保证以及实现质量目标方面的具体标准，它只是监狱标准体系中的一个分支。监狱标准体系与质量管理体系两者不可相互取代。

### 3. 监狱标准体系与质量管理体系之间具有兼容性或重叠性的特点

质量管理体系就其涉及的过程来说，与标准体系构建所涉及的过程几乎一致；质量管理体系就其文件的构成来说，包括已经制定的标准及标准的前身——规范性文件（包括手册、程序文件、规范、规程、作业指导书、有效的规章制度等）。两个体系具有较高的兼容性或重叠性。在这个意义上，可以提出"推行以质量管理体系为基础的监狱标准化管理"的命题。

所不同的是，监狱标准体系比质量管理体系的内容更宽泛，监狱标准化管理需要将制定"标准"过程、管理"标准"过程列作标准化对象，以实施对"标准化工作"的管理，而质量管理体系则不需要。另外，质量管理体系可用于资格认证，以"证实其具有稳定提供满足顾客要求及适用法律法规要求的产品和服务的能力"（GB/T 19001，1. 范围），而标准体系则不能用于认证。

## 四、管理标准化与标准化管理的关系

研究认为，管理标准化与标准化管理是两个内涵不同的概念。

所谓管理标准化是指以获得最佳秩序和社会效益为根本目的，以管理领域中的重复性事物为对象而开展的有组织的制定、发布和实施标准的活动；其含义是将需要管理的事项作为标准化的对象，对其制定、发布标准，并实施标准；其落脚点在于标准"化"，即对某一管理事项贴上"标准"标签、用"标准"来形塑。

而标准化管理的含义包括两层意思，一是运用标准化的理论、技术或工具开展管理活动。二是将"标准"作为管理的对象，纳入管理事项范畴，如同将"合同"作为管理对象而成为"合同管理"一样；以"标准"为对象的管理包括：管理"标准"的体制、组织结构、职责分工、管理规则（标准分类分级、标准制定、标准发布、标准实施、标准评价与改进等）、标准化发展规划等一系列管理活动；标准化管理的落脚点在于"管理"。

研究两个概念不同含义的意义在于，引导监狱的最高管理者既要重视将积累的管理技术、经验予以标准化，用"标准"的文本形式将其固化下来，打牢提高管理水平的基础，也要重视标准化在组织的管理体系中的地位和存在价值，将推行标准化放在战略高度纳入管理范畴。其意义还在于引导监狱的最高管理者正确处理两者的关系：创新（管理标准化）与标准化（标准化管理）是提升监狱管理水平的两个"车轮"，创新是不断提升监狱管理水平的驱动力，而标准化则是防止监狱管理水平下滑的制动力，没有标准化，监狱就难以维持较高的管理水平。

# 第三章　监狱标准体系构成

制定监狱标准、构建监狱标准体系是开展监狱标准化工作的源头，也是监狱标准化工作的重点和难点。监狱标准体系构建得科学与否，直接关系到监狱标准化工作的成效。

第二章第二节已简要阐述了监狱标准体系的框架，本章将对标准体系框架展开阐述。

## 第一节　监狱管理体系

监狱管理体系是构建监狱标准体系的"母版"。阐明监狱管理体系的结构，是构建监狱标准体系、开展监狱标准化工作的一项基础性工作。但是，监狱管理体系的具体结构，无论是学术界还是实务部门，都未形成共识。本节尝试建设性地构建一组监狱管理体系。

### 一、管理体系一般分析

管理体系是针对特定的组织而言的。所谓管理体系是指维持组织运作和取得效益的一系列管理方法、管理机构、管理理念、管理人员的总称。

根据《质量管理体系　基础和术语》（GB/T 19000）的定义，管理体系是组织建立方针和目标以及实现这些目标的过程的相互关联或相互作用的一组要素。（GB/T 19000，"3.5.3 管理体系"词条）

一个管理体系可以针对单一的领域或几个领域，如质量管理、财务管理、环境管理。管理体系要素规定了组织的结构、岗位和职责、策划、运行、方针、惯例、规则、理念、目标，以及实现这些目标的过程。管理体系的范围可能包括整个组织，组织中可被明确识别的职能或可被明确识别的部门，以及跨组织的单一职能或多个职能。

## （一）企业管理体系

企业管理体系已有相当成熟的研究，并且已经定型成为一个完整的体系，以国家标准《企业标准体系　要求》（GB/T 15496）予以明示。

国家标准 GB/T 15496 所提示的企业管理体系包括 3 个子体系：产品实现管理、基础保障管理、岗位管理。

### 1. 产品实现子体系

包括：

（1）产品管理；

（2）设计和开发；

（3）生产或服务；

（4）营销；

（5）售后或交付。

### 2. 基础保障管理子体系

包括：

（1）规划计划和企业文化管理；

（2）标准化工作管理；

（3）人力资源管理；

（4）财务和审计管理；

（5）设备设施管理；

（6）质量管理；

（7）安全和职业健康管理；

（8）环境保护和能源管理；

（9）法务和合同管理；

（10）知识管理和信息；

（11）行政事务和综合。

### 3. 岗位管理子体系

包括：

（1）决策层管理；

（2）管理层管理；

（3）操作人员层管理。

## （二）行政部门管理体系

为了推进政府行政部门的标准化工作，2012 年相关部门起草了《行政服务标准化工作指南　第 1 部分：基本要求》和《行政服务标准化工作指南　第 2 部分：标准体系与编制规则》的征求意见稿（至今未见正式发布），建设性地对政府行政部门管理标准体系进行了划分。若逆向推论，该标准征求意见稿将行政服务划分为行政服务提供、行政服务保障、行政服务工作 3 个基本的业务工作过程，由此构成政府行政部门基本的业务工作体系。❶

### 1. 行政服务提供体系

包括：

（1）行政服务提供规范，包括工作人员服务规范、通用服务提供规程、具体服务事项办理规程；

（2）行政服务过程控制，包括政务公开、服务方式、事项办理、服务过程、监督检查、其他要求；

（3）行政服务评价与改进，包括监督检查、满意度评价、行政服务改进、考核奖惩。

### 2. 行政服务保障体系

包括：

（1）人力资源；

（2）设施设备；

（3）能源与环境；

（4）电子政务；

（5）政务信息；

（6）财务管理；

（7）安全与应急；

（8）后勤事务；

---

❶　关于对《行政服务标准化工作指南　第 1 部分：基本要求》等 6 项国家标准征求意见的函，参见"中国标准化研究院网"：http://www.cnis.gov.cn/gbzqyj/201210/t20121015_22993.shtml，最后访问时间：2019 年 4 月 24 日。

（9）党建与文化建设。

### 3. 行政服务工作体系

包括：

（1）决策层岗位工作；

（2）中层管理岗位工作；

（3）其他岗位工作。

## （三）服务业管理体系

国家标准《服务标准化工作指南》（GB/T 15624—2011）所指的服务业主要包括交通运输、仓储、邮政和物流业，信息服务业，批发、零售和租赁业，住宿及餐饮业，金融业，房地产业，商务服务业，科学研究与技术服务业，水利、环境、公共设施管理和公用事业，居民服务、维修与维护服务业，教育、培训和人力资源服务业，卫生、社会保障、社会福利和社会工作，文化、体育、娱乐和旅游业，公共管理与公共安全，农林牧渔服务业等。服务标准化的范围主要包括服务业中的服务活动，也包括农业、工业中存在的服务活动。

该标准规定的服务标准的类型主要包括服务基础标准、服务提供标准、服务评价标准3类。其中：

（1）服务基础标准主要包括服务术语、服务分类、服务分类和服务标识与符号等；

（2）服务提供标准是为满足顾客的需要，规范供方与顾客之间直接或间接接触活动过程及相关要素的标准，主要包括服务提供者、服务人员、服务环境、服务设施设备、服务用品、服务合同、服务提供过程、服务结果等；

（3）服务评价标准是对服务的有效性、适宜性和顾客满意进行评价，并对达不到预期效果的服务进行改进而收集、制定的标准，主要包括顾客满意度、服务分等分级、服务质量评价等。

国家标准《服务业组织标准化工作指南　第2部分：标准体系》（GB/T 24421.2—2009）将服务业组织的标准体系划分为服务通用基础标准体系和服务保障标准体系、服务提供标准体系三大子体系。服务通用基础标准体系是服务保障标准体系和服务提供标准体系的基础，服务保障标准体系是服务提供标准体系的直接支撑，服务提供标准体系促使服务保障标准体系的完善。其中：

（1）服务保障标准体系包括环境、能源、安全与应急、职业健康、信息、财务管理、设施设备及用品、人力资源、合同管理标准；

（2）服务提供标准包括服务规范、服务提供规范、服务质量控制规范、运行管理规范、服务评价与改进。

从上述两个标准规定的内容可以推断，服务业管理体系包括3个子体系：

（1）服务保障管理体系，包括环境、能源、安全与应急、职业健康、信息、财务管理、设施设备及用品、人力资源、合同管理；

（2）服务提供管理体系，包括服务规范、服务提供规范、服务质量控制规范、运行管理规范；

（3）服务评价与改进管理体系，包括确定评价的方式、评价主体、评价要素及其相应指标，确定评价结果，形成评价报告，以改进管理。

## 二、监狱管理体制与组织体系

监狱管理体系与监狱的职能、管理体制、组织体系密切相关。监狱的职能、管理体制与组织体系是划分监狱管理体系的渊源、基础和依据。通常情况下，监狱的职能、管理体制与组织体系由法律法规规定。

### （一）监狱职能

监狱职能规定着监狱管理体系的架构、监狱管理的目标和任务。监狱的职能有两个渊源，一是宪法和法律，二是习近平新时代中国特色社会主义政法思想。

《宪法》第二十八条规定："国家维护社会秩序，镇压叛国和其他危害国家安全的犯罪活动，制裁危害社会治安、破坏社会主义经济和其他犯罪的活动，惩办和改造犯罪分子。"

《监狱法》第二条规定："监狱是国家的刑罚执行机关。依照刑法和刑事诉讼法的规定，被判处死刑缓期二年执行、无期徒刑、有期徒刑的罪犯，在监狱内执行刑罚。"

《刑法》第四十六条规定："被判处有期徒刑、无期徒刑的犯罪分子，在监狱或者其他执行场所执行；凡有劳动能力的，都应当参加劳动，接受教育和改造。"

《刑事诉讼法》第二百六十四条第二款规定："对被判处死刑缓期二年执行、无期徒刑、有期徒刑的罪犯，由公安机关依法将该罪犯送交监狱执行刑罚。"

习近平新时代中国特色社会主义政法思想，科学回答了事关政法工作全局和长远发展的重大理论和实践问题，提出了一系列新理念新思想新战略，可以指引监狱机关在错综复杂中抱元守正、在矛盾风险中胜利前进。

习近平关于法治与德治关系的论述，关于正确处理民主与专政的关系、正确区分和处理两类不同性质的矛盾的论述，关于政法机关要"履行好维护国家政治安全、确保社会大局稳定、促进社会公平正义、保障人民安居乐业的主要任务"的"四大任务"论述，❶ 关于总体国家安全观的论述，关于严密防范和坚决打击各种渗透颠覆破坏活动、暴力恐怖活动、民族分裂活动、宗教极端活动以及反恐怖斗争的论述，关于坚持严格规范公正文明执法、提高执法公信力的论述，关于加强和创新社会治理、提高社会治理社会化、法治化、智能化、专业化水平的论述，关于政法队伍革命化、正规化、专业化、职业化建设的论述，关于深化司法体制改革、建设公正高效权威的社会主义司法制度的论述等，都为提升监狱治理体系和治理能力现代化指明了方向、明确了任务。概而言之，习近平新时代中国特色社会主义政法思想中与构建监狱管理体系直接相关的是如下几项：

（1）必须正确处理好民主与专政的关系，完成好改造罪犯的任务；

（2）确保监狱政治安全和场所安全；

（3）运用好法治与德治两种监狱治理方式，严格规范公正文明执法，提高执法公信力；

（4）加强和创新监狱治理，提高监狱治理的社会化、法治化、智能化、专业化水平；

（5）加强监狱民警队伍革命化、正规化、专业化、职业化建设。

概括以上分析，监狱有两项基本任务，一是改造罪犯，二是安全防范。监狱完成两项基本任务的基本目标（或称工作结果）也有两项，一是将罪犯改造成守法公民的社会目标，二是确保政治安全和场所安全的政治目标（或称安全目标）。在两项基本任务和基本目标层级之下可以再分解出下位的子任务和子目标。

---

❶ 习近平对政法工作的重要批示，参见《人民日报》，2018 年 1 月 23 日第 1 版。该"四项任务"吸收到《中国共产党政法工作条例》第五条政法工作的主要任务之中，即"履行维护国家政治安全、确保社会大局稳定、促进社会公平正义、保障人民安居乐业的主要职责"。

这里对两项基本目标作延伸阐述，因为它事关监狱管理体系的构建。

在监狱工作质量要求方面，社会目标可以看作是监狱工作的底线目标，政治目标可以看作是监狱工作的高线目标。

在政治目标中，政治安全的含义是排除监狱内部可能发生的各种侵害和威胁国家政治安全的因素或风险。政治安全目标是监狱的"软安全"。确保政治安全的目标，可以分解为：不发生危及党和国家政治安全的事件、不发生弱化中国共产党领导的事件、不发生意识形态风险的事件、不发生诋毁社会主义制度的事件、不发生影响民族团结的事件、不发生敌对势力渗透的事件。

场所安全事关社会和谐稳定，事关司法部提出的"创造世界最安全的监狱"❶的政治抱负，因而应当归属于监狱的政治目标之中。场所安全目标是监管场所的"硬安全"——生命财产安全——狭义的安全，即司法部所要求的"坚守安全底线"，其含义是不发生影响监管场所稳定的安全事件。从监狱安全的现实性来看，场所安全的基本目标可以设定为"五无"：无闹事、无逃跑、无重大安全生产事故、无火灾、无疫情。

## （二）监狱的管理体制

《监狱法》第二条规定，我国"监狱是国家的刑罚执行机关"，监狱的刑罚执行的职能由国家法律赋予。监狱作为国家上层建筑又具有行政组织的特性，但是，由于监狱管理对象是罪犯而不同于普通公民，监狱又不同于一般的国家行政机关，其设立依据、权力来源、管理方式、管理内容具有特殊性。我国监狱既是国家刑罚执行机关，又是教育改造罪犯成为守法公民的场所。

根据《监狱法》第十条规定："国务院司法行政部门主管全国的监狱工作。"这一规定表明，全国的监狱工作由国务院所属的司法部主管。在司法部内设监狱管理局，具体负责指导全国监狱的管理工作。

我国监狱实行中央和省（自治区、直辖市）两级管理体制，各省（自治区、直辖市）人民政府的司法厅（局）主管本行政区域的监狱工作，在司法厅（局）下设监狱管理局负责本行政区域监狱的各项业务工作。

在监狱内部管理体制上，实行监狱和监区两个层级的两级管理体制，或监

---

❶　蔡长春：《全国监狱工作会议要求，统筹推进以政治改造为统领的五大改造新格局》，载《法制日报》，2018年6月29日第1版。

狱、监区、分监区三个层级的三级管理体制。

### (三) 监狱的组织体系

《监狱法》第五条规定，"监狱的人民警察依法管理监狱、执行刑罚、对罪犯进行教育改造等活动，受法律保护"。这是监狱民警执法权、管理权的法律来源。

《监狱法》第十一条规定，"监狱的设置、撤销、迁移，由国务院司法行政部门批准"。第十二条规定，"监狱设监狱长1人，副监狱长若干人，并根据实际需要设置必要的工作机构和配备其他监狱管理人员"。

一般来说，监狱设置的工作机构主要有：负责刑罚执行监管改造业务的机构，如刑罚执行科、狱政管理科、教育改造科、狱内侦查科、生活卫生科、劳动改造科；负责警察管理培训的机构，如政治处；负责行政服务保障的机构，如办公室、财务科、信息化部门等。

如果说，上述监狱的组织体系属于根据法律建立起的开展监狱业务工作的业务组织体系，那么，监狱还须根据《中国共产党章程》《中国共产党政法工作条例》等党内法规规定，建立起中国共产党领导监狱工作、在监狱"贯彻党中央关于政法工作大政方针，执行党中央以及上级党组织关于政法工作的决定、决策部署、指示等事项"❶ 的党的领导组织体系。《中国共产党章程》"序言"指出："党政军民学，东西南北中，党是领导一切的。"监狱须依据《中国共产党章程》"第五章党的基层组织"、《中国共产党党和国家机关基层组织工作条例》《中国共产党政法工作条例》"第五章政法单位党组（党委）的领导"，在监狱设立党的基层委员会以及总支部委员会或支部委员会，以实现党对监狱工作的统一领导。

根据党内法规的规定，监狱的党的领导组织体系包括：监狱党委、设在科室或监区的支部委员会及其所属的党的工作机构或岗位。

### 三、监狱管理体系的结构

企业管理体系、行政服务管理体系已有定论，那么监狱管理体系的结构又是如何呢？目前尚未形成科学的公认的管理体系的结构，即使在司法部监狱管

---

❶ 《中国共产党政法工作条例》第十四条。

理局也未形成一致的共识，比如，在现代化文明监狱管理模式中，狱政管理体系与生活卫生管理体系是分列的，近年来，也多将狱内侦查管理分列开来，但是在 2011 年的规范化管理年活动安排中，却将狱内侦查与生活卫生管理并入狱政管理之中。可见，对监狱管理体系结构的认识是缺乏共识的。

### （一）过程方法的借鉴

可以尝试运用《质量管理体系　要求》（GB/T 19001）"过程方法"构建监狱管理体系。

所谓过程，是指利用输入实现预期结果的相互关联或相互作用的一组活动（GB/T 19000，"3.4.1 过程"词条）。过程的预期结果称为输出，一个过程的输入通常是其他过程的输出，而一个过程的输出又通常是其他过程的输入；两个或两个以上相互关联和相互作用的连续过程也可作为一个过程。

所谓过程方法，是指组织内诸过程的系统应用，以及这些过程的识别、相互作用及其管理。❶ 过程方法能够使组织对其体系的过程之间相互关联和相互依赖的关系进行有效控制，以提高组织整体绩效。过程方法包括按照组织的质量方针和战略方向，对各过程及其相互作用系统地进行规定和管理，从而实现预期结果。

根据 GB/T 19000 的提示，过程方法是建立质量管理体系、开展质量管理活动的重要方法。应用过程方法的主要益处有：

（1）提高关注关键过程的结果和改进的机会的能力；

（2）通过由协调一致的过程所构成的体系，得到一致的、可预知的结果；

（3）通过过程的有效管理、资源的高效利用及跨职能壁垒的减少，尽可能提升其绩效；

（4）使组织能够向相关方提供关于其一致性、有效性和效率方面的信任。

应用过程方法可开展的活动包括：

（1）确定体系的目标和实现这些目标所需的过程；

（2）为管理过程确定职责、权限和义务；

（3）了解组织的能力，预先确定资源约束条件；

---

❶　中国质量协会编著：《GB/T 19001—2016 质量管理体系标准实用教程》，中国质检出版社、中国标准出版社 2017 年，第 33 页。

（4）确定过程相互依赖的关系，分析个别过程的变更对整个体系的影响；

（5）将过程及其相互关系作为一个体系进行管理，以有效和高效地实现组织的质量目标；

（6）确保获得必要的信息，以运行和改进过程并监视、分析和评价整个体系的绩效；

（7）管理可能影响过程输出和质量管理体系整体结果的风险。

可以借鉴过程方法构建监狱管理体系，按"输入"和"输出"的边界清晰、接口顺畅的原则识别监狱管理全过程中的关键过程，由此构建完整协调的、适应监狱工作特点的、满足实现监狱工作目标要求的监狱管理体系有机整体。

### （二）监狱管理体系

我国监狱对罪犯执行刑罚是为了"惩办和改造犯罪分子"（《宪法》第二十八条）、预防和减少犯罪（《监狱法》第一条）、将罪犯改造成守法公民（《监狱法》第三条）。而刑罚目的是监狱通过实施行刑运行过程完成的。所谓行刑运行过程也即行刑司法过程，是监狱机关为实现刑罚目的，依法对罪犯执行刑罚、实施改造的全过程。

监狱管理通常是指监狱利用资源以实现监狱工作目标的过程。监狱管理体系是指完成监狱工作目标和任务的相互关联或相互作用的一组要素，这些要素从属于监狱的工作目标、任务、组织结构、岗位和职责、法规要求、治监理念。

这些要素通常表现为监狱工作事项。也就是说，监狱工作事项既是监狱管理体系的构成要素，也是管理体系的表现形式。所谓工作事项，按《政府部门建立和实施质量管理体系指南》（GB/Z 30006）给出的解释，是指"政府部门为履行职责所开展的某一方面的具体工作。"通常，一项政府职责可能包括若干工作事项。工作事项可分为为履行政府职能所需开展的履职工作事项（如许可、备案、检查、登记等），以及为保障职责履行所需开展的内部管理工作事项（如综合议事、干部任免、仪器设备维护、审计等）。

运用过程方法原理，可以依据监狱的管理体制、组织体系、法定职能，从法定的监狱工作目标和任务的总"输入"开始，到"守法公民"的总"输出"为止，对刑罚执行全过程再以"输入"和"输出"为边界，划分成"功能"相对独立的工作事项——"模块"（在标准化话语体系中称为过程识别），再将这些"相互关联或相互作用的一组要素"的"模块"构建为监狱工作系统，对监狱工作系统内诸"模块"进行管理与控制，则构成了监狱管理体系。

运用上述过程方法的方法，可以将监狱管理体系划分为五个子体系（也可以称为五个子过程）：行刑组织、行刑运行、安全防范、运行支持、评价改进。可理解为监狱全部工作由五项总括性的工作事项构成，也可以理解为对五项总括性工作的管理与控制构成了监狱管理体系。

（1）行刑组织过程，是总"输入"的起始，用以解决监狱的工作目标设定、领导体制、机构设置和职责职能（或工作目标和工作任务）分配。

（2）行刑运行过程，是利用总"输入"转化为总"输出"、实现预期结果的相互关联或相互作用的一组活动，用以解决刑罚执行、改造罪犯过程的管理或实施。行刑运行过程是监狱的主业，是监狱工作的主要构成。监狱两项基本任务之一的改造罪犯、监狱工作的社会目标及政治目标之一的政治安全，主要是通过实施行刑运行过程完成和实现的。行刑运行过程在纵向环节上包括收押、释放，还包括刑罚执行过程中的减刑、假释、暂予监外执行、服刑期间犯罪处理等工作事项或模块；在横向上包括罪犯的管理和教育两项主要工作事项。

（3）安全防范过程，安全防范的地位具有特殊性，它既是两项基本任务之一，处于主业地位；又是完成第一项基本任务、实现政治安全目标之一的场所安全目标的充分和必要条件。安全防范过程在纵向环节上包括安全防范计划、实施、检查督导、评价改进，在横向上包括内部和外围、物防技防设施装备、安全保卫、情报信息与案件侦办、应急管理等模块。若从监狱工作基本目标中的场所安全目标的角度来分解，包括罪犯安全管理（又包括无罪犯闹事、逃跑，无非正常死亡）、防疫情安全管理、设施设备安全管理（又包括电器、锅炉及压力容器、特种设备安全等）、生产安全管理、交通安全管理、消防安全管理、信息与舆情安全管理等。

（4）运行支持过程，是完成监狱基本任务、实现监狱工作基本目标的充分和必要条件，是行刑组织过程、行刑运行过程、安全防范过程的基础和支撑，用以解决监狱工作所需要的各种资源及其控制。运行支持过程包括人员支持、物质支持、服务支持（又包括行政服务、后勤服务）、组织能力支持（又包括党建群团、组织文化、标准化工作、督察检查）。

（5）评价改进过程，是对总"输出"的监测、考核、改进，用以解决监狱工作实现预期结果程度的衡量和改进工作的组织与管理，包括检查与监督、考核与评价、持续改进。监狱执行刑罚是一项严肃的执法活动，必须接受监督和问效；同时，应根据考核与评价的结果或结论，检验监狱管理体系的适宜性、充分性和有效性，以及监狱工作目标（输出）实现程度，进而制定并实施改进管理工作的措施。

## （三）监狱标准体系的结构

根据上文阐述的监狱管理体系，可以构建监狱标准体系的总体结构。

监狱标准体系由行刑组织、行刑运行、安全防范、运行支持、评价改进五个子体系构成，其结构如下图。

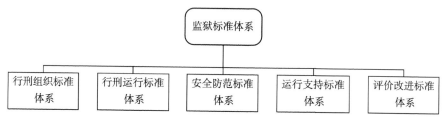

**监狱标准体系明细结构（示意）**

| 第一层 | 第二层 | 第三层 | 第四层 |
|---|---|---|---|
| 基础标准 | 监狱标准化工作指南<br>术语与缩略语<br>符号与标志<br>信息编码规则 | | |
| 行刑组织<br>标准体系 | 任务与目标标准体系 | 改造罪犯任务与目标<br>安全防范任务与目标 | |
| | 组织架构标准体系 | 机构设置与职能标准<br>指挥与协作方法（程序）标准 | |
| | 职位标准体系 | 决策层职位标准体系<br>管理层职位标准体系<br>操作层职位标准体系 | 决策层具名标准<br>管理层具名标准<br>操作层具名标准 |
| 行刑运行<br>标准体系 | 执法标准体系 | 收押与释放标准体系 | 罪犯收押标准<br>罪犯释放标准 |
| | | 减刑、假释、暂予监外执行标准体系 | 罪犯减刑假释标准<br>罪犯暂予监外执行标准 |
| | | 申诉、控告、检举标准 | |

续表

| 第一层 | 第二层 | 第三层 | 第四层 |
|---|---|---|---|
| 行刑运行标准体系 | 行为管理标准 | 行为约束标准体系 | 1. 罪犯行为规范标准<br>2. 日常管理标准体系，包括：<br>罪犯分押分管分级处遇标准<br>罪犯劳动教育生活现场管理标准<br>罪犯互监管理标准<br>四个重点管理标准<br>特岗罪犯管理标准<br>罪犯个案管理标准 |
| | | 罪犯事务管理标准体系 | 罪犯离监标准<br>罪犯调动管理标准<br>罪犯会见通信标准<br>罪犯档案管理标准<br>狱务公开标准<br>罪犯死亡处理标准 |
| | | 罪犯生活卫生标准体系 | 1. 罪犯生活标准体系，包括：<br>罪犯居所管理标准<br>罪犯被服管理<br>罪犯伙食与食堂管理<br>罪犯狱内购物管理<br>罪犯财物管理标准<br>2. 罪犯卫生标准体系，包括：<br>罪犯体检管理标准<br>罪犯疾病诊疗管理标准<br>监狱医院管理标准<br>罪犯药品管理标准<br>特殊病诊疗管理标准<br>环境卫生管理标准<br>防疫管理标准 |
| | 教育改造标准体系 | 教育改造内容标准体系 | 1. 教育改造目标标准体系，包括：<br>思想教育目标标准<br>法制教育目标标准<br>文化教育目标标准<br>劳动教育目标标准<br>2. 教育内容标准体系，包括：<br>思想教育内容<br>法制教育内容<br>文化教育内容<br>劳动教育内容 |

| 第一层 | 第二层 | 第三层 | 第四层 |
|---|---|---|---|
| 行刑运行标准体系 | 教育改造标准体系 | 教育改造方式标准体系 | 1. 集体教育标准体系，包括：<br>入监教育标准<br>出监教育标准<br>罪犯分类与班级划分标准<br>教学管理标准<br>课堂授课与视频授课标准<br>监区文化建设标准<br>主题活动标准<br>社会帮教标准<br>评选罪犯改造积极分子标准<br>2. 个别教育标准体系，包括：<br>个别帮教标准<br>心理咨询与矫治标准<br>3. 自我实践标准体系，包括：<br>罪犯书写材料标准<br>罪犯自习标准 |
| | | 劳动改造标准体系 | 劳动教育标准<br>罪犯劳动组织管理标准<br>罪犯劳动报酬标准 |
| | 改造质量评估与奖惩标准体系 | 罪犯改造质量评价标准<br>罪犯行政奖励与惩处标准 | |
| 安全防范标准体系 | 安全保卫标准体系 | 安保值班标准体系 | 指挥中心总值班标准<br>重点部位值班标准<br>监区（分监区）值班标准 |
| | | 押解标准体系 | 狱内押解罪犯标准<br>押解罪犯外出标准 |
| | | 警戒标准体系 | 罪犯生活现场警戒标准<br>罪犯学习活动现场警戒标准<br>罪犯劳动现场警戒标准 |
| | | 安全检查标准体系 | 清监搜身标准<br>狱内违禁品管理标准<br>安全隐患排查标准<br>监控室视频监控标准<br>巡逻标准 |

| 第一层 | 第二层 | 第三层 | 第四层 |
|---|---|---|---|
| 安全防范<br>标准体系 | 安全保卫标准体系 | "三共"活动标准 | |
| | | 安保分析研判标准体系 | 狱情分析研判标准<br>监狱安全风险评估标准 |
| | 隐秘预防与案件侦办<br>标准体系 | 隐秘预防标准体系 | 罪犯耳目布建标准<br>情报信息工作标准<br>罪犯坦白检举揭发标准 |
| | | 案件侦办标准体系 | 狱内案件侦办标准<br>侦查设施装备管理标准 |
| | 应急工作标准体系 | 应急预案标准体系 | 场所安全应急预案<br>突发公共卫生事件应急预案<br>自然灾害与事故灾难应急预案 |
| | | 应急管理标准体系 | 应急管理标准 |
| | 物防技防标准体系 | 物防技防设施建设标<br>准体系 | 建设或配置标准<br>建设或配置程序标准 |
| | | 警用装备配置标准体系 | 警用装备配置标准<br>警用装备管理标准 |
| 运行支持<br>标准体系 | 人员支持 | 职位与资质要求标准 | |
| | | 人事工作标准体系 | 人事工作标准<br>工资管理标准<br>社保医保管理标准 |
| | | 日常管理标准体系 | 考勤管理标准<br>绩效考核标准<br>民警行为规范标准<br>民警教育培训标准<br>立功创模管理标准<br>处分管理标准 |
| | | 警衔与专业技术职务<br>管理标准体系 | 警衔管理标准<br>专业技术职务管理标准 |
| | | 信息统计标准体系 | 人员信息统计标准<br>工作事项信息统计标准 |

| 第一层 | 第二层 | 第三层 | 第四层 |
|---|---|---|---|
| 运行支持标准体系 | 物质支持 | 物质管理标准体系 | 设施设备及用品购置标准<br>设施设备使用与维护保养标准<br>基础设施建设项目管理标准<br>设备低值易耗品购置管理标准<br>固定资产管理标准 |
| | | 经费管理标准体系 | 经费支出审批标准<br>财务管理标准<br>会计工作标准 |
| | 服务支持 | 行政服务标准体系 | 公文处理标准<br>会议工作标准<br>保密工作标准<br>档案工作标准<br>信访工作标准<br>印章管理标准<br>政务公开标准<br>电子政务标准 |
| | | 后勤服务标准体系 | 公务用车服务标准<br>办公服务标准<br>生活服务标准<br>维修养护标准<br>公务接待标准 |
| | 组织能力支持 | 党建群团工作标准体系 | 党委（党总支）工作标准<br>党支部工作标准<br>组织工作标准<br>党员管理标准<br>纪检监察工作标准<br>工会工作标准<br>共青团和青年工作标准<br>妇女工作标准 |
| | | 组织文化标准体系 | 意识形态责任制标准<br>文明单位建设标准<br>人文环境建设标准<br>新闻宣传标准<br>调研与交流标准<br>舆情监测与处置标准 |
| | | 监督检查管理标准 | |

| 第一层 | 第二层 | 第三层 | 第四层 |
|---|---|---|---|
| 评价改进标准 | 监狱绩效评价标准 | 监狱绩效评价标准 | |
| | 标准化评审标准体系 | 标准化工作评审<br>标准化试点评审 | |

## 四、关于行刑组织标准体系

由于行刑组织标准体系所需阐述的内容相对要少，篇幅要小，故不作专节，而在此作为一个专题进行阐述。就行刑组织系统来看，行刑组织涉及三项要素：组织任务目标、组织架构、岗位职责。

### （一）组织任务目标标准体系

将监狱工作任务和目标的总"输入"分配到监狱内部各层级组织或内设机构，是展开监狱工作的起点。行刑组织标准化的首要工作，就是对监狱工作任务和目标进行模块"的功能划分，将一个特定的功能确定为一项职能，依职能组建内设机构并分配职责。如此，使监狱工作任务目标得到完全分配。

上文已经分析，监狱两项基本任务是改造罪犯和安全防范。监狱完成两项基本任务的基本目标是将罪犯改造成守法公民的社会目标和确保监狱安全的安全目标。根据上文分析，这里建设性地将监狱工作任务和目标作如下概括性构建，是否周延，可以商榷。

#### 1. 改造罪犯任务与目标

改造罪犯任务可以具体化为改造罪犯工作的具体工作事项，主要体现在行刑运行过程之中。改造罪犯的社会目标可以分解为对罪犯的：

——行为约束目标；

——思想教育目标；

——法制教育目标；

——文化教育目标；

——劳动教育目标。

#### 2. 安全防范任务与目标

安全防范任务可以具体化为安全防范工作的具体工作事项，主要体现在行刑运行过程、安全防范过程、运行支持过程之中。安全目标可作如下分解。

（1）政治安全目标，不发生：

——弱化党的领导事件；

——意识形态风险事件；

——诋毁社会主义制度事件；

——影响民族团结事件；

——敌对势力渗透事件。

（2）场所安全目标，不发生：

——严重的罪犯闹事；

——罪犯逃跑；

——地震因失职造成严重后果；

——因失职造成严重火灾；

——因失职造成严重疫情。

设计并制定组织任务目标标准，在实际操作时，可以与下文的组织构架标准、职位标准同步进行。

就三者的层次关系来说，组织任务目标标准处于最上层，任务目标不同，所设置的组织构架和职位也不同；调整任务目标标准，就意味着组织构架和职位标准的调整。组织构架和职位是任务目标的承接主体，只有承接主体与任务目标相协调、相匹配，整个组织的运行才有可能顺畅，才有可能完成监狱工作任务、实现监狱工作目标。

## （二）组织架构标准体系

组织架构是上文所述"监狱的组织体系"的结构化呈现形式。监狱作为一个组织，其开展执法和管理活动是以组织架构为基础的。监狱的组织架构是指监狱为实现工作目标，所组成的各部分的层级关系、职责权限、运转机制，以及各要素之间相互关系，是开展监狱工作在组织层面的框架。简言之，它是为实现监狱工作目标而实行的一种分工协作体系。

设计监狱组织架构标准需要考虑下列要素。

### 1. 层级要素

根据现行监狱管理体制，可以分为司法部监狱管理局级的行刑组织标准体系、省区市监狱管理局级的行刑组织标准体系、监狱层级的行刑组织标准体系三个层级，在监狱内部可以分为部门层级和监区（和分监区）层级。这是对监狱工作的纵向分解。

## 2. 职能权责要素

根据法律法规规定，分别赋予司法部监狱管理局级、省区市监狱管理局级、监狱层级三个层级在行刑组织方面的职能和权责。可以采取集权与分权的方法对职能、权力和责任进行分配。

在各个层级内部，可以按分配的职能（包括工作任务和目标两个要素）来确定各个层级的部门或机构的权责。部门或机构的任务目标不同，其权限与责任也就不同。这就要按照权限与职责相协调相匹配的原则，合理设计各层级、各职能部门在权力和责任方面的分工及相互关系。这是对监狱工作的横向分工。

## 3. 运转机制要素

开展监狱工作必须设计一套指挥通畅、反应灵敏、协作有序、执行便捷、权责明晰的运转机制，特别是要明确上下、左右各工作环节之间的"接口"——输入和输出。

根据上述分析，组织架构标准体系内的标准主要包括两类：

——监狱机构设置与职能标准；

——指挥与协作方法（程序）标准。

## （三）职位标准体系

监狱是一个抽象组织，监狱民警则是组织的实体部分。所谓监狱工作任务分解，就是将法律赋予监狱的所有职能向全部监狱民警分解，转化成监狱民警的具体职责，它包括每个职位的任职要求、工作任务、权限、办事细则、目标要求、工作补位与监督考核等。以职责为标准化对象所制定的标准，就是职位职责标准或简称职位标准。

职位标准体系是指监狱为实现行刑运行、安全防范、运行支持、评价改进标准体系的有效实施，将以职位任务为组成要素的标准，按其内在联系形成的科学有机整体。

根据各个层级的内部组织体系，可以分为决策层职位标准体系、管理层职位标准体系、操作层职位标准体系三个类别。

145

这里专门阐述监狱层级的行刑组织标准体系。

概括说来，监狱的全部工作事项都要在各个内设机构、全部工作人员之间分配。在这个意义上，行刑组织标准就是要以职位标准为表现形式，将所有监狱工作事项经过程识别、分解，编制成各个职位（或岗位）的"作业指导书"——或称职位标准，通过职位标准对人、事、物进行统筹、协调管理，从而整合和优化工作流程、提高工作效率，从而有利于全面落实监狱工作目标。由各个职位标准构成的科学有机整体就是职位标准体系。

对于一个内设机构来说，职位所承担的职责，是从对内设机构所承担的监狱工作任务和工作目标的再分解再分配而来，如果一个职位的工作任务需要设多个岗位来完成时，那么，就需要从该职位再分解出若干个岗位。如果不需要再分解，则职位等同于岗位。岗位是职位最小的单元。

岗位规定着人所承担的职责、办事细则、考核标准，以及岗位之间的关系等规则。对于监狱民警来说，职位（或岗位）标准是其从事某项工作或活动的依据，它规定着民警在该岗位应当做什么、依据什么做、做到什么程度、做好做坏怎么办等方面，内含着任务、目标、责任。

制定职位标准的思路是：分解监狱的职能任务，构建与职能任务相适合的组织构架，在组织构架内分解出若干个职位，在职位基础上明确工作岗位，依岗位确定任职要求、工作任务、权限、办事细则、目标要求、工作补位与监督考核等事项。

一项职位标准文本的通用内容大体包括：职位（或岗位）名称、职责权限、工作范围、工作流程或办事细则、工作要求或目标、周期性工作事项、条件触发的工作事项、与其他职位（或岗位）的相互关系规则等。必要时，应列明职位（或岗位）资格要求、考核与奖罚方法等内容。

职位标准可以从两个维度来设计。在纵向上，可以按决策层、管理层、执行层三个层级；在横向上，从三个层级内部再细分为行刑组织系统、罪犯改造系统、安全防范系统、运行支持系统、评价改进系统五个类别的职位标准。从两个维度汇聚到一个交叉点（交集点），其结果就是某一职位的职位标准。职位的再分解或职位与岗位同一时，就成为岗位标准。比如《监狱长岗位职责》《监狱党委书记/副书记岗位职责》《财务部门职位职责　负责人岗位》《财务部门职位职责　出纳岗位》《监区职位职责　监区长/副监区长岗位》《安保岗位职责　负责人岗位》《安保职位职责　安保民警岗位》。

行刑组织经标准化之后，一项职位标准就是一个规范文本——操作手册，这个手册指明了每项工作事项应当遵循的统一标准，以及"必须熟练掌握和严格操作的'规定动作'"，以此使民警日常工作条理化，以获得最佳工作秩序和效率。

# 第二节　行刑运行标准体系

行刑运行是监狱工作最主要的过程（主业）。上一节已经概述了行刑运行的构成要素，这里对各个子过程的内部构成再作进一步分析，以阐明行刑运行标准化的对象，并据此构建行刑运行标准体系。

## 一、行刑运行标准体系的构成

### （一）行刑运行体系概述

构建行刑运行体系的框架本不属于本著研究的对象，但为了更确切地识别并且构建行刑运行标准化的对象和领域，这里有必要对行刑运行体系进行系统构建。

行刑运行即日常统称的监管改造。现行监狱工作中，监管改造通常分为刑罚执行、狱政管理、生活卫生、狱内侦查、教育改造、劳动改造六项业务体系，并且六项业务分别对应六个内设机构，分别由六个内设机构管辖。另外，日常工作中，也通常用监管、教育、劳动"三大手段"来描述监狱对罪犯的监管改造工作。2018 年 6 月 28 日召开的全国监狱工作会议提出统筹推进以政治改造为统领的政治改造、监管改造、教育改造、文化改造、劳动改造的新改造工作体系。那么，这是否意味着要在原监管改造、教育改造、劳动改造"三大改造"之外再追加政治改造、文化改造？若不追加当又如何构建行刑运行的内部要素？

本研究认为，传统观点所述"三大改造"体系不够科学、周延。那么，何种行刑运行体系才是科学的？这就需要从刑罚执行权开始研究。

本研究认为，《监狱法》第二条赋予了监狱"依照刑法和刑事诉讼法的规定，被判处死刑缓期二年执行、无期徒刑、有期徒刑的罪犯，在监狱内执行刑罚"的刑罚执行权。罪犯"在监狱内执行刑罚"是我国刑事司法的重要环节。

在广义上，监狱针对罪犯行使"刑罚执行权"的所有活动都属于行使司法权——针对罪犯服刑活动的执法；抑或说，在广义上"刑罚执行权"等价于"执法"。但狭义地看，"刑罚执行权是一种兼具司法权与行政权属性的复合性权力。"❶ 也就是说，在狭义上，只有在对罪犯行使减刑、假释以及变更刑罚执行措施的权力时，监狱才需要行使司法权——执法；而对罪犯实施强制管理、强制接受教育改造、强制参加劳动、强制约束行为等，则属于行政权范畴——行政。由此，可以将监狱对罪犯的刑罚执行划分为两个要素：执法、行政。在执法方面，主要包括减刑、假释以及变更刑罚执行措施。除执法之外，对罪犯刑罚执行的大量的常态性工作，是行使行政权，即对罪犯的"管教"（即管理和教育）。这还可以从监狱工作目标得到论证。

更进一步研究监狱工作目标，无论是从监狱工作的社会目标还是政治目标来理解，改造罪犯首要的是思想改造，其次才是行为改造，并且要赋予行为改造"以行塑思"的意义，行为改造才有意义。那么，如何改造罪犯的思想和行为？教育是思想改造之本，教育对于提升罪犯的人文素养，重塑思维方式，重构正常心理认知的人文教化、攻心治本，促使罪犯洗心革面、脱胎换骨具有重要意义。管理（或称强制约束）是行为改造之本，其功用在于，对于监狱来说，通过强制约束罪犯行为、防范罪犯滋事，是确保场所安全的途径或措施之一；对于罪犯来说，通过强制约束行为，以管导行，以行塑思，反过来又以思转行。教育的对象是罪犯的思想，教育侧重于对罪犯的思想立"规矩"，管理的对象是罪犯的行为，管理侧重于对罪犯的行为养成立"规矩"，通过教育与管理实现对罪犯改造的标本兼治。可以说，监狱对罪犯的改造、罪犯在监狱的所有服刑活动都主要是通过日常的管理和教育来实现的。

照此推论，行刑运行体系在实践层面，主要由三项核心要素构成：执法、教育、管理。这是一种抽象的概括。为防止误读，可理解为执法、教育改造、行为管理。关于三者内部构成要素的细分，将分别在以下各专题中阐述。

## （二）行刑运行标准体系的结构

根据上文对行刑运行体系解构分析，行刑运行标准体系的构成大体如下。

---

❶ 周勇主编：《统一刑罚执行体制研究》，法律出版社 2018 年，第 38 页。

| 工作事项 | 标准化对象 | 业务所属部门 |
|---|---|---|
| 执法 | 收押与释放标准<br>减刑、假释、暂予监外执行标准<br>变更刑罚执行措施 | 刑罚执行部门 |
| 行为管理 | 行为约束标准<br>罪犯事务管理标准<br>罪犯生活卫生管理标准 | 狱政管理部门 |
| 教育 | 教育内容标准<br>教育方式标准<br>劳动改造标准 | 教育改造、劳动改造部门 |
| 罪犯改造质量评估 | 罪犯改造质量评价标准<br>罪犯奖惩标准 | 综合部门 |

## 二、执法标准体系

上文已经阐述，执法是行刑运行体系的三要素之一项。

执法内部要素主要包括减刑、假释以及变更刑罚执行措施等环节。之所以称为执法，是因为它具有显著的司法特征，有明确的法律规定，需要依据刑法、刑诉法，并经人民法院裁定，罪犯才能在监狱执行刑罚，罪犯的减刑、假释以及变更刑罚执行措施才能实施。

狭义的执法包括罪犯收押、减刑假释、释放等过程。在现行监狱工作中，一般将罪犯申诉控告处理、罪犯暂予监外执行，也都归入刑罚执行部门的业务，由此构成广义的执法。

另外，《监狱法》第四章第七节规定了"对罪犯服刑期间犯罪的处理"。本研究认为，案件的查办过程属于本章第三节"安全防范"的范围，根据查办结果认定为故意犯罪应予起诉的属于执法的范围——变更刑罚执行。

执法标准化，是将法律规定的执法的实体和程序要件转化成标准的文本格式。

### （一）收押与释放标准

#### 1. 罪犯收押标准

可以制定《罪犯收押》标准文本。其直接依据是刑诉法、监狱法，以及司法部和司法部监狱管理局、省区市监狱管理局的规范性文件。

通常,《罪犯收押》标准文本,宜规定下列内容:

——输入收押信息的程序;

——法律文书要求及验证要求;

——确认罪犯身份要求;

——检查登记随身物品的要求;

——体检的项目与程序;

——签发回执与送达要求;

——通知亲属、相关部门与送达要求;

——入狱评估与内部分流要求;

——不予收押的情形及其处置程序;

——建立罪犯档案要求。

### 2. 罪犯释放标准

可以制定《罪犯释放》标准文本。其直接依据是刑诉法、监狱法,间接依据是司法部和司法部监狱管理局、省区市监狱管理局的规范性文件。

通常,《罪犯释放》标准文本,宜规定下列内容:

——办理释放事项的职责划分;

——出监前评估要求,对被判处徒刑以上刑罚的恐怖活动罪犯和极端主义罪犯,还应按照《中华人民共和国反恐怖主义法》第三十条之规定执行;

——制作法律文书要求;

——寄送法律文书要求;

——办理离监手续要求;

——交接个人财物要求;

——发放路费标准与程序要求;

——罪犯离监验证、检查要求;

——与社区矫正机构的衔接程序;

——安置的要求与程序;

——档案处置要求。

（二）减刑、假释、暂予监外执行标准

**1. 罪犯减刑假释标准**

罪犯减刑假释标准的依据是法律、法规。《监狱法》专列"减刑、假释"一节，《刑法》（2017 年 11 月 4 日第十二届全国人民代表大会常务委员会第三十次会议修正）专列减刑一节和假释一节（见《刑法》第一编第四章第六节、第七节），《刑事诉讼法》（第十三届全国人民代表大会常务委员会第六次会议于 2018 年 10 月 26 日通过）第四编"执行"中，罗列了办理减刑假释的程序，司法部颁布的《监狱提请减刑假释工作程序规定》（司法部令第 77 号，2014 年修订，2014 年 12 月 1 日起施行）对监狱提请减刑、假释的工作程序进行了明确规定。

罪犯减刑假释标准化的对象的办理减刑假释的过程，可以根据法律法规制定《罪犯减刑假释》标准文本，对办理减刑假释的过程进行细化。

通常，《罪犯减刑假释》标准文本，宜规定下列内容：

——办理减刑或假释事项的职责划分；

——减刑或假释的适用条件；

——审核、复核、公示的层级、程序、时限；

——制作法律文书的要求；

——法律监督的要求；

——提请法院裁定的要求；

——向罪犯通知减刑或假释裁定的方式和程序；

——实施减刑或假释裁定的措施；

——减刑或假释裁定存档的要求。

可以与《罪犯减刑假释》标准配套制定《监狱减刑假释委员会工作规则》。

**2. 罪犯暂予监外执行标准**

《监狱法》专列"监外执行"一节，《刑事诉讼法》第二百六十条至第二百六十九条对暂予监外执行作了规定。暂予监外执行的规范性文件是2014 年 10 月 24 日由最高人民法院、最高人民检察院、公安部、司法部、国家卫生计生委制定的《暂予监外执行规定》（司发通〔2014〕112 号）。

罪犯暂予监外执行标准化的对象的办理暂予监外执行的过程，可以根据法律法规制定《罪犯暂予监外执行》标准文本，对办理暂予监外执行的过程进行细化。

通常，《罪犯暂予监外执行》标准文本，宜规定下列内容：

——办理罪犯暂予监外执行事项的职责划分；

——暂予监外执行的适用条件；

——鉴定的程序和要求；

——制作法律文书的要求；

——审核、报批的程序；

——离监的程序；

——与社区矫正的衔接；

——暂予监外执行期间的考察要求；

——法律监督的要求；

——收监程序；

——归档要求。

（三）申诉、控告、检举标准

《监狱法》第三章专列"第二节 对罪犯提出的申诉、控告、检举的处理"一节。可以制定《罪犯申诉管理》标准文本，将《监狱法》的规定具体化。制定该标准的依据是司法部和司法部监狱管理局、省区市监狱管理局的规范性文件。

通常，《罪犯申诉、控告、检举管理》标准文本，宜规定下列内容：

——办理罪犯申诉、控告、检举事项的职责划分；

——申诉、控告、检举分类；

——罪犯提出申诉、控告、检举的渠道或方式；

——受理要求；

——办理与转办要求；

——答复要求；

——复议要求；

——归档要求。

### 三、行为管理标准体系

#### （一）行为管理标准概述

上文已经阐述，"管理"是行刑运行体系的三要素之一项。在行刑运行体系中的管理，应主要限定在狭义的对罪犯服刑行为的管理。

行为管理概念中的"行为"，是指将罪犯的行为作为被管理和被控制的对象。对罪犯的管理，实质上是对罪犯行为的管理。作为管理对象的罪犯行为，包括狭义的罪犯行为规范和罪犯事务活动。狭义的行为规范指的是《监狱服刑人员行为规范》（司法部令第 88 号）中的行为，在范围上包括基本要求、生活行为、学习行为、劳动行为、礼貌行为；罪犯事务活动指的是《监狱服刑人员行为规范》中的行为以外的、罪犯服刑过程中的行为，如罪犯管理个人财物的行为、在与亲属会见时的行为、在收寄信件时的行为等。

行为管理中的"管理"，其构成要素也可以用形式和内容来区分。就形式来说，是指约束罪犯行为和处理罪犯事务的方法或方式；就内容来说，是指包含在约束罪犯方法或方式中的意旨（或称行为管理理念）。上文所述"强制约束行为，以管导行，以行塑思"体现的就是行为管理的形式与内容的辩证法。具体说来就是：欲将罪犯的服刑行为导向于什么方向，欲将罪犯改造成什么样的人（目的），就需要采取与方向和目的相符合的强制约束行为的方法或方式。在这个意义上，行为管理概念中，管理的构成要素包括行为管理理念和与行为管理理念相符合的方法方式。行为管理理念体现于有关罪犯行为管理的法律法规所规定中的要求，方法方式体现于这些法律法规所规定中的程序。这就是实际工作中，要根据方向和目的来设计方法方式的理论依据。

由此，行为管理的构成要素包括：纵向上的行为管理理念、行为管理方法方式，横向上的行为规范、事务活动。这是对罪犯行为管理的学理论证。

从现实性来理解，可以按照传统理论结合现行做法，对行为规范的管理可称为"罪犯行为约束"，实施方法方式主要是行为养成教育训练；对事务活动的管理可称为"罪犯事务办理"，实施方法主要是活动的程序和限度。据此可以将狱政管理、刑罚执行、生活卫生、劳动改造、教育改造等业务中有关"罪犯行为约束"和有关"罪犯事务办理"的工作事项，都划归到行为管理之中。也就是说，行为管理包括行为约束和事务办理两个要素。

对罪犯的行为管理贯穿于罪犯自收押之日起至刑期届满的整个服刑期间，行为管理的价值在于，使罪犯在入狱之初，就受到比较严格的行为规范约束，强制他们只许规规矩矩、不许乱说乱动，对违反行为规范、监规纪律、严重影响场所安全秩序的行为坚决予以严厉惩处，对于违法的要固定证据，移交司法机关惩处。

在设计针对罪犯行为的管理标准时，都要将"强制约束行为，以管导行，以行塑思"的意旨（行为管理思想）融入标准条款之中。否则，就有可能削弱管理的功能。

行为管理标准体系可作如下划分。

### 1. 罪犯行为约束标准

——罪犯行为规范；

——罪犯劳动教育生活现场管理；

——分押分管分级处遇；

——罪犯互监管理；

——"四个重点"管理（重点罪犯、重点部位、重点时段、重点物品）；

——特岗罪犯管理（特岗是特定岗位的缩略语）；

——罪犯行为考核；

——罪犯行政奖惩。

### 2. 罪犯事务管理标准

——犯离监探亲或特许离监；

——罪犯离监就医；

——罪犯内部调动管理；

——罪犯会见管理；

——罪犯通信管理；

——罪犯档案管理；

——罪犯死亡处理；

——狱务公开管理。

### 3. 罪犯生活卫生管理标准

——罪犯居所管理；

——罪犯被服管理；

——罪犯伙食与食堂管理；

——罪犯狱内购物管理；

——罪犯财物管理，包括个人账户；

——体检管理；

——疾病诊疗管理；

——监狱医院管理；

——特殊病诊疗管理，包括精神病、传染病、艾滋病；

——环境卫生管理。

## （二）罪犯行为约束标准

行为约束标准体系至少可以制定八项具体的标准文件，其中罪犯行为规范是源头。罪犯行为规范标准文件可以为罪犯服刑期间的自我管理、自我教育提供一个行为的模式。其他标准文件可以为指引罪犯应接受什么约束和管理、如何接受约束和管理提供一个要素框架，为监狱约束和管理罪犯提供一个管理范式。

### 1. 罪犯行为规范标准

罪犯行为"规范"的程度是罪犯服刑行为的外在表现。管理罪犯的行为是对罪犯实施管教过程的首要环节。

罪犯行为规范是指引罪犯日常服刑、改造的行为标准，是罪犯在服刑期间应当遵守的规范及行为应达到的质量标准，是鉴别罪犯行为"越轨"与否的标杆。因而可以作为监狱各级工作人员监管罪犯行为、考核罪犯服刑成绩的最主要依据。2004 年司法部颁布的《监狱服刑人员行为规范》（司法部令第 88号）是制定罪犯行为规范标准文本的直接依据。这里再对罪犯行为规范作延伸分析。

良好的罪犯行为规范不仅是维护监狱工作秩序的基本措施，而且也是实现罪犯改造目标，将罪犯改造成政治上拥护"五个认同"❶、思想上维护民族团结、行动上促进社会和谐的守法公民的内在要求。

（1）行为的表现形式。行为规范中的"行为"按其表现形式，可以分为肢体行为和言论行为。肢体行为是狭义的通过肢体动作表现出来的行为；言论

---

❶　五个认同，即对伟大祖国、中华民族、中华文化、中国共产党、中国特色社会主义道路的认同。

行为即"说"的行为，在具体表现形式方面又可以分为口语表达行为和书面表达行为。

总的来说，肢体行为和言论行为都是罪犯思维、思考结果的输出，都是罪犯思想的外露；但肢体行为更表面更显性一些，言论行为更本质更隐性一些。虽然司法部令第88号文件对罪犯肢体行为的规范内容更多一些，但是肢体行为也不是"被动"的，肢体行为的长期约束和规范，也会影响言论行为的改变。这就是加强罪犯行为养成训练对于实现罪犯改造目标的"塑造"意义。这就是行为管理的意旨和价值所在。

所以，监狱民警特别是罪犯的主管民警，在对罪犯行为进行日常管理时，更要观察、鉴别、考核罪犯的言论行为，要将管理目的主要放在言论行为上，并充分发挥肢体行为"塑造"思想的作用，而不是单纯地就行为论行为，要特别注重"以行塑思"。

（2）行为规范标准文本的构成。司法部令第88号文件共五章（基本规范、生活规范、学习规范、劳动规范、礼貌规范）三十八条。经实施多年之后，宜随着形势、任务的变化而有所调整，特别是要将习近平新时代中国特色社会主义思想融入其中。这里提出一个建设性方案。

标准的题名可称为《罪犯行为规范》。为了优化司法部令第88号文件，使罪犯行为规范更加具体化，制定标准文本时，可以将罪犯行为规范概括成基本规范和一日规范两个部分。其中，基本规范可以包括思想观念规范、生活规范、学习规范、劳动规范、礼貌规范、禁止性规范六个子集。六个子集中，用"思想观念规范"替代第88号文件中的"基本规范"。"思想观念规范"属于言论行为规范，其他五项规范主要属于肢体行为规范。

本研究认为，按照党的十九大精神特别是习近平新时代中国特色社会主义思想的要求，"思想观念规范"内容应至少包括：（1）在宪法意识方面，认罪悔罪，拥护宪法，遵守法律，维护国家安全、荣誉和利益；（2）在政治态度方面，拥护"五个认同"，树立正确的国家观、历史观、民族观、宗教观、文化观；（3）在人生观价值观方面，树立正确的人生观和世界观，践行社会主义核心价值观，做到爱国、敬业、诚信、友善；（4）在道德素养方面，提高思想觉悟、道德水准、文明素养，向上向善、孝老爱亲，忠于祖国、忠于人民；（5）在社会心理方面，养成健康心理，自尊自信、理性平和、积极向上；（6）在公民义务方面，履行公民义务，树立社会责任意识、规则意识、奉献意识；（7）在科学素养方面，树立科学精神，丰富科学知识，崇尚时代新风，自觉抵制腐朽落后文化侵蚀。

之所以建设性地重新设计《监狱服刑人员行为规范》中"基本规范"的内容，是因为我国已经进入新时代，需要根据新时代中国公民的人的全面发展的要义，联系罪犯的思想和行为实际，对第88号文件进行优化。《宪法》第五十二条规定："中华人民共和国公民有维护国家统一和全国各民族团结的义务。"第五十四条规定："中华人民共和国公民有维护祖国的安全、荣誉和利益的义务，不得有危害祖国的安全、荣誉和利益的行为。"《中华人民共和国国家安全法》对于国家安全、政治安全作了明确规定。《中华人民共和国反恐怖主义法》对反恐怖主义和极端主义作了明确规定。因而，必须适应新时代、新要求，将罪犯的思想改造放在首位，并且将党的十九大精神特别是习近平新时代中国特色社会主义思想、法的意志等与罪犯思想改造密切相关的要求，落实到罪犯服刑改造的"思想观念规范"之中。

关于"一日规范"。在纵向上可按"一日"的时间段划分，可划分为早晨、上午、午间、下午、晚间、夜休六个时段。在横向上可按场所或活动项目划分，在场所方面可分为室内场所（教室、宿舍）、室外场所、生产劳动场所；在活动项目方面分为整理内务、参加升国旗仪式、接受教育培训（包括上课、行为训练、技能培训）、自习（包括小组讨论、做作业、阅读、参加考试考核）、集体活动（包括文体活动、主题大会）、劳动、就餐、夜休、清理个人卫生、点名。

**2. 日常管理标准分述**

如果说《罪犯行为规范》是罪犯自律的依据，那么罪犯劳动教育生活现场管理、罪犯分押分管分级处遇、罪犯互监组管理、"四个重点"管理、特殊岗位罪犯管理则属于他律。可以概括为对罪犯的日常管理。

所谓罪犯日常管理，是指监狱民警用于平时管理罪犯某类行为的一种或一组方式。日常管理的对象是罪犯的日常行为。其方法论的逻辑是：以管导行，以行塑思，反过来又以思转行。这就是日常管理的教育功能。

（1）罪犯分押分管分级处遇。《监狱法》第四章第一节规定了罪犯"分押分管"的情形。分押是指分开关押，对成年男性罪犯、女性罪犯、未成年罪犯实行分开关押和管理，分别由男犯监狱、女犯监狱、未成年犯管教所收监关押。分管是指分类管理，是根据罪犯的犯罪类型、刑罚种类、刑期、改造表现等情况，对罪犯采取不同方式管理。分级处遇是指将罪犯按改造状态划分为不同的级别，并施以与级别相适应的待遇。对罪犯分押、分管、分级处遇制度，是对罪犯进行日常管理的重要制度和基本模式，其价值在于发挥管理的引导作用和激励作用。对罪犯分押、分管、分级处遇过程进行标准化的对象，仍然是罪犯的行为，即针对罪犯行为的状态而划归相应的类型，施以不同的待遇。

罪犯分押的输入是执法标准体系中的收押，收押又是分管的输入，分管的输出是分级处遇。通常，《罪犯分押分管分级处遇》标准的文本，宜规定下列内容：

——责任部门职责与权限划分；

——按成年男犯、女犯、未成年犯分开关押的要求；

——按罪犯的犯罪类型、刑罚种类、刑期、改造表现等情况分类管理的要求，如犯罪类型、刑罚种类、刑期、改造表现的划分及与关押方式的对应关系；

——罪犯分级管理的要求，如罪犯级别的划分，按现行规定可以分为一级严管、二级严管、普管、二级宽管、一级宽管共五级；

——处遇的类型以及与管理级别的对应关系；

——分押、分管、分级处遇的程序及其动态调整的要求；

——分押、分管、分级处遇的实施；

——分押、分管、分级处遇的法律文书以及记录；

——分押、分管、分级处遇的档案管理。

（2）罪犯劳动教育生活现场管理。通常，罪犯劳动现场、教育现场、生活现场"三大现场"涵盖了罪犯服刑活动的所有现场。现场管理的对象是罪犯在各个现场的行为。因而，罪犯在"三大现场"的行为也是标准化的对象，包括对行为要求和行为程序的标准化、行为约束方法方式的标准化。对罪犯现场行为约束的方法方式，一是押解，二是现场警戒。

从完整性和系统性角度来说，对罪犯在劳动、教育、生活现场的行为的管理，是对罪犯实施日常管理的重要内容，但就管理的目的来说，现场管理的目的在于约束罪犯的行为，不使其造成影响监狱安全的事件，现场管理更倾向于安全防范，由此，将罪犯劳动、教育、生活现场管理标准归入"安全防范标准体系"可能更为恰当。但考虑到监狱民警对"三大现场"管理的观念传统和实践传统，故仍将罪犯劳动、教育、生活现场的行为的要求和行为程序的管理保留在行为管理标准体系之中，仅将属于安全防范措施的押解和现场警戒放在安全防范标准体系之中进行阐述。

（3）特定管理方式。包括罪犯互监管理、"四个重点"管理、特定岗位罪犯管理、罪犯个案管理四种方式。相应地，可以制定《罪犯互监管理》《"四个重点"管理》《特岗罪犯管理》《罪犯个案管理》四项标准。

罪犯互监是监狱常用的用于罪犯相互监督、相互约束的罪犯自我管理方式。这种方式是按照罪犯的犯罪类型、刑期、改造表现、劳动岗位、生产流程、监舍铺位等情况，将所有罪犯编入若干个互监组进行管理。以互监为目的将罪犯划分的小组称为互监小组或称互监组（其他省区市监狱系统，可能使用另外的称谓，如有的称作"联号包夹小组"）。罪犯互监标准化的对象是罪犯在相互监督、相互约束时的行为，该标准文本的内容宜包括：

——互监组编组规则；

——编组程序与动态调整；

——罪犯互监组长的条件与产生；

——罪犯相互监督的内容或事项；

——罪犯相互监督纪律要求；

——违反互监规定的处置；

——互监组考核。

"四个重点"一般包括重点罪犯、重点部位、重点时段、重点物品。这里的"四个"是个概数，需要根据"重点"的重要程度的变化趋势而适时调整。"四个重点"标准化的对象是纳入重点罪犯范围的罪犯的行为、罪犯在重点部位时的行为、罪犯在重点时段时的行为、控制罪犯可能接触特定物品的行为。该标准文本的内容宜包括：

管理权限与职责划分；

——"重点"的范围、划分规则；

——罪犯行为的要求；

——程序与动态调整要求；

——违反规定的处置及程序。

其中"重点罪犯"是重中之重，可以将公开或隐蔽抗拒改造、闹事、恶习程度较深等具有潜在危险、需要重点管控的罪犯都纳入重点管控的范围。

特定岗位罪犯可以缩略为特岗罪犯，通常是指从事特定劳动岗位的罪犯，如安全岗、卫生员岗、炊事岗，全国监狱尚未规范一致的称谓。特岗罪犯管理标准化的对象是承担特殊岗位职责罪犯的行为。该标准文本的内容宜包括：

特定岗位分类；

——岗位条件要求；

——定岗的程序；

——动态调整要求；

——岗位行为规范；

——特定岗位罪犯管理要求、违反规定的处置、岗位考核。

其中岗位条件要求和行为规范是重点内容，岗位条件可以包括犯罪类型、刑期、改造表现等方面，罪犯担任卫生员岗位还须具有职业资质、担任炊事员岗位还须具备身体健康条件，这些条件还应包括禁止担任特殊岗位的情形；在岗位行为规范方面，由于各类岗位都是特定的，所以岗位行为规范应更为具体和严格。

### （三）罪犯事务办理标准

罪犯在监狱服刑，虽然被限制了人身自由，但罪犯仍然是具有社会属性的人，总会有一些涉及社会关系的事务和自身权益的事务。也正因为罪犯处于限制人身自由期间，罪犯的这些事务性活动应当受到控制。这些事务性活动大体包括离监探亲和就医、内部调动、会见、通信、个人财物、档案、狱务公开、死亡处理。

在广义上，罪犯的这些事务活动属于罪犯行为的一部分；在狭义上，这些事务活动是罪犯的间接行为。因而罪犯事务管理标准化的对象是监狱办理罪犯的这些事务活动的程序。

#### 1. 罪犯离监标准

根据法律规定，罪犯可以有条件地暂时离开监狱。《监狱法》第五十七条规定了罪犯离监探亲的情形，2001 年 9 月 4 日司法部印发了《罪犯离监探亲和特许离监规定》，这是罪犯离监的法定情形。另外，罪犯因疾病到狱外医疗机构诊治，也属于离监的情形。这样，罪犯离监有三个类型：探亲离监、特许离监、就医离监。可以依据法律和规章制定《罪犯离监管理》标准，将法律、规章具体化。罪犯离监管理标准化的对象是监狱办理罪犯离开监狱的程序。

通常，《罪犯离监管理》标准的文本，宜规定下列内容：

——办理罪犯离监的责任部门与职责划分；

——探亲离监、特许离监、就医离监的适用条件及期限要求；

——离监申请程序；

——法律文书与办理的程序；

——罪犯离监期间的行为规范；

——押解和警戒要求；

——罪犯违反行为规范的处置；

——记录与归档要求。

### 2. 罪犯调动管理标准

服刑期间的罪犯，因某种原因动态调整服刑的监区或监狱，是监狱的一项常态性工作。按罪犯调动发起人不同，可分为罪犯（或亲属）提出的调动和监狱（或监区）提出的调动；按人数多少，可分为批量调动和零星调动；按服刑地点，可分为监狱内部调动和监狱之间调动。可以制定《罪犯调动管理》标准进行统一规范。

通常，《罪犯调动管理》标准的文本，宜规定下列内容：

——办理罪犯调动的责任部门与职责划分；

——罪犯调动类型与适用条件；

——发起与审批的程序；

——押解或警戒要求；

——记录与档案交接要求；

——例外情形。

### 3. 罪犯会见通信标准

《监狱法》第四章专列第四节"通信、会见"。2003 年司法部制定了《外国籍罪犯会见通讯规定》（司法部令第 76 号），2016 年 12 月 5 日司法部印发了《罪犯会见通信规定》，2017 年 11 月 27 日司法部印发了《律师会见监狱在押罪犯规定》。这些都是制定罪犯会见通信管理标准的直接依据。可以制定《罪犯会见通信》标准，将法律法规规定具体化。

通常，《罪犯会见通信》标准的文本，宜规定下列内容：

——负责罪犯会见通信的责任部门与职责划分；

——罪犯会见或通信的适用条件；

——会见人或通信人的范围，如会见人包括亲属（配偶、父母、子女、兄弟姐妹）、监护人；

——会见或通信的方式，如会见方式包括隔透明装置电话会见、视频会见，通信方式包括收寄信件、通话；

——会见或通信的频次与时限；

——会见或通信的发起及办理程序；

——会见或通信时罪犯行为规范；

——会见或通信的监督或监听要求；

——会见或通信中止的条件；

——会见或通信的记录要求。

**4. 罪犯档案管理标准**

罪犯档案是罪犯的重要法律文书。客观记录罪犯服刑情况是监狱的一项重要日常工作。

根据《监狱法》第十五条之规定，收押罪犯是执行刑罚过程的初始程序，与收押犯罪一并接收的刑罚执行法律文书，是罪犯档案的初始输入；将刑期届满释放罪犯的档案移交至综合档案室，是罪犯刑罚执行过程的最后一道工序。1994年1月3日，司法部与国家档案局印发了《罪犯、劳教人员档案管理暂行规定》（根据2014年4月4日司法部第143号公告，该文件有效）。宜制定《罪犯档案管理》标准文本，结合当前罪犯档案管理的新需求，对罪犯档案管理暂行规定予以细化并进行统一规范。

通常，《罪犯档案管理》标准的文本，宜规定下列内容：

——收集、整理罪犯档案的责任部门、责任人及职责划分；

——罪犯档案分类；

——格式要求；

——日常收集、整理要求；

——立卷归档要求；

——保管期限要求；

——档案保管与移交要求；

——档案利用和统计要求；

——档案工作信息化要求；

——档案处置。

### 5. 狱务公开标准

狱务公开是指监狱将执法工作的依据、程序和结果依法向社会公开。狱务公开的对象是罪犯及其亲属、监护人、执法监督人及其他社会公众。狱务公开标准化的对象是监狱办理狱务公开的过程和罪犯对公开信息的需求。狱务公开的最新最直接的政策依据是2015年4月1日司法部制定的《关于进一步深化狱务公开的意见》。可以制定《监狱狱务公开》标准文本，对监狱狱务公开工作进行统一、具体规范。

通常，《监狱狱务公开》标准的文本，宜规定下列内容：

——狱务公开的责任部门及职责划分；

——狱务公开的事项与对象；

——狱务公开的形式；

——罪犯申请信息公开的范围与程序；

——罪犯反馈的要求；

——狱务公开的办理程序；

——狱务公开工作的考核；

——狱务公开工作的记录。

需要注意的是，制定该标准需要把握好它与依据《中华人民共和国政府信息公开条例》制定的政务信息公开标准的关系。

### 6. 罪犯死亡处理标准

《监狱法》第五十五条规定了罪犯在服刑期间死亡的处理。2015年3月18日，最高人民检察院、民政部、司法部印发了《监狱罪犯死亡处理规定》（司发〔2015〕5号）。可以制定《罪犯死亡处理管理》标准文本，将法律规章具体化。

通常，《罪犯死亡处理管理》标准文本，宜规定下列内容：

——办理罪犯死亡事项的责任部门及职责划分；

——死亡分类，可以分为正常死亡和非正常死亡，属于正常死亡的如因身患疾病经治疗无效死亡、在暂予监外执行期间因病死亡等，属于非正常死亡的如自杀、依法变更刑罚措施执行死刑、非故意或过失死亡、因狱内案件死亡、因生产事故死亡、因自然灾害死亡等；

——报告的要求；

——死因调查与鉴定要求；

——法律监督要求；

——通知亲属和相关部门要求；

——善后事宜要求，包括尸体和遗物处理等；

——纠纷处理要求；

——制作文书要求；

——档案制作与归档要求。

### （四）罪犯生活卫生管理标准

一般来说，监狱保障罪犯的生活卫生水平的高低、保障程度对于罪犯服刑改造效果有较大影响。罪犯能够获得比较充分的、比较合意的生活卫生保障，其服刑改造的效能就要高一些。《监狱法》专列第四章第五节"生活、卫生"一节，对监狱的生活卫生工作作出规定。2010 年司法部监狱管理局制定了《罪犯生活卫生管理办法（试行）》（司狱字〔2010〕273 号），该办法将罪犯生活卫生分为三类事项：生活管理、卫生防疫、医疗救治。2014 年 10 月司法部制定的《关于加强监狱生活卫生管理工作的若干规定》（司发通〔2014〕114 号），将生活卫生管理工作分为五类事项：罪犯伙食和日用品供应管理、罪犯被服管理、罪犯疾病预防控制管理、药品管理、罪犯医疗管理。

根据这些规定，可以将罪犯的生活卫生分为两个基本部分：生活，包括居所、伙食、日用品、被服供应；卫生，包括卫生防疫、医疗救治。可以制定罪犯生活卫生系列标准，用于规范生活卫生工作。

#### 1. 罪犯生活标准

宜制定的具体标准包括：罪犯居所管理、罪犯被服管理、罪犯伙食与食堂管理、罪犯狱内购物管理、罪犯财物管理（包括个人账户）。

（1）《罪犯居所管理》标准的文本内容宜包括：

——床铺配置标准；

——监舍内设施配置标准，如器具、物品等；

——浴室、洗（晒）衣房、储物室配置标准；

——居所安全防范标准，如防火、防潮、防地震、防跳楼、防电击的防护设置；

——居所照明配置；

——居所维修。

（2）《罪犯被服管理》标准的文本内容宜包括：

——被服种类与发放标准；

——被服制作要求；

——使用或穿着要求；

——领用与分发程序；

——仓储管理；

——回收利用要求。

（3）《罪犯伙食与食堂管理》标准的文本内容宜包括：

——伙食小组设立程序与职责；

——炊事特定岗位罪犯条件与健康体检要求；

——伙食食物量标准；

——食品原材料采购、质量、仓储要求；

——食品加工要求，包括食品安全；

——分餐、就餐要求；

——伙食账目管理；

——食堂设备配置与使用管理；

——食堂安全与环境管理；

——食品留样要求。

（4）《罪犯狱内购物管理》标准的文本内容宜包括：

——负责罪犯物品供应的部门及职责；

——罪犯狱内购物的适用条件；

——物品供应的范围与安全要求；

——罪犯购物的时限或限额；

——物品供应的程序；

——罪犯购物的组织；

——物品仓储管理。

（5）《罪犯财物管理》标准的文本内容宜包括：

——负责罪犯财物管理的责任部门及职责；

——罪犯财物的分类或范围；

——罪犯财物的收存与取用程序；

——物品库房的设置与管理要求；

——罪犯个人账户管理；

——罪犯个人账户取用要求；

——罪犯财物使用记录；

——禁止性要求。

## 2. 罪犯卫生标准

宜制定的具体标准包括：罪犯体检管理、罪犯疾病诊疗管理、监狱医院管理、罪犯个人药品管理、特殊病诊疗管理（包括神经症、传染病、艾滋病）、环境卫生管理、防疫管理。

（1）《罪犯体检管理》标准的文本内容宜包括：

——负责罪犯体检管理的责任部门及职责；

——体检的类型与周期，如分为入监体检和日常体检，其中日常体检属于健康普查，可以按年度分期；

——入监体检的项目及异常情况处置；

——健康普查的项目及异常情况处置；

——体检的组织；

——健康档案制作要求；

——特殊情形，如女性罪犯、未成年犯的体检。

（2）《罪犯疾病诊疗管理》标准的文本内容宜包括：

——狱内门诊医疗的程序；

——狱内住院医疗的程序；

——转诊转院的程序；

——狱内巡诊医疗的频次、要求；

——罪犯病案管理；

——档案记录要求。

（3）《监狱医院管理》标准的文本内容宜包括：

——医护人员配置标准；

——医护人员守则与行为规范；

——特岗罪犯的条件与行为规范；

——医务科室设置；

——诊疗设备配置与管理；

——药品及仓储管理；

——接诊或住院治疗管理。

（4）《罪犯个人药品管理》标准的文本内容宜包括：

——负责罪犯个人药品管理的责任部门及职责；

——罪犯个人药品的接收与取用程序；

——罪犯个人药品的保管要求；

——罪犯服药管理，包括服药处方、服药记录。

（5）《特殊病诊疗管理》标准的文本内容宜包括：

——特殊病的范围，包括神经症、传染病、艾滋病；

——与病种相对应的罪犯关押方式；

——病区设置要求；

——日常治疗要求；

——防疫与职业暴露防护要求；

——废弃物处理要求；

——医疗管理；

——保密与告知；

——罪犯病案管理。

（6）《环境卫生管理》标准的文本内容宜包括：

——负责环境管理的责任部门及职责；

——环境的范围与卫生要求；

——环境卫生责任制；

——监舍内务卫生要求；

——罪犯个人卫生要求；

——环境卫生的组织与考核。

（7）《防疫管理》标准的文本内容宜包括：

——防疫的责任部门及职责划分；

——防范对象的范围；

——防疫工作纳入驻在地防疫总体计划的要求；

——日常防范工作的事项或内容；

——防疫知识宣传、教育；

——预防接种、预防服药、预防消毒工作要求；

——防疫工作记录要求。

## 四、教育改造标准体系

### (一) 教育改造体系概述

上文已经阐述,教育改造是行刑运行体系的三要素之一。这里再阐述教育改造的内部构成要素。

#### 1. 教育改造法规要求梳理

规定对罪犯进行教育改造的法规有:《监狱法》第五章规定了"对罪犯的教育改造",2003 年 6 月司法部颁布的《监狱教育改造工作规定》(司法部令第 79 号),2007 年 7 月司法部印发的《教育改造罪犯纲要》(司发通〔2007〕46 号),2008 年 12 月司法部印发的《关于进一步加强教育改造罪犯工作考核的通知》(司发通〔2008〕174 号),其中包括《监狱教育改造罪犯工作目标考评办法》和《监狱教育改造罪犯工作目标考评评分标准》两个文件。

任何事物都是内容与形式的统一体,或者说,内容与形式是构成事物的内外两个方面。相应地,可以将教育改造分解为内容和形式两个部分。对罪犯教育什么、采取什么样的教育方式,是罪犯教育工作的主要构成,不仅事关罪犯的改造目标,而且直接关系着罪犯教育工作的实施。在内容方面,可以用政治和文化来统括,广义的政治和文化的要素都属于教育的内容。在形式方面,则是传统理论所指的教育改造和劳动改造手段,并且将两个手段主要限定在方法论层面,如集体教育方法、个别教育方法、音视频教育方法、主题活动方式、心理矫正方式、劳动教育方式。

本研究认为,针对罪犯的教育改造,毕竟不同于全日制在校学生的思想政治教育、科学知识文化学习,在教育目的方面具有补足罪犯思想短板的特殊性、在对象方面具有成人教育的特殊性。这就需要按"思悟践行"来设计教育的内容与教育方式,将教育改造的对象突出放在罪犯的思想改造上,通过将罪犯的思想改造作为监狱的主业来"践行改造宗旨"❶,通过综合运用教育改

---

❶ 2018 年 6 月 28 日司法部召开的全国监狱工作会议指出,监狱工作要始终坚持以习近平新时代中国特色社会主义思想特别是政法思想为指导,切实提高政治站位,坚守安全底线,践行改造宗旨,统筹推进以政治改造统领监管改造、教育改造、文化改造、劳动改造的五大改造新格局,奋力开创新时代监狱工作新局面,创造世界最安全的监狱。见《法制日报》,2018 年 6 月 29 日第 1 版。

造的内容与形式，实施针对罪犯的思想改造。

根据《监狱法》规定，教育改造内容包括法制、道德、形势、政策、前途等内容的思想教育（第六十二条）；扫盲教育、初等教育和初级中等教育（第六十三条），这是狭义的文化教育的层次要求；职业技术教育（第六十四条）；劳动教育，使其矫正恶习，养成劳动习惯，学会生产技能，并为释放后就业创造条件（第七十条）。

根据《监狱教育改造工作规定》（司法部令第 79 号）第五条规定，监狱教育改造工作主要包括：入监教育，个别教育，思想、文化、技术教育，监区文化建设，社会帮教，心理矫治，评选罪犯改造积极分子，出监教育等。本研究认为，这其中，入监教育、出监教育是教育阶段的划分，思想、文化、技术教育属于教育的内容，个别教育、监区文化建设、社会帮教、心理矫治、评选罪犯改造积极分子属于教育的方式或途径。

**2. 教育改造要素结构**

（1）教育改造内容要素。根据法律法规规定，对教育内容作如下梳理。

——在思想教育内容方面，第 79 号令第二十五条对《监狱法》第六十二条的内容进行了细化，思想教育内容包括：认罪悔罪教育、法律常识教育、公民道德教育、劳动常识教育、时事政治教育。

——在文化教育内容方面，第 79 号令第二十六条对《监狱法》第六十三条的内容进行了细化，主要是针对罪犯进行学历教育，包括扫盲、小学、初中、高中（中专）、自学考试的高等教育。

——在职业技术教育内容方面，主要是根据罪犯狱内劳动岗位技能要求和刑满释放后就业需要，让罪犯掌握一技之长。

（2）教育改造方式要素。根据法律法规规定，对教育方式作如下梳理，主要是：个别教育、监区文化建设、社会帮教、心理矫治、评选罪犯改造积极分子。

**3. 教育改造要素结构的优化设计**

本研究认为，这些内容与方式应与时俱进地优化。从合理性与可实施的角度看，可以将教育内容作如下归类：

——思想教育；

——法制教育；

——文化教育；

——劳动教育。

可以将教育方式作如下归类：

——集体教育；

——个别教育；

——自我实践。

### 4. 教育改造标准体系框架

教育改造标准化的对象是教育改造工作，抑或教育改造的内容与教育方式。教育改造标准体系或可作如下划分。

（1）教育改造目标标准。可分为：

——思想教育目标标准；

——法制教育目标标准；

——文化教育目标标准；

——劳动教育目标标准。

（2）教育改造内容标准，可分为：

——思想教育内容标准；

——法制教育内容标准；

——文化教育内容标准；

——劳动教育内容标准；

——行为养成内容标准。

（3）教育改造方式标准，可分为：

——集体教育标准，包括入监教育、出监教育、罪犯分类与班级划分标准、教学管理标准、课堂授课与视频授课、监区文化建设、主题活动、社会帮教、评选罪犯改造积极分子；

——个别教育标准，包括个别帮教、心理咨询与矫治；

——自我实践标准，包括罪犯书写材料、罪犯自习、做作业。

## （二）教育改造内容标准

教育改造内容是指用以改造罪犯思想的素材。这些素材由两项基本要素构成，即上文所分析的"政治"和"文化"，按照中国特色社会主义新时代的要求，最根本的是习近平新时代中国特色社会主义思想和中国特色社会主义文化。

教育改造内容以教育改造目标与课程设置为表现形式。针对罪犯的教育改造内容，是一个比较宽泛的范围，须依据教育改造的目标来设计教育改造的课程。

### 1. 教育改造目标标准

目标是指引、导向和标杆。罪犯教育改造目标是要明确通过实施教育改造将罪犯改造成什么样的人。本研究认为，应根据中国特色社会主义文化、社会主义核心价值观和党的十九大精神，致力于将罪犯改造成在政治上拥护"五个认同"、在思想上维护民族团结、在行动上维护社会和谐稳定的守法公民。

教育改造目标标准之"标准"有两层含义，一是指罪犯接受教育改造之后的质量要求，二是指教育改造的质量要求用标准的文本格式呈现。

《监狱法》第三条规定监狱工作的目标是"监狱对罪犯实行惩罚和改造相结合、教育和劳动相结合的原则，将罪犯改造成为守法公民。"《教育改造罪犯纲要》第四条提出的教育改造罪犯的主要目标是通过各种教育改造手段和方法，使其成为守法守规的罪犯。其具体标准是：

认罪悔罪：承认犯罪事实，认清犯罪危害，对自己的犯罪行为表示悔恨，服从法院判决，不无理缠诉。

遵守规范：遵守法律、法规，遵守服刑人员基本规范、生活规范、学习规范、劳动规范、文明礼貌规范。

认真学习：积极接受思想、文化、职业技术等教育，遵守学习纪律，学习成绩达到要求。

积极劳动：积极参加劳动，遵守劳动纪律，服从生产管理和技术指导，掌握基本劳动技能，严格遵守操作规程，保证劳动质量，完成劳动任务。

本研究认为，可以对上述教育改造目标进行优化，以符合中国特色社会主义进入新时代的新要求。教育改造目标标准有以下构成（劳动教育目标在"劳动改造标准"中阐述）。

（1）思想教育目标标准。包括：

——在政治态度方面，拥护"五个认同"，树立正确的历史观、民族观、国家观、文化观；

——在人生观价值观方面，树立正确的人生观，践行社会主义核心价值观，做到爱国、敬业、诚信、友善；

——在道德素养方面，提高思想觉悟、道德水准、文明素养，向上向善、孝老爱亲，忠于祖国、忠于人民。

（2）法制教育目标标准，包括：

——在宪法意识方面，拥护宪法，维护国家安全、荣誉和利益；

——在法治信仰方面，从内心深处认同、崇尚、遵守和服从法律，树立用法治思维和法治方式处理社会事务的意识，在遇到矛盾纠纷、维护自己权益时寻求法治途径解决；

——在厉行法治方面，掌握法律常识和社会生活常用法律，懂得公民权利与义务的关系，自觉履行公民法定义务，树立社会责任意识、规则意识、奉献意识；

——在自我认知方面，承认犯罪事实，认清犯罪危害，对自己的犯罪行为表示悔恨，服从法院判决，不无理缠诉。

（3）文化教育目标标准，包括：

——在文化程度方面，达到规定的学历教育的最低要求；

——在中国特色社会主义文化方面，熟悉中华优秀传统文化、革命文化和社会主义先进文化，考试或考核时至少达到及格或合格；

——在科学素养方面，树立科学精神，丰富科学知识，崇尚时代新风，自觉抵制腐朽落后文化的侵蚀；

——在社会心理方面，养成健康心理，自尊自信、理性平和、积极向上。

对于少数民族罪犯来说，还应包括国家通用语言文字教育目标，其标准是：

——熟练掌握常用汉字的数量要求；

——培养热爱祖国语言文字的情感和学习兴趣，树立学习国家通用语言文字的自信，培养学习和使用国家通用语言文字的良好习惯；

——读懂并能讲述简单的故事，能书写一般的词语和句子，能读报、听新闻，与他人运用国语进行日常交流；

——了解中华文化的博大精深，自觉接受中华民族的文化知识。

**2. 教育课程（内容）标准**

教育课程是体现教育内容、监狱教育罪犯的教育思想和教育观念、实现罪犯教育目的的载体。课程标准是对教育内容的基本规范和质量要求。参照国家教育部《基础教育课程改革纲要（试行）》，课程标准的构成要素包括课程的知识与技能、过程与方法、情感态度与价值观等方面的基本要求，它规定各门课程的性质、目标、内容框架。

本研究认为，针对罪犯的教育课程标准要能够指引罪犯树立正确的世界观、人生观、价值观，特别是社会主义核心价值观，使罪犯认同伟大祖国、认同中华民族、认同中华文化、认同中国共产党、认同中国特色社会主义道路。中国特色社会主义进入新时代背景下，对于教育罪犯来说比较重要的课程是：

——思想教育课程，包括习近平新时代中国特色社会主义思想课、社会主义核心价值体系课、"五个认同"课、马克思主义"五观"课、国家安全课、民族团结课、中国特色社会主义文化课、时事政策和政治课、心理与生理健康课、美育课；

——法制教育内容，包括法治意识观念课、法律常识课、宪法和法律课、公民权利和义务课、认罪悔罪课；

——文化教育内容，这里的文化是狭义的文化，包括学历教育的文化课，尚未完成国家规定的九年制义务教育，年龄不满45周岁、能够坚持正常学习的罪犯，应当接受义务教育，已完成义务教育或者年龄在45周岁以上的罪犯，鼓励其参加其他文化学习，科学知识与科学素养课，对于少数民族罪犯来说，还应开设国家通用语言文字课。

实际操作时，要围绕课程和课程标准编写课程教材。

就思想教育的具体内容来说，其核心内容是政治和文化，具体内容可以是：（1）针对罪犯加强爱国主义、集体主义、社会主义教育，使罪犯在理想信念、价值理念、道德观念上紧紧团结在一起；（2）发挥社会主义核心价值观对罪犯教育的引领作用，引导罪犯树立社会公德、职业道德、家庭美德、个人品德；（3）引导罪犯树立正确的历史观、民族观、国家观、文化观，"深化民族团结进步教育，铸牢中华民族共同体意识"；（4）强化罪犯的社会责任意识、规则意识、奉献意识，引导罪犯向上向善、孝老爱亲，忠于祖国、忠于人民；（5）引导罪犯自尊自信、理性平和、积极向上；（6）在罪犯中弘扬科学精神、普及科学知识、开展移风易俗弘扬时代新风行动，抵制腐朽落后文化侵蚀；（7）用中国特色社会主义文化（包括中华优秀传统文化、革命文化和社会主义先进文化）引领罪犯思想，倡导讲品位、讲格调、讲责任，抵制低俗、庸俗、媚俗，增强文化自信；（8）开展形式多样的文化性活动，丰富罪犯服刑生活。❶ 在新疆监狱还须进行反恐怖主义、反极端主义教育，将罪犯改造成为拥护"五个认同"的守法公民。

## （三）教育改造方式标准

教育改造方式表现为教育改造的组织方式，这些方式包括：集体教育、个别教育、自我实践。集体教育是将教育内容以授课或活动的方式向罪犯灌输，个别教育是针对罪犯的具体情况所进行的有针对性的教育，自我实践是罪犯通过一定的形式进行自我教育。如果说，集体教育重在解决"思悟"的话，那么，个别教育、自我实践重在解决罪犯的"践行"。可以按集体教育、个别教育、自我实践三个类别制定标准。

### 1. 集体教育标准

集体是相对于个体而言的，其范围可以是一个罪犯小组、一个罪犯教学班、监区罪犯的全体。集体教育宜制定的标准包括：入监教育、出监教育、罪犯分类与班级划分、教学管理、课堂授课与视频授课、监区文化建设、主题活动、社会帮教、评选罪犯改造积极分子等标准。

（1）《入监教育》标准的文本内容宜包括：

——接受入监教育罪犯的小组或班的划分；

——入监教育时长，一般为两个月，特殊类型罪犯宜适当延长；

——教育内容与课时分配，内容方面如罪犯的权利和义务、认罪服法教育、行为养成教育、服刑指导教育、改造前途教育；

——入监教育组织；

——考核，包括程序与标准；

——纪律要求与奖惩；

——罪犯分流；

——延长时长的要求；

——入监教育档案要求。

---

❶ 这里罗列的针对罪犯思想教育的政治和文化内容，源出于党的十九大报告的第七部分"坚定文化自信，推动社会主义文化繁荣兴盛"。

（2）《出监教育》标准的文本内容宜包括：

——接受入监教育罪犯的小组或班的划分；

——出监教育时长，一般为三个月，特殊类型罪犯宜适当延长；

——教育内容与课时分配，内容方面如形势、政策、前途教育，遵纪守法教育和必要的就业指导，开展多种类型、比较实用的职业技能培训；

——出监教育组织；

——考核，包括程序与标准；

——纪律要求与奖惩；

——出监改造质量评估，对于恐怖活动罪犯和极端主义罪犯，还须根据《中华人民共和国反恐怖主义法》第三十条之规定，根据其犯罪性质、情节和社会危害程度，服刑期间的表现，释放后对所居住社区的影响等进行社会危险性评估；

——出监教育档案要求。

（3）《罪犯分类与班级》标准的文本内容宜包括：

——罪犯类型及划分规则，根据犯罪类型、危险程度、犯罪原因、恶性程度、文化程度、接受能力及其思想、行为、心理特征进行划分；

——罪犯班级类型及适用；

——班级架构；

——罪犯分班的程序；

——罪犯类型及班级动态调整规则；

——学习小组规则。

（4）《教学管理》标准的文本内容宜包括：

——教务管理组织构架与职责；

——教学管理规则；

——师资管理规则；

——编排课程、教学计划、课时规则；

——教学组织规则，包括备课、授课、作业、辅导；

——考试或考核管理；

——教研活动；

——教学事故认定及处理。

（5）《课堂授课与视频授课》标准的文本内容宜包括：

——课堂授课与视频授课的适用范围，包括授课课程适用、罪犯适用；

——授课教员要求；

——授课场所要求，包括硬件配置、安全条件、环境；

——授课过程要求，包括授课过程组织、教员授课纪律、罪犯听课纪律。

（6）《监区文化建设》标准的文本内容宜包括：

——组织架构与职责划分；

——监区文化类型划分，如文娱表演、体育比赛、知识竞赛、图书阅览、罪犯兴趣小组活动、监区文化环境美化；

——各类型文化的内容、要求与实施；

——监区文化建设考核。

（7）关于主题活动标准。主题活动是指设定一个主题，围绕这一主题开展针对罪犯某一思想领域的教育活动。主题活动是对罪犯开展集体教育的一种方式；这些活动是集体进行的，通过罪犯相互之间的互动、激励产生思想教育的效果。其标准的文本内容宜包括：

——主题活动分类、题名与适用，如宣讲主题教育活动、现身说法主题教育活动、驳斥揭批主题教育活动、坦白检举揭发活动、主题讨论活动、警示教育活动、队前讲评活动、社会帮教活动、升国旗活动；

——频次、时长、参与人员范围、组织形式；

——计划或方案；

——实施要求，可以包括纪律要求、安全警戒要求等；

——后续工作；

——记录或档案要求。

（8）《社会帮教》标准的文本内容宜包括：

——社会帮教分类，可以分为团体帮教、志愿者个人帮教、法律援助、亲情电话；

——帮教人条件；

——受帮教罪犯条件；

——帮教目标要求；

——与帮教类型相对应的实施程序；

——帮教现场组织；

——帮教期后工作；

——记录或档案要求。

（9）《评选罪犯改造积极分子》标准的文本内容宜包括：

——组织构架与职责划分；

——改造积极分子的类型（或级别）与条件；

——比例及分配规则；

——评选的程序；

——复议的程序；

——审批权限与规则；

——奖惩；

——记录。

### 2. 个别教育标准

个别教育是针对特定的罪犯个体进行的，表现为一个或多个施教主体针对一个罪犯个体。宜制定的标准包括个别帮教和心理咨询与矫治。

（1）《个别帮教》标准的文本内容宜包括：

——须进行个别帮教的条件；

——职责划分；

——个别帮教的组织与程序；

——罪犯思想动态分析；

——个别谈话教育；

——个别社会帮教；

——顽固危险犯教育转化的内容及程序；

——个别帮教记录；

——个别帮教注意事项。

（2）关于心理咨询与矫治标准。单纯的针对罪犯的心理健康教育，属于集体教育的范围。心理咨询与矫治主要针对罪犯个体进行的。《心理咨询与矫治》标准的文本内容宜包括：

——职责划分；

——须施以心理咨询或矫治的情形；

——心理咨询或矫治的发起程序；

——心理咨询的范围、方式及适用；

——心理治疗的范围、方式及适用；

——心理危机干预的范围、方式及适用；

——心理评估的范围、方式及适用；

——心理咨询与矫治；

——心理健康档案管理。

### 3. 自我实践标准

本研究认为，罪犯接受由监狱外力施加的教育内容，其被动接受的成分要多些。罪犯对教育改造内容的理解消化程度以及在多大程度上内化成自己思想的一部分，最主要地是通过罪犯的自我实践体现出来的。也就是说，要给罪犯创造一个理解消化监狱各类教育改造内容的自我实践的平台。可以将这些平台设计为：（1）书写思想汇报或心得体会；（2）书写认罪书、悔罪书、揭批书、决裂书；（3）阅读或背诵指定篇目；（4）学习自选书目；（5）做练习题；（6）抄写指定篇目；（7）行为养成训练；（8）歌唱、背诵誓词。

以上八种形式可以归并为书写材料和自习两类。

（1）《罪犯书写材料》标准的文本内容宜包括：

——职责划分；

——书写材料的类型，包括思想汇报或心得体会、认罪书、悔过书、揭批书、决裂书；

——罪犯类型、罪犯改造状态与材料类型的对应关系、频次要求，这里的罪犯类型应与《罪犯分类与班级规范》保持一致，罪犯改造状态应与罪犯改造质量评估结果保持一致；

——各类型材料的内容要素与质量要求；

——批阅评价规则；

——计分与考核规则；

——记录。

（2）《罪犯自习》标准的文本内容宜包括；

——职责划分；

——自习的类型，包括阅读或背诵指定篇目、学习自选书目、做练习题、抄写指定篇目、行为养成训练、歌唱背诵誓词；

——罪犯类型与自习类型的对应关系、频次要求，这里的罪犯类型应与《罪犯分类与班级规范》保持一致；

——自习计划或方案；

——自习实施与质量要求；

——计分规则；

——考核规则；

——记录。

### （四）劳动改造标准

一般来说，监狱组织罪犯参加劳动、罪犯接受劳动改造，在监狱工作体系中是一项独立性比较强的工作，故而这里单列劳动改造标准。

《监狱法》第五章"对罪犯的教育改造"第六十九条至第七十三条，规定了劳动改造的内容。《监狱服刑人员行为规范》第四章专门规定"劳动规范"；《教育改造罪犯纲要》第二条规定"充分发挥劳动改造在矫正罪犯恶习、培养劳动习惯、培训劳动技能等方面的作用"，第十二条规定了"对罪犯的劳动和职业技术教育"，第十八条规定了"强化劳动对罪犯的教育矫治功能"，第二十六条规定了未成年犯的劳动；《监狱教育改造工作规定》也有规定劳动改造的条款。2010 年司法部监狱管理局印发的《监狱罪犯劳动改造工作指导意见》（〔2010〕司狱字 193 号），对罪犯劳动改造工作进行了系统规范。劳动改造标准化的对象是罪犯接受劳动改造的行为。劳动改造宜制定的标准包括：劳动教育标准、职业技能教育标准、劳动组织管理标准、罪犯劳动报酬标准。

#### 1. 劳动教育标准

在 2018 年 9 月 10 日召开的全国教育大会上，习近平强调了针对在校学生的劳动教育，指出："要在学生中弘扬劳动精神，教育引导学生崇尚劳动、尊重劳动，懂得劳动最光荣、劳动最崇高、劳动最伟大、劳动最美丽的道理。"❶这一指示同样适用于罪犯的劳动教育。本研究认为，对罪犯的劳动教育，不仅要培养罪犯的劳动技能，而且要培养罪犯热爱劳动、尊重劳动、热爱劳动人民，树立劳动光荣而幸福的情感，让罪犯真正懂得劳动最光荣、劳动最崇高、劳动最伟大、劳动最美丽的道理。

《教育改造罪犯纲要》第四条设定的罪犯劳动改造目标是："积极劳动：

---

❶ 《坚持中国特色社会主义教育发展道路　培养德智体美劳全面发展的社会主义建设者和接班人》，载《人民日报》，2018 年 9 月 11 日第 1 版。

积极参加劳动，遵守劳动纪律，服从生产管理和技术指导，掌握基本劳动技能，严格遵守操作规程，保证劳动质量，完成劳动任务。"第十四条要求教育罪犯认识劳动的重要意义，引导罪犯树立正确的劳动意识。

《罪犯劳动教育》标准的文本内容宜包括：

——劳动改造的目标，可以设定为掌握劳动技能、完成劳动任务、树立劳动光荣而幸福的情感；

——劳动教育的内容，可以包括劳动与社会发展、劳动与人的发展、劳动观念、劳动情感、创新创造精神、劳动品德、劳动自强；

——劳动教育计划或方案；

——劳动教育实施；

——劳动教育考核。

### 2. 职业技能教育标准

对罪犯进行职业技能教育是监狱必须做好的工作。可以通过制定罪犯职业技能教育标准的途径规范罪犯职业技能教育工作。

《罪犯职业技能教育》标准的文本内容宜包括：

——职业技能教育目标，可以确定为通过学习劳动和生产技能，满足罪犯择业、就业需要，提高其自食其力的能力，提升罪犯获得感；

——教育改造部门、劳动改造部门、监区的职责划分；

——罪犯接受职业技能教育的条件；

——职业技能类型、课程设置、课时；

——罪犯申请的程序；

——师资管理；

——授课、技能训练的组织；

——考试、考核或鉴定的组织；

——发证；

——职业技能竞赛的组织；

——职业技能教育档案。

### 3. 罪犯劳动组织管理标准

《罪犯劳动组织管理》标准的文本内容宜包括：

——责任部门及职责划分；

——劳动项目或劳动岗位分类分级，以及对劳动能力的要求；

——劳动能力鉴定或评价，包括能力标准和鉴定程序；

——劳动编组规则与劳动力调配；

——劳动现场与劳动工具要求；

——劳动技能实践培训现场的组织；

——罪犯出入劳动现场的要求与组织；

——劳动安全的要求与组织；

——劳动过程要求，包括定额或工时要求、数量质量要求、成本要求；

——劳动考核；

——劳动档案要求。

**4. 罪犯劳动报酬标准**

《罪犯劳动报酬》标准的文本内容宜包括：

——罪犯获得劳动报酬的条件；

——报酬的类型与数量标准；

——报酬计算方法；

——审批与发放程序；

——罪犯使用劳动报酬管理。

## 五、罪犯改造质量评价与奖惩

行刑运行的输出或称结果，从法律效果讲是《监狱法》第三条"将罪犯改造成为守法公民"，从政治效果讲是罪犯成为政治上拥护"五个认同"、思想上维护民族团结、行动上维护社会和谐稳定的守法公民，这就需要设计守法公民评估的过程，可以称之为罪犯改造质量评价；而评价罪犯改造质量的后续工作是，依据评价结果对罪犯依法进行奖惩，也包括劳动报酬。对罪犯服刑改造的情况进行评价和奖惩具有标杆和导向意义，因而也具有管理方式的意义。

### （一）罪犯改造质量评价概述

罪犯改造质量评价的对象是罪犯的行为，主要包括《罪犯行为规范》中的思想观念规范、生活规范、学习规范、劳动规范、礼貌规范、禁止性规范六个子集。从内容与形式两个方面来构建，罪犯改造质量评价应包括评价内容（或称项目、或称指标）、评价方式（或称程序）两个方面。

《监狱法》第五十六条规定："监狱应当建立罪犯的日常考核制度，考核的结果作为对罪犯奖励和处罚的依据。"早在 1990 年 8 月，司法部曾经印发《计分考核奖罚服刑人员的规定》。2016 年司法部再次制定《关于计分考核罪犯的规定》，替代 1990 年的规定，并且自 2016 年 8 月 1 日起施行。对于新规定，从评价内容看，"计分考核内容分为教育改造和劳动改造两个部分"（该规定第五条）；从评价方式看，主要体现在第三章"计分考核的组织和方法"之中。依据辩证唯物主义原理，评价的内容决定评价的形式，评价内容在罪犯改造质量评价标准中更居于核心地位。

评价内容集中体现在《关于计分考核罪犯的规定》的第六条、第七条，规定如下：

第六条　按照监狱管理规定，罪犯在服刑改造期间达到以下各项要求的，当月给予教育改造基础分 65 分：

（一）服从法院判决，认罪悔罪；

（二）遵守监规纪律，遵守服刑人员行为规范；

（三）服从管理，如实向监狱人民警察汇报改造情况；

（四）爱护公共财物，讲究卫生，讲究文明礼貌；

（五）参加思想、文化、技术学习，考核成绩合格；

（六）参加文体活动，接受心理健康教育；

（七）其他接受教育改造的情形。

第七条　按照监狱管理规定，罪犯在服刑改造期间达到以下各项要求的，当月给予劳动改造基础分 35 分：

（一）劳动态度端正，服从调配，按时出工劳动，参加劳动习艺；

（二）按时完成核定的劳动任务，达到劳动质量要求，无劳动定额的，认真履行岗位职责；

（三）遵守劳动操作规程和安全生产规定，爱护劳动工具和产品；

（四）其他接受劳动改造的情形。

本研究认为，《关于计分考核罪犯的规定》虽然对 1990 年的考核规定作了很多改进和优化，但依然存在着科学化不足的问题，比较突出的是考核内容与《监狱服刑人员行为规范》（司法部令第 88 号）的关联度不高（似乎不考核罪犯的服刑行为）、考核缺乏连续性（考核结果只在当年有效）。这里建设性地提出一个优化改进的方案，并据此建立罪犯改造质量评价标准。著作者并无否定《关于计分考核罪犯的规定》权威性之意图，但可以对罪犯改造质量的标准化过程进行理论创新。

在评价内容方面，可以将广义的罪犯服刑行为分解为三个狭义的行为构成。

（1）遵守行为规范的行为，可称为行为规范考核，以《监狱服刑人员行为规范》（司法部令第88号）中的内容为考核对象；在本著中，以上文所述《罪犯行为规范》中的内容为考核对象。

（2）接受教育改造的行为，可称为教育考核，以《关于计分考核罪犯的规定》中的教育考核内容和本著上文所述教育内容为考核对象。

（3）参加劳动的行为，可称为劳动考核，以《关于计分考核罪犯的规定》中的劳动考核内容和本著上文所述劳动教育内容为考核对象。

在评价方式方面，这里在《关于计分考核罪犯的规定》的"积分"概念的基础上，建设性地提出一个关于罪犯考核"积分制"的新框架，用以解决考核连续性的问题，供实务部门参考。下文将解决这个问题。

### （二）罪犯考核标准

由于行为规范考核、教育考核、劳动考核三项考核对象相互独立，故宜制定三项标准：罪犯行为考核标准、罪犯教育考核标准、罪犯劳动考核标准。

#### 1. 罪犯行为考核标准

可以对上文所述《罪犯行为规范》中的思想观念规范、生活规范、学习规范、劳动规范、礼貌规范、禁止性规范六个子集进行细分，每个子集都按"考核项目、情形描述、加扣分标准"予以定性描述。这样，就可以建立"行为"考核的标准化的对象体系。这里以思想观念规范为例说明。

**思想观念规范考核标准（示意）**

| 考核项目 | 情形描述 | 加扣分标准（分/次） |
| --- | --- | --- |
| 1. 宪法意识 | | |
| 2. 政治态度 | | |
| 3. 人生观价值观 | | |
| 4. 道德素养 | | |
| 5. 社会心理 | | |

续表

| 考核项目 | 情形描述 | 加扣分标准 （分/次） |
|---|---|---|
| 6. 公民义务 | | |
| 7. 科学素养心理 | | |
| 得分 | — | |

通常，《罪犯行为考核》标准文本宜规定下列内容：

——考核的组织架构与职责划分；

——被考核罪犯的范围；

——考核的原则和规则，如日记载、周评议、月公示；

——考核的对象，如思想观念规范等；

——行为认定的方法和程序；

——日常记录方法；

——考核程序、计分规则、计分方法；

——复议规则；

——例外情况；

——考核结果的应用；

——归档要求。

### 2. 罪犯教育考核

罪犯教育考核的对象包括以下内容。

（1）课程考核。凡针对罪犯教育改造所开设的教育课程，都列入考核的对象范围；课程结束或经一定周期后，宜采取笔试方式考核的课程尽可能笔试，不能笔试的（如队列训练、美育课等）可以采取测评方式考核，测评方式包括提问口试、观测动作、定性评判书写的材料等。

（2）主题活动考核。凡监狱组织的主题活动都应纳入考核，按测评方式考核。主题活动的考核项目是罪犯参加每一次、每一项主题活动的态度、纪律、参与度：

——态度，是指罪犯是主动报名、还是有抵触情绪，参与活动过程中是认真积极、还是敷衍消极；

——纪律，是指罪犯在活动中遵守活动纪律的情况；

——参与度，是指罪犯参加活动比率、参与结果。参加活动比率是指罪犯应参加的活动是否每次都参加，可以进行定性评价，记录齐备时，可以计算计量，方法是：参加活动比率＝实际参加次数÷应参加次数；参与结果表现为获得奖励或受到批评、活动中表现好或差等。

由于对三个项目的测评主要采取定性评价的方式，故需要设计定性评价的标准。

定性评价方法如下表所示：

| 定性评判 | 得分 |
| --- | --- |
| 优 | 10 分 |
| 良 | 8 分 |
| 中 | 6 分 |
| 差 | 2 分 |
| 劣 | 0 分 |

定性评价的步骤是：第一步，对态度、纪律、参与度三个考核项目的每一个项目，按优、良、中、差、劣进行定性评判；第二步，对定性评判的结果进行赋值，如假设定等为"良"，则计 8 分；第三步，加总三项得分并平均，可以得出一个分值，假定某犯态度项得 6 分，纪律项得 10 分，参与度项得 8 分，总分为 24 分，平均分为 8 分，该 8 分即是参加本次活动的得分。

这样，罪犯每参加一项（或一次）主题活动都可以获得一个确定的分值。

（3）自我实践考核。罪犯自我实践、自我教育的情况都应纳入考核，按测评方式考核。自我实践的考核对象是上文《罪犯书写材料规范》《罪犯自习规范》中的内容。自我实践的考核项目是罪犯参加每一次、每一项自我实践项目的态度、达标度：

——态度，是指罪犯对应当完成的自我实践项目是主动积极、还是有抵触情绪，是认真对待、还是敷衍消极；

——达标度，是指罪犯对应当完成的自我实践项目，每项是否都能完成、所完成项目的质量达到要求的程度。

测评的方法类同于主题活动考核。这样，罪犯月度教育考核成绩为：

教育月得分＝课程教育月得分＋主题活动月得分＋自我实践月得分

通常，《罪犯教育考核》标准文本宜规定下列内容：

——考核项目及周期或频次；

——考试和测评考核方式及适用范围；

——考核程序、计分规则、计分方法；

——日常记录方法；

——考核结果的应用；

——归档要求。

### 3. 罪犯劳动考核规范

罪犯劳动考核的对象即上文"劳动改造标准"中的劳动教育、职业技能教育的内容。

通常，《罪犯劳动考核》标准文本宜规定下列内容。

——考核项目及周期或频次，可以包括四个要素：

◇ 劳动素养评估，主要是劳动改造目标实现程度；

◇ 劳动技能评估，主要是劳动技能掌握的程度；

◇ 劳动规范评估，主要考核《罪犯行为规范》中"劳动规范"的情况；

◇ 劳动效率评估，主要包括产品数量、质量指标。

——考核程序、计分规则、计分方法。

——日常记录方法。

——考核结果的应用。

——归档要求。

## （三）罪犯改造质量评价标准

对罪犯每个月度的考核结果是一个静态的分数，只有对这个分数在罪犯之间进行横向比较、在季度或年度之间进行纵向比较，才有意义。这个过程就是改造质量评价过程。这就需要引入"积分制"的概念（是指在《关于计分考核罪犯的规定》所称"积分"基础上的优化）。为表述清晰，这里对积分制标准和改造质量标准分别阐述，在具体制定标准时可合并为《罪犯改造质量评价》一项标准文本。

### 1. 积分制标准

积分是罪犯月考核成绩的连续累积，在数量方面：

月得分 = 行为月得分 + 教育月得分 + 劳动月得分

积分即为罪犯服刑期间各个月的月得分的连续累加。

积分制是指累加罪犯每月考核成绩得分，用于衡量罪犯转化质量连续性的方法。它有以下几层含义。

（1）罪犯积分以月积分为基础，每月基准分可以按 10 分计，每月考核月得分按 10 分制积分，在月积分基础上，逐月累加。这就需要将行为月得分、教育月得分、劳动月得分按 10 分制进行换算。

（2）"月积分"的含义是：对罪犯考核时，每个月度以 10 分为基准分，只要罪犯按《罪犯行为规范》的要求规范自己的服刑行为、自觉接受教育改造、积极参加劳动改造，完成三项"规定动作"，他就能够在一个月内积 10 分；如果做得更好，积分就超过 10 分；如果做得不好，就会低于 10 分。关系如下：

超过规定动作的要求时，积分 > 10 分；

达到规定动作的要求时，积分 = 10 分；

低于规定动作的要求时，积分 < 10 分。

（3）用"月积分"给罪犯树立了一个标杆，1 个月的积分基准分是 10 分，1 个季度的积分基准分是为 30 分，12 个月的积分基准分是 120 分，以此类推，可以为罪犯树立转化的标杆，让罪犯明确自己应达到的目标。若反向类推，假设罪犯已经服刑 12 个月，如果实际积分超过 120 分，则说明转化质量效果好；如果实际积分低于 120 分比如 90 分，则说明未达标，差距是 30 分。

将积分与标准分进行比较，可以定量描述罪犯改造的达标度，其方法是：

达标度 = 积分 ÷ 基准分 × 100%

例如：连续 12 个月的基准分是 120 分，如果某罪犯连续 12 个月的积分是 90 分，则达标度为 75%；如果连续 12 个月的积分是 150 分，则达标度为 125%。

达标度可以为罪犯服刑改造提供一个指向。

（4）积分意味着对罪犯进行连续考核的过程。这是因为，罪犯接受改造的效果，并不像企业制造产品那样，输入原料即能生产出产品。判断罪犯改造质量如何，就需要连续观察一个较长的周期。假设罪犯已经服刑 12 个月，如果每个月的月积分都能达到基准分，则可以断定该罪犯在连续 12 个月的一个日历年度内改造质量平稳；如果部分月度积分超过基准分，另外的月度低于基准分，则可以断定该罪犯在一个日历年度内改造质量处于波动状态；如果是正向波动，则说明改造质量向"好"的方向发展；反之，则处于恶化的趋势。

积分制标准的文本宜规定下列内容：

——月得分的构成，包括行为规范月得分、教育月得分、劳动月得分；

——积分规则与积分计算方法。

## 2. 改造质量评价标准

改造质量是指罪犯经过监狱改造过程达到守法公民要求的程度。改造质量是罪犯接受改造效果趋势性的、动态性的反映。改造质量表现为罪犯改造所处的状态，判断这一状态的参照系是"基准分"。高于基准分的，可定性为状态好，反之则反是。

改造质量评价是指监狱民警运用一组方法对罪犯改造质量进行鉴别、认定的活动，是对罪犯积分波动情况的评判。改造质量评价按其周期，可分为入狱期评价、日常评价、出狱期评价，日常评价可以分为月度评价、季度评价、年度评价；按评价的范围，可以分为对个体评价和对总体评价。

改造质量评价标准的文本宜规定下列内容。

——评价工作框架：

◇ 评价的职责权限划分；

◇ 层级与周期；

◇ 评价原则。

——个体质量分析的方法：

◇ 质量定性分析，可以按积分确认罪犯改造的状态依次为未转化状态、基本未转化状态、基本转化状态、已转化状态，或可以按由差到好分为 A 级、AA 级、AAA 级、AAAA 级；

◇ 质量波动分析，可以运用质量递进率指标用于反映个体的报告期的改造质量与基期的改造质量相比较时，提高或降低的幅度，说明罪犯个体质量波动的情况：

个体质量递进率 = 报告期积分 ÷ 基期积分 × 100% − 1

个体的"递进"意味着个体改造质量发生了变化，只要个体递进率 ≠ 0，就说明个体转化质量发生或正向、或负向的变化。

——总体质量评价的方法，这里建设性地设计一套评价指标：

◇ 转化率分析，转化率是反映总体转化质量的主导指标，是指已转化人数占平均人数的比率：

转化率 = 已转化人数 ÷ 平均人数 × 100%

◇ 转化质量等级率分析，转化质量等级率是指按照不同质量级别划分的转化质量的加权平均数：

转化质量等级率 =（已转化人数×系数＋基本转化人数×系数＋基本未转化人数×系数）÷平均人数×100%

公式中"系数"是指某类质量级别的期望值，已转化、基本转化、基本未转化、未转化的系数，系数的意义是鼓励各监狱追求更高的转化质量目标。

◇ 总体质量波动分析：

总递进率，用于分析总体质量波动的情况。个体的递进率只能对个体进行纵向的比较，要说明总体质量的趋势，还须借助总递进率，用以反映总体转化的趋势。

总递进率 = ∑个体质量递进率大于 0 的人数÷平均人数×100%

——评价报告与结果应用：

◇ 评价报告的写作要求；

◇ 评价结果的应用。

在实际制定《罪犯改造质量评价》标准文本时，可以将上述罪犯行为考核、罪犯教育考核、罪犯劳动考核、积分制 4 项内容，都制定在同一个本件中。

## （四）罪犯行政奖励与惩处标准

罪犯改造质量评价过程输出的结果，是对罪犯进行奖惩的直接依据。

《监狱法》专列"奖惩"一节，是对罪犯行为进行奖惩的法定依据。《监狱法》第五十七条规定了奖励的类别，包括表扬、物质奖励或者记功，以及有条件的离监探亲；第五十八条规定了惩处的类别，包括警告、记过或者禁闭。《监狱法》第五十七条、第五十八条列举了奖惩的法定情形。可以制定《罪犯行政奖励与惩处》标准，用以解决《监狱法》规定的具体化问题。

通常，《罪犯行政奖励与惩处》标准的文本，宜规定下列内容：

——决定罪犯奖惩的组织架构与职责划分；

——奖惩的原则；

——奖励的类别与适用条件；

——惩处的类别与适用条件；

——奖励的认定与审批程序；

——惩处的认定与审批程序；

——奖励与惩处的实施或执行；

——复议规则；

——例外情况；

——归档要求。

# 第三节　安全防范标准体系

确保监管场所安全是维护正常监狱工作秩序、有效开展罪犯改造工作的前提条件，安全防范日常工作做得越扎实越深入，发生影响监狱工作秩序的案事件就会越少，监狱工作基础就越稳固。

## 一、安全防范标准体系的构成

安全防范是监狱的两项基本任务之一，其目标是实现场所安全——"硬安全"。安全防范标准化的对象是为实现场所安全目标应开展的工作事项。

监管场所"硬安全"的安全防范，在防范措施或手段方面包括人防、物防、技防三项构成要素。在防范对象方面包括罪犯安全（不发生罪犯闹事、逃跑、非正常死亡特别是自杀的情形）、防疫情安全、设施设备安全（又包括电器、锅炉及压力容器、特种设备安全等）、生产安全、交通安全、消防安全、信息与舆情安全等。

本研究认为，安全防范应开展的工作事项包括：安全保卫、隐秘预防、案件侦办、物防技防、应急工作五类事项。

——安全保卫类事项。安全保卫可缩略称作"安保"，是"人防"之一项，在范围方面包括：需要开展安保工作的事项、需要安保的重点部位与重点环节、安保力量配置、安保职责分配等方面。

——隐秘预防类事项。隐秘预防是"人防"之一项，在范围方面包括：罪犯耳目布建、情报信息工作、罪犯坦白检举揭发处理。

——案件侦办类事项。案件侦办是"人防"之一项，在范围方面是对罪犯狱内又犯罪或预谋违法犯罪的事后处理。

——物防技防类事项。它是物理防范，是"人防"的延伸或工具。在硬件种类方面，它包括建筑物、设施、设备、计算机软件、通信工具，以及警用装备、武器等。在建设或配置的部位方面，包括任何存在安全事件风险的、需要安全防护的场所或部位。

——应急工作类事项。应急工作侧重于安全事件的提前防范。在范围方面包括应急预案及应急预案的管理，主要以编制应急预案文本和应急演练为表现形式。应急预案是为了依法、迅速、科学、有序应对突发事件，最大程度减少突发事件及其造成的损害而预先制定一个以文本为形式的工作方案。应急管理以应急预案为对象，其管理过程或称环节包括应急预案的规划、编制、审批、发布、备案、演练、修订、培训、宣传教育等工作。应急管理需要遵循统一规划、分类指导、分级负责、动态管理的原则。

相应地，以上列安全防范的五类工作事项为标准化对象，安全防范标准体系的构成如下列，并按关联性作适当归并，列入下表：

——安全保卫标准体系；

——隐秘预防标准体系；

——案件侦办标准体系；

——应急工作标准体系；

——物防技防标准体系。

| 工作事项 | 标准化对象 | 业务所属部门 |
| --- | --- | --- |
| 安全保卫 | 安保值班标准<br>押解标准<br>警戒标准<br>安全检查标准<br>"三共"活动标准<br>安保分析研判标准 | 指挥中心、安全保卫部门、狱政管理部门 |
| 隐秘预防与案件侦办 | 隐秘预防标准<br>案件侦办标准 | 狱内侦查部门 |
| 应急工作 | 应急预案标准<br>应急管理标准 | 狱政管理、狱内侦查、生产卫生、安全生产部门 |
| 物防技防 | 设施建设标准<br>警用装备标准 | 基建、科技信息、财务部门 |

## 二、安全保卫标准体系

安全保卫工作是"人防"最主要的构成。按安保的区域或部位可分为监狱周界安保和内部安保。按安保任务及功能可分为：安保值班、罪犯押解、现场警戒、安全检查、监控巡查巡逻、安全隐患排查、安保研判分析。按安保工作在纵向上的展开，可分为：明确需要开展安保的事项、安保事项的职责分配、与职责相匹配的警力装备配置、安保实施。

安全保卫标准体系如下表：

| 工作事项 | 标准化对象 | 业务所属部门 |
| --- | --- | --- |
| 安保值班 | 指挥中心总值班标准<br>重点部位值班标准<br>监区（分监区）值班标准 | 指挥中心、安全保卫部门 |
| 押解 | 狱内押解罪犯标准<br>押解罪犯外出标准 | 狱政管理部门 |
| 现场警戒 | 罪犯生活现场警戒标准<br>罪犯学习活动现场警戒标准<br>罪犯劳动现场警戒标准 | 狱政管理部门 |
| 安全检查 | 清监搜身标准<br>狱内违禁品管理标准<br>安全隐患排查标准（可包括安全大检查）<br>监控室视频监控标准<br>巡逻标准（可包括围墙周界和内部） | 狱政管理部门、指挥中心、安全保卫部门 |
| 安保分析研判 | 狱情分析研判标准<br>安全风险评估标准 | 安全保卫部门 |

## （一）安保值班标准

值班是监狱安全防范的一项日常性工作。

值班类型可以划分为：（1）按层级分为监狱领导总值班、部门值班、监区（或分监区）值班；（2）按值班部位分为指挥中心值班、监狱大门值班、罪犯现场值班、公办区域值班；（3）按人员专业化分为专职安保人员的定时定点值班、其他人员的例行值班；（4）按强化程度分为常规值班和加强值班。

安保值班宜制定的标准有：指挥中心总值班标准、重点部位值班标准、监区（或分监区）值班标准。

关于指挥中心总值班。从现实性来看，每一个监狱都建设了指挥中心，而且多数指挥中心也承担本监狱总值班室的职能。所以，应当制定在一个省区市相对统一的《指挥中心总值班》标准，以确保指挥顺畅、行动协调一致。

关于重点部位值班。监狱的重点部位是安全保卫的重要对象，应安排值班力量的重点部位包括但不限于：监狱大门、公办区域、安装重要设备的场所（如配电室、信息化设备机房）、会见室、卫生室、外协工操作室等。

关于监区（或分监区）值班。监区是罪犯日常生活、学习、活动的重要场所，统一监区（或分监区）值班的标准，是安全保卫的一项重要工作。

通常，一项安保值班标准的文本，宜规定下列内容：

——职责与权限；

——值班点位、时段；

——值班力量和装备配置，按强化程度区分常规值班和加强值班的力量配置；

——值班人员范围；

——值班期间需处置的事项范围及程序；

——条件触发的工作事项，如在发生突发事件时应开展的工作；

——值班纪律要求；

——交接班要求；

——值班记录与存档要求。

设计监狱大门值班标准时，应突出强调控制进出人员、车辆和物品的安全检查。

设计监区（或分监区）值班标准时，应突出强调对重点罪犯、重点时段、重点物品的管控。

设计公办区域、安装重要设备场所值班标准时，要处理好原则性与灵活性的关系，不宜"统一"得太死，具体细节宜由各监狱自行规定。

（二）押解标准

押解罪犯与现场警戒是安全防范的重要工作，应制定统一的工作标准。

需要押解的环节。这些环节主要是：（1）罪犯外出押解环节，包括罪犯请假外出押解、就医外出押解、离监探亲押解；（2）狱内押解环节，包括但不限于收押环节、跨区域流动环节、内部就医环节、会见环节、提审环节。

通常，一项押解标准的文本，宜规定下列内容：

——职责与权限；

——押解发起和批准的程序；

——警力和装备配备，应区分外出押解和内部押解两种情形；

——对罪犯约束性规定，如对重点罪犯应戴头套、手铐、脚镣等约束性器具；

——安全防范的重点，如外出押解时，要控制罪犯脱逃、滋事、与无关人员接触、夹带或传递物品、观察周围地形；

——押解的站位或队形；

——应急处置预案；

——押解记录与档案要求。

## （三）警戒标准

警戒与押解是两个不同的环节，但有时是前后关联同步实施的，押解过程也存在警戒过程，比如将罪犯带到会见室时侧重于押解过程，但在押解过程中也有警戒的要求，押解到会见室之后则转换为警戒过程。

警戒标准化的对象是罪犯在各个现场、各个环节的行为，和围绕罪犯的行为应开展的警戒工作。实施现场警戒，重要的是界定罪犯所在的现场的范围。一般来说，现场是指一个有形的物理场所，如室内的教室、宿舍、食堂、洗澡堂、医疗室、楼宇走廊等，或室外的罪犯活动的区域。押解罪犯从甲场所到乙场所途径的沿线、区域，也可以看作需要警戒的场所。

按照完整性思路对罪犯活动所涉及的现场进行分类，可以分为：（1）生活现场，是指用于罪犯日常生活的场所，在范围上包括宿舍、卫生间、食堂、医疗室、浴室、宿舍区楼宇走廊、卫生区域；（2）学习活动现场，是指用于罪犯接受教育、培训、文体活动、训练的场所，在范围上包括教室、图书阅览室，室内外运动、活动、训练的场所或区域，在宿舍自习、讨论时宿舍也是学习场所；（3）劳动现场，是指用于罪犯生产劳动、技能培训的场所，在范围上包括室内生产车间、室外劳动区域、技能培训场所。

就警戒的标准化对象来说，实施现场警戒要明确"警戒什么"。就重要性和完整性来看，现场警戒的重点事项应放在：

——监管、巡视、督导罪犯遵守罪犯行为规范，特别是其中的"一日规范"；

——在各个场所按规定的环节、时点、频次清点人数；

——宿舍、教室、走廊门等应做到随开随锁，宿舍、教室过道中不允许有闲散人员走动；

——监督罪犯执行互监组纪律；

——监督罪犯遵守"四固定"（就寝铺位固定、队列位置固定、教室座位固定、就餐座位固定）；

——罪犯流动环节的警戒，因管理、教育和罪犯自身的需要，罪犯在监狱内部流动行进时需要加强警戒，这些环节主要是收押或释放环节、上下课环节、劳动或集体活动环节、内部就医环节、会见环节、谈心谈话环节、被提审或讯问环节、清理个人卫生环节。

警戒的共性任务。由于警戒的现场或环节有别，警戒的任务也有所区别。其共性任务主要是：提前排查需要警戒的现场、提前排查罪犯行进沿路的隐患、划定警戒区域、布置警戒设施（比如警戒线、隔离设施）、划分警戒站位与分工，根据现场及罪犯人数确定警戒队形。

通常，一项警戒标准的文本，宜规定下列内容：

——职责与权限；

——警戒的范围，如现场或流动环节；

——警戒发起或批准的程序；

——警力和装备配备，应按需要警戒的事项范围进行规定；

——对罪犯约束性规定，比如对重点罪犯应戴头套、手铐、脚镣等约束性器具；

——警戒任务设计，应按需要警戒的事项范围进行规定；

——安全防范的重点，比如控制滋事、控制与无关人员接触、控制夹带或传递物品、控制观察周围地形；

——应急处置预案；

——警戒记录与档案要求。

由于罪犯的流动环节都是包含于罪犯生活现场、学习活动现场、罪犯劳动现场之中的，在设计警戒标准的文本时，可以将"环节"适当地归并于"现场"。这样可以避免文本表述冗繁。

（四）安全检查标准

安全检查的对象是"隐患"，隐患是影响监狱安全的潜在风险，排除监狱可能存在的隐患是安全保卫的一项重要工作。因而，"隐患"也是标准化的对象。

隐患存在于人的风险行为和物的隐患。人的风险行为包括故意行为和过失行为，如罪犯故意滋事、故意破坏的行为，民警失职渎职、责任意识淡化等过失行为。物的隐患主要表现为物的保安全的功能不足，如配置不达标、功能受损（如报警装置失灵、设施不够牢固、螺栓松动、隔离防护网破损、供电线路布置过密）；存在的隐患物，如围墙内侧或外侧有无攀爬物、堆积物、棍棒，场所放置了有可能被罪犯用作行凶的器物等。

安全检查的目的就在于发现隐患、排除潜在的风险。按安全检查的对象，可以分为对罪犯的安全检查、对民警的安全检查、对物防技防设施装备的安全检查、对潜在隐患物的安全检查。按安全检查的周期，可以分为日常的例行检查、专门目的的专项排查。按安全检查的方式，可以分为清监搜身、监控室视频监控、巡逻、安全大检查。

安全保卫标准体系表中，列示了宜制定的清监搜身、狱内违禁品管理、安全隐患排查（可包括安全大检查）、监控室视频监控、巡逻（可包括围墙周界和内部）等标准。

通常，一项安全检查标准的文本，宜规定下列内容：

——安全检查责任主体、职责与权限；

——安全检查的对象，如应检查的部位、部门、事项，或民警、罪犯的行为；

——安全检查的周期、频次；

——安全检查计划或方案；

——安全检查的组织；

——安全隐患的报告，宜规定安全隐患范围、报告程序；

——安全隐患处置；

——安全检查记录与档案要求。

制定安全检查标准时，可根据安全检查对象和安全检查目的需求，分别制定标准。

需要检查的重点部位至少包括罪犯宿舍、教室、食堂、禁闭室、会见室（谈心谈话室）、医疗室、枪弹库房、罪犯经过或日常活动部位、监狱围墙的内侧、各建筑单元的通道、罪犯物品库房。

制定监狱大门安保值班标准时，应同步设计进出大门的人员、车辆、物品的安全检查标准。

经多年建设，监狱安装的视频监控系统基本做到了全区域覆盖，应充分利用好这一检查方式，实行全域巡查。宜制定单独的视频巡查标准，并且规定视频存储与回放的要求，作为重要的证据资料予以保存。

## （五）"三共"活动标准

"三共"是指监狱与驻监武警部队共建、共管、共保安全的缩略语。密切协调与驻监武警部队的"三共"活动，是确保监狱安全的充分条件。

通常，"三共"活动标准的文本，宜规定下列内容：

——机构与职责；

——活动事项与内容；

——活动的周期与频次；

——活动方案与程序；

——活动的组织实施；

——活动的检查、评价与改进；

——例外事项及处置程序；

——活动记录与档案要求。

## （六）安保分析研判标准

安保分析研判是分析监狱安全风险事件、研判风险事件成就的可能性及其对监狱安全影响程度的主要方法，是确保场所安全的重要措施。

分析与研判是两个前后关联的环节。按分析研判的对象可以分为，对罪犯危险性的分析研判和对场所安全形势的分析研判。按实施的主体可以分为，省区市监狱管理局组织的全系统的分析研判、监狱组织的全监狱分析研判、监区组织的一个监区的分析研判。

安全保卫标准体系表中，列示了宜制定的狱情分析研判规范、安全风险评估规范两项标准。

通常，一项完整的分析研判标准，涉及程序和实体两项内容。就程序来说，大体包括：

——单位主要负责人或经授权其他负责人主持的要求；

——区分公开研判和秘密研判两种情况，宣布保密事项与保密纪律，研判秘密信息时，要与秘密研判人员范围相对应；

——相关人员报告情况；

——主持人组织分析研判，确认分析对象的静态信息、问题项，研判预测走向，研判跟进措施的合理性、周延性，形成研判结论；

——根据研判结论制定对策措施，划分落实的责任人、完成时限、质量要求；

——主持人小结，必要时向有关部门报告；

——归档研判会产生的材料。

就实体内容来说，需要根据分析研判的事项的特性来确定。

### 三、隐秘预防与案件侦办标准体系

安全防范的隐秘预防主要是通过布建耳目、收集情报来挖掘风险事件隐秘信息的方法实现的。案件侦办与隐秘预防高度关联，也主要采取收集情报的方法侦办已经发生的案件或预谋的案件。如果说安全保卫侧重于明面的"人防"，那么隐秘预防与案件侦办则属于隐秘性的"人防"。由于确保监管场所安全的极端重要性、罪犯存在明暗两面性，就必须通过稳秘力量来掌握罪犯中的深层次、内幕性的风险事件情报信息。这是确保监管场所安全的充分条件。

隐秘预防与案件侦办标准体系如下表：

| 工作事项 | 标准化对象 | 业务所属部门 |
| --- | --- | --- |
| 隐秘预防 | 罪犯耳目布建标准<br>情报信息工作标准<br>罪犯坦白检举揭发标准 | 狱内侦查部门 |
| 案件侦办 | 狱内案件侦办标准<br>侦查设施装备管理标准 | 狱内侦查部门 |

#### （一）隐秘预防标准

#### 1. 耳目布建标准

耳目是指为及时搜集、掌握罪犯中的动态信息，发现违法犯罪线索，在罪犯中选建和使用的秘密力量。为了实现"人人都是安全员"全员安全防范的目的，一般来说监狱领导、部门和监区负责人、罪犯的主管民警都应布建自己的耳目。

为着不同目的可以对耳目进行分类。一般分为：（1）控制耳目，指用于秘密监视重点人员及对重点部位进行监控；（2）专案耳目，指用于侦破预谋或已发生的各类案件，监视、控制或了解被侦查对象的活动情况、违法犯罪事实和违法犯罪意图，为破案提供证据或搜集罪证线索。

通常，耳目布建标准的文本宜规定下列内容：

——耳目的类型；

——选建耳目的责任主体；

——耳目应符合的条件；

——审批程序；

——耳目日常管理；

——保密要求；

——耳目考核与奖惩；

——撤销的情形与程序；

——档案要求。

## 2. 情报信息标准

情报信息工作的对象是隐患苗头。凡是影响监管场所安全稳定的隐患苗头都属于情报信息的范围，可通称为狱情。

按情报信息的对象可以分为：（1）涉及人的情报信息，包括犯情（指罪犯中出现的有脱逃、自杀、暴力、消极态度等倾向的影响监狱安全稳定的苗头）、警情（指民警中有可能发生过失而影响监狱安全稳定的苗头）；（2）涉及物的情报信息，包括物防、技防中的隐患。

按情报信息的来源可以分为：（1）监狱内部情报信息，是指本监狱的民警或罪犯提供的情报信息；（2）监狱外部情报信息，是指本监狱以外的组织或群众提供的情报信息，如公安部门、安全部门、普通群众。

通常，情报信息标准的文本宜规定下列内容：

——责任主体及职责划分；

——情报信息分类；

——情报信息分级，宜按重要性分级；

——情报信息收集职责划分或数量要求；

——收集情报信息的途径或方法；

——情报信息的报告或处置；

——情报信息的分析与运用；

——情报信息工作的考核、奖励或惩处；

——保密要求；

——档案要求。

### 3. 坦白检举揭发标准

开展罪犯坦白、检举、揭发活动，是获得情报信息的重要途径。动员罪犯坦白、检举、揭发具有三重意义，其一，它是检验罪犯思想转化真实性、可信度的"试金石"，一般来说，思想真转化的罪犯，他就敢于承认自己以往的错误言行；反之，他就会竭力掩盖或否认。其二，是对罪犯进行教育、震慑的途径，就教育的意义来说，高密集度、大范围的坦白、检举、揭发活动，有利于形成正能量的氛围，可以触动罪犯思想，促其转化；就震慑的意义来说，如果被检举、被揭发就有可能得到惩罚，这是"囚徒困境"效应。其三，既可以获得有价值的信息或案件线索，又可以对检举、揭发者有效保护——瞒天过海。

坦白、检举、揭发活动应大张旗鼓地安排，但收集坦白、检举、揭发材料的方式，可以秘密进行。还要区分不同情况：（1）罪犯写给监狱长、上级机关或司法机关的坦白、检举、揭发材料不受检查；（2）对在检举、揭发中故意捏造歪曲事实、诬告陷害他人、情节严重的，应给予相应处理，涉嫌犯罪的，依法追究刑事责任。

通常，坦白检举揭发标准的文本宜规定下列内容：

——职责划分；

——周期或频次；

——坦白检举揭发的方式，比如设置检举箱、口头或书面坦白检举揭发等；

——活动组织的方式，比如程序等；

——情报信息线索的处置；

——虚假坦白检举揭发的处置；

——检举本监狱工作人员的信息处置；

——考核和奖惩。

### （二）案件侦办标准

狱内案件侦办，宜制定两项标准：狱内案件侦办标准和侦查设施装备管理标准。

1. **狱内案件侦办标准**

侦办狱内又犯罪案件，是打击犯罪分子、消除安全隐患、震慑教育罪犯、确保场所安全的重要工作。罪犯引起的案件一般可以分为既遂案件、未遂或预谋案件。案件侦办的对象是收集和固定这些既遂案件、未遂或预谋案件的证据。侦办案件是一项严肃的执法活动，要严格依照法定程序收集各种证据，证据必须经过查证属实，才能作为定案的依据。

通常，案件侦办标准的文本宜规定下列内容：

——职责划分；

——案件侦办的一般要求，如接受人民检察院法律监督的要求，侦办案件纪律要求和保密要求，不得向涉案人员泄露案情或表示对案件的看法；

——案件分类与立案标准；

——证据分类与标准；

——立案程序，包括既遂案件的立案程序、未遂或预谋案件的立案程序；

——侦查过程要求，如制定侦查工作方案，获取证据和固定证据的途径、方法，讯问、询问的一般要求，勘验和搜查的一般要求，鉴定的一般要求，案件侦查终结的程序，补充侦查的要求；

——结案与销案，如破案应具备的条件，销案应具备的条件，结案的程序；

——案卷立卷与归档。

案件侦办的输出，有以下几种情形：

（1）依法提起公诉，依法追究刑事责任；

（2）情节显著轻微、危害不大，不认为是犯罪，依法不追究刑事责任；

（3）犯罪已过追诉时效期限，依法不追究刑事责任；

（4）罪犯死亡，依法不追究刑事责任；

（5）经特赦令免除刑罚；

（6）没有犯罪事实。

2. **侦查设施装备管理标准**

侦查设施装备管理标准宜制定成一项技术标准。开展狱内侦查需要一定的物质设施和技术装备。将物质设施和技术装备作为标准化的对象，对物质设施和技术装备进行管理，则是侦查设施装备管理标准。

通常，侦查设施装备管理标准的文本宜规定下列内容：

——职责权限；

——物质设施和技术装备的目录及配置的技术参数；

——审讯室的室内配置标准；

——设施装备使用的程序及要求；

——设施装备日常维护、保管要求；

——设施装备损坏的责任划分与处置。

## 四、应急工作标准体系

### （一）应急工作概述

应急工作是为了确保监狱安全，有效预防和应对突发事件，避免和减轻突发事件造成更大的危害所进行的事前准备。

严格说来，上述安全保卫事项也属于突发事件的预防性工作，但应急工作的"预防"更侧重于针对重大案件、灾害制定预案进行预防。这是应急工作与安全保卫的区别。

按照整体性原则，应急工作在构成上包括应急预案体系和应急管理体制机制。应急预案是根据发生和可能发生的突发事件，事先制定的应对计划或方案。应急管理体制机制涉及应急工作的组织架构、职责分工、预警、联动等事项。

应急工作标准体系如下表：

| 工作事项 | 标准化对象 | 业务所属部门 |
| --- | --- | --- |
| 应急预案 | 场所安全应急预案<br>突发公共卫生事件应急预案<br>自然灾害与事故灾难应急预案 | 狱政管理、狱内侦查、生产卫生、安全生产部门 |
| 应急管理 | 应急管理标准 | 综合管理部门 |

### （二）应急预案标准

应急预案的对象是可能发生的突发事件。突发事件是指突然发生，造成或者可能造成严重危害的事件。就监狱系统来说，这些事件包括自然灾害、事故灾难、卫生事件和场所安全事件，需要采取应急处置措施予以应对。针对这些可能发生的突发事件，事先制定一套能够有序、迅速、有效解决问题的行动计划或处置方案，称为应急预案。

应急预案工作的输入是一组处置突发事件假设的设想或要求。应急预案工作的输出是一个或一组载明预案内容的书面文本。应急预案应根据可能发生的突发事件来设计，按照成本效益原则，发生可能性大的突发事件应制定应急预案，发生可能性小的突发事件则可以不制定应急预案。

根据经验，监狱可能发生的突发事件可以分为：（1）自然灾害，如特大暴雨、大风、持续高温或严寒等气象灾害，地面塌陷、地裂缝、地震等地质灾害；（2）事故灾难，如特种设备爆炸，水、电、气、热、通信等公共设施重大事故，火灾；（3）公共卫生事件，包括大面积不明原因疾病，重大疫情，重大食物中毒、药品中毒；（4）场所安全事件，罪犯集体闹事事件、罪犯逃跑事件、罪犯挟持人员事件、罪犯与罪犯之间发生纠纷引发暴乱事件、罪犯自杀自残事件、场所遭到外部袭击事件；（5）其他危害场所正常秩序破坏场所稳定的事件。

据此，监狱宜制定的应急预案可以是：（1）场所安全应急预案，其对象包括防范罪犯集体闹事、罪犯逃跑、罪犯挟持人员、罪犯之间发生纠纷引发暴乱、罪犯自杀自残、场所遭到外部袭击；（2）突发公共卫生事件应急预案，其对象包括传染性疾病、食物中毒、疫情；（3）自然灾害与事故灾难应急预案，包括暴雨、地震、火灾、生产安全。

关于应急预案标准的内容要素，国务院办公厅印发的《突发事件应急预案管理办法》（国办发〔2013〕101号，2013年10月25日）对预案的内容要素作了明确规定：

第九条　单位和基层组织应急预案由机关、企业、事业单位、社会团体和居委会、村委会等法人和基层组织制定，侧重明确应急响应责任人、风险隐患监测、信息报告、预警响应、应急处置、人员疏散撤离组织和路线、可调用或可请求援助的应急资源情况及如何实施等，体现自救互救、信息报告和先期处置特点。

第十条　政府及其部门、有关单位和基层组织可根据应急预案，并针对突发事件现场处置工作灵活制定现场工作方案，侧重明确现场组织指挥机制、应急队伍分工、不同情况下的应对措施、应急装备保障和自我保障等内容。

第十一条 政府及其部门、有关单位和基层组织可结合本地区、本部门和本单位具体情况，编制应急预案操作手册，内容一般包括风险隐患分析、处置工作程序、响应措施、应急队伍和装备物资情况，以及相关单位联络人员和电话等。

据此规定，监狱制定的应急预案可以采取两种方案。

一是全要素预案。包括应急响应责任人及职责划分、风险隐患监测、信息报告、预警响应、应急处置措施、人员疏散撤离组织和路线、可调用或可请求援助的应急资源情况及实施等。根据需要可以在应急预案之下制定现场工作方案，侧重明确现场组织指挥机制、应急队伍分工、不同情况下的应对措施、应急装备保障和自我保障等内容。

二是预案操作手册。包括风险隐患分析、处置工作程序、响应措施、应急队伍和装备物资准备，以及相关单位联络人员和电话等。

本研究认为，采取何种方案，应视所应对的突发事件的复杂程度而定。比较复杂的事项宜采用方案一，比较单一的事项宜采取方案二。

关于突发公共卫生事件应急预案标准。突发公共卫生事件虽然标注"突发"二字，但其发生的机理与进程不同于罪犯闹事、逃跑事件。防范闹事、逃跑预案的侧重点在于事发后的现场处置；防范疫情预案的侧重点在于事前的日常的疾病、食品安全防控，特别是对疫情征兆的敏感性。所以突发公共卫生事件应急预案应将日常防控作为应对公共卫生事件的重点内容。

关于自然灾害与事故灾难应急预案标准。自然灾害与事故灾难本不属于同一类事项，但在事前防范和期后处置方面有相似性，故在制定预案标准时可以归并成一类。自然灾害属于不可抗力，虽不能消除，但可以通过有效的防护准备和减灾准备，减轻灾害造成的损失。所以，防暴雨、防地震应急预案应侧重于建筑物防震加固排险，平时防灾物资准备和疏散演练，成灾时应急疏散。事故灾难的情形比较复杂，其复杂性就在于主观的成分多，或因工作人员失职造成，或因罪犯故意破坏造成。所以，消防（火灾）应急预案应侧重于日常火灾隐患排查、消防物资准备、成灾时疏散罪犯与灭火，生产安全应急预案应侧重于日常安全检查。

## （三）应急管理标准

应急管理标准化的对象是应急工作过程，包括对应急预案的管理和对应急工作组织的管理。

通常，应急管理标准的文本宜规定下列内容：

——应急管理体制机制，涉及应急工作的组织架构、职责分工、预警、联动等事项；

——应急预案管理，包括预案的起草、批准、发布、修订等；

——应急工作考核；

——应急工作记录与档案要求。

另外，编制应急预案和应急管理标准时，可以参考国家标准《职业安全卫生术语》（GB/T 15236—2008）所规定的有关安全的术语。

## 五、物防技防标准体系

### （一）物防技防概述

在安全防范体系中，人防是最积极、最直接、最有效的预防，所建设配置的物防技防设施及装备，只不过是"人防"的延伸或工具而已，但它是安全防范的充分条件。所以，安全防范应贯彻人防第一、物防技防第二的方针。

物防有两层含义，一是作名词理解，指物理防范的设施；二是作动词解，指将物理设施用作防范的手段。前者涉及建设、配置标准，后者涉及部位及功能。所以物防标准的设计应从两个方面统筹考虑，一是考虑功能的有用性，满足安全防范的需求；二是要依安全防范需求考虑建设配置的标准。

技防与物防的道理相同，也有两层含义。技防是物防的延伸，是物防的特殊表现形式。在范围上包括感应、电子设备及其配套设备。

另外，警用装备是特殊类型的物防技防设施，其配发、使用也需要规范。物防技防标准体系如下表：

| 工作事项 | 标准化对象 | 业务所属部门 |
| --- | --- | --- |
| 物防技防设施建设 | 建设或配置标准<br>建设或配置程序标准 | 基建、科技信息、财务部门 |
| 警用装备配置 | 警用装备配置标准<br>警用装备管理标准 | 科技信息、财务部门 |

## （二）设施建设标准

物防技防设施建设中的"建设"，有两个方面的含义：（1）指物防技防设施的功能要求，即建在什么部位、需要具备哪些功能，以及满足这些功能的技术要求；（2）指项目的建设程序，包括项目立项、设计、施工、竣工验收、交付的程序，以及资金审批的程序。

按照物防技防用于安全防范的范围，在场所外围，应建设隔离设施、防撞设施；在场所内部，可以按防闹事、防逃跑、防地震、防火灾、防疫情的功能需求来配置。

这样，物防技防设施建设标准，需要制定"建设或配置规范"和"建设或配置程序规范"两项标准。

通常，建设或配置规范标准的文本宜规定下列内容：

——物防技防设施的分类；

——建设或配置的部位与功能要求（或技术要求）；

——建设或配置细目。

如下列所示：

| 配置部位 | 物品品名 | 技术要求 | 数量 |
|---|---|---|---|
| 围墙外侧 | 隔离网 | 高度、材质、式样 | |
| 大门安检部位（行人） | 安检门（检行人） | | |
| | 安检门（检物品） | | |
| | 手持金属探测器 | | |
| | 电子门禁系统 | | |
| 大门安检部位（行车） | 车底探测器 | | |
| 大门外侧 | 破胎器 | | |
| | 防撞桩 | | |
| …… | | | |

关于项目建设程序的标准，可以按项目立项、设计、施工、竣工验收、交付的程序，以及资金审批的程序来设计。其标准的文本宜规定下列内容：

——项目类型划分；

——按概算额度或技术难度划分的审批权限；

——立项的一般要求；

——设计的一般要求；

——施工管理的一般要求；

——竣工验收的流程和要求；

——交付的一般要求。

（三）警用装备标准

这里的警用装备是指用于民警日常防暴、战时处突的武器、器械。在物理形态上，也属于物防技防的范畴。

用于监狱安全防范的警用装备大体包括：武器、警棍盾牌、排爆器材、防弹防刺服装和头盔、网枪、手铐、警绳、防化服、救生设备、单警装备、个人防护器材、对讲机、执法记录仪、照相摄像器材、秘密侦查器材。

警用装备的功能具有两重性，掌握在民警手中时，它是防暴、处突的工具；被罪犯截夺时，就变成了施暴的凶器。所以，确保警用装备安全非常重要。

通常，警用装备管理规范标准的文本宜规定下列内容：

——警用装备管理的管理部门、使用部门及其职责划分；

——警用装备分类；

——与部位或任务相适应的配置，配置细目如下表所示：

| 部位或任务 | 物品品名 | 技术要求 | 数量 |
|---|---|---|---|
| 罪犯押解 | 武器<br>对讲机<br>手铐<br>执法记录仪<br>防弹防刺服装和头盔 | | |
| 大门安检部位 | 对讲机<br>警棍盾牌<br>排爆器材<br>防弹防刺服装和头盔 | | |
| …… | | | |

——申领的程序；

——使用的一般要求；

——归还与回收；

——日常维护，如武器使用保养；

——纪律要求；

——责任事故的处置。

设计该项标准时需要注意的是，警用装备的配置需要与民警执勤的部位或任务相适应，这些任务包括安保值班、押解罪犯、现场警戒、安全检查。

# 第四节　运行支持标准体系

运行支持是开展罪犯改造、安全防范工作，实现监狱工作目标的必要条件，其核心任务是充分发挥监狱资源的直接效能和潜在效能。运行支持标准化，意在通过制定标准来规范监狱所占有资源的有效利用，发挥资源的效能。

## 一、运行支持概述

广义上，只要是监狱事权范围内的事项，都属于监狱工作范围。因而，运行支持属于监狱工作，狭义上的监狱工作，通常是指传统观念所称的罪犯改造和安全防范两项工作。因而运行支持是监狱工作不可或缺的部分。分析广义和狭义的监狱工作范围意在区分监狱全部工作的"主业"与"辅业"、主导与协同，提示监狱要围绕罪犯改造和安全防范两项主导性工作管好用好内部现有的资源，并争取获得更多的外部资源。

监狱所占有的资源按其功能可以分为人力资源、物质资源（包括基础设施、装备、经费）、场所环境资源、罪犯教育资源。这些资源仅仅为开展监狱工作准备了充分条件，要使资源转化成现实的生产力，必须由占有这些资源的监狱加以"开发利用"——资源管理。管理出效益，管理可以优化秩序。支持的意义在于，通过科学管理挖掘资源的潜能，人尽其力、物尽其用，将资源转化成动能，将"充分条件"转化成现实的生产力。

从支持的意义来说，支持过程的子过程包括人员支持、物质支持、服务支持、组织能力支持四个要素。人员资源的动能转换通过"人员支持"子过程来实现，基础设施、装备、经费资源的动能转换通过"物质支持"子过程来实现，罪犯教育资源通过组织编写专门用于罪犯教育培训的教材来实现，服务支持包括行政服务和后勤服务，是保障监狱工作日常运转的重要过程。监狱的组织能力是激发各种资源产生动能的"激发器"，因而是重要的支持过程。

由于运行支持涉及面比较广，并且资源配置与现行体制密切相关，很多事项并非监狱能够决定和控制（如人员编制、机构设置、经费保障标准等），很多事权并非监狱能够"自由裁量"，故本节侧重于阐述运行支持的应然状态——一个完整的支持过程应该是个什么样子。至于实然状态，则主要梳理现行的做法，加以系统化之后建设性地提出相应事项的标准文本。

运行支持标准体系的构成如下：

——人员支持标准；

——物质支持标准；

——服务支持标准；

——组织能力支持标准。

## 二、人员支持标准体系

### （一）人员支持概述

人员是开展监狱工作的第一资源。监狱工作对人员资源的数量、专业能力、年龄性别、体能等方面的需求，与接受改造的罪犯数量、监狱组织构架及机构设置、对监狱工作重要性认识、人员编制规模、监狱工作社会化程度直接相关。

按现行体制，人员资源的事权主要在省区市监狱管理局或司法厅（局）。省级监狱管理局应牵头为监狱提供必要数量的、能够胜任监狱工作的人员资源。

从监狱工作对人员资源的需求来看，按层级可以分为领导干部类和一般干部类，领导干部如监狱长、政委、副监狱长、政治处主任、纪委书记等，以及监狱机关各部门、监区负责人，其他干部可称为一般干部。按人员执法权责可分为监狱人民警察类和辅助执法人员类。按职能可分为领导职位类、安保职位类、管教类、医务类、行政服务类、后勤服务类。

总的来说，人员资源供给需要按最低限度要求来满足：最低数量要求、最低能力要求、适应罪犯性别的民警性别比例要求。

### （二）人员支持标准

保障人员资源的供给，仅仅为开展监狱工作提供了可能，而要发挥人员资源的效能，还须加强对人员资源的管理。这也是监狱必须履行好的事权。

### 1. 人员支持管理概述

在基层监狱，一个比较完整的人员支持管理系统大体包括以下方面。

（1）人员组织。其工作事项包括：内设机构和监区（分监区）的设置、变更及其管理；人员配备，包括定编定岗，以及职位（或岗位）职责。

（2）人员管理。其工作事项包括：考录、建档、调动、辞退（开除）、辞职及退休管理；考察、考核、选拔任用、交流；警衔与专业技术职务的评定（认定）；考勤、绩效考核；奖惩；人事档案管理。

（3）人员培训与能力开发。其工作事项包括：监狱民警队伍职业化、专业化需求分析；培训计划的编制与实施，培训效果评估；能力素质评价与能力开发，人才队伍建设。

（4）人员工资福利保障。其工作事项包括：工资核定、调整、发放；福利的种类、享受条件；各项社会保障。

### 2. 人员支持管理标准

监狱系统中的人员管理一般称为队伍管理。制定人员支持系列标准时，可以参考国家标准《政治面貌代码》（GB/T 4762—1984）、《个人基本信息分类与代码》（GB/T 2261）等标准。按照整体性原则，一项完整的人员资源管理标准体系大体包括下列内容。

| 工作事项 | 标准化对象 | 业务所属部门 |
| --- | --- | --- |
| 职位资质要求 | 职位、人员资质要求 | 政治处 |
| 人事工作 | 人事工作标准 | 政治处 |
| 日常管理 | 工作人员日常管理标准，可以单独制定工作人员绩效考核标准、请销假管理标准 | 政治处 |
| 工资工作 | 工资管理标准 | 政治处 |
| 社保医保工作 | 社保医保管理标准 | 政治处 |
| 警衔与专业技术职务工作 | 警衔与专业技术职务管理标准 | 政治处 |
| 激励管理 | 工作人员立功创模标准<br>工作人员处分标准 | 政治处 |
| 民警行为管理 | 民警行为规范 | 政治处 |
| 民警教育培训 | 民警教育培训标准 | 政治处 |

| 工作事项 | 标准化对象 | 业务所属部门 |
|---|---|---|
| 队伍工作信息统计 | 队伍工作信息统计标准 | 政治处 |
| 退休人员管理 | 退休人员管理标准 | 政治处或退休人员管理部门 |

（1）职位资质要求是根据职位所需要的资质而制定的标准。制定该标准时需要依据工作事项确定职位，根据该职位所需要的能力等条件确定该职位必要的资质标准，如财务部门工作人员需要具有财务专业背景、会计从业资格证，法制工作部门需要具有法律专业背景、法律职业资格证书，安保职位的民警在年龄、体能方面的条件，罪犯教育职位的民警需要具有师范院校的专业背景和教师资格证。

（2）人事工作标准的文本宜规定下列内容：

——接转人事关系程序；

——办理招录、聘用、晋升、辞退、退休手续程序；

——人事档案管理。

（3）工作人员日常管理标准的文本宜规定下列内容：

——出勤考勤；

——请销假管理；

——请示报告规则；

——个人绩效考核；

——日常监督；

——记录与档案要求。

考虑到个人绩效考核、请销假程序比较复杂，可以单独制定工作人员绩效考核，内容宜包括考核的项目、考核标准、考核程序、考核结果应用。可以单独制定请销假管理，内容宜包括假期的类型（如休假、病假、事假、婚假、丧假、探亲假、生育假等）、各类假期的天数、请销假程序、日常考勤规定。

（4）工资管理标准的文本宜规定下列内容：

——工资等级审定、变更调整程序；

——工资关系结转程序；

——退休辞职辞退人员工资办理程序；

——发放审批程序；

——档案要求。

（5）社保医保管理标准的文本宜规定下列内容：

——参保人员的范围；

——缴费标准；

——参保与退保程序；

——赔付的办理；

——结转处理；

——档案要求。

（6）警衔与专业技术职务管理标准的文本宜规定下列内容：

——晋升的条件；

——申报的程序；

——培训要求；

——聘任要求；

——档案记录；

——兑现（比如发放警衔、工资）。

必要时可分别制定警衔管理和专业技术职务管理两个标准文件。

（7）激励管理宜制定工作人员立功创模和工作人员处分两个文件：

——工作人员立功创模标准的文本宜规定立功创模的类型、条件设定、评选程序、奖励实施、档案要求；

——工作人员处分标准的文本宜规定处分的类型或方式、条件设定、处分程序、处分实施、档案要求。

（8）民警行为规范标准的文本宜规定下列内容：

——职业道德规范；

——着装规范；

——警容礼仪规范；

——依法文明管理规范；

——纪律规范，包括政治、组织、廉洁、群众、工作、生活"六大纪律"，其依据是《中国共产党纪律处分条例》（2018 年 7 月 31 日修订）。

（9）民警教育培训标准的文本宜规定下列内容：

——培训的类型；

——周期；

——内容；

——人员范围；

——培训考核；

——结果应用；

——档案要求。

（10）队伍工作信息统计标准的文本宜规定下列内容：

——应统计的事项或统计范围；

——统计责任人及职责；

——指标和报表；

——审批程序；

——报送去向；

——档案要求。

（11）退休人员管理标准的文本宜规定下列内容：

——退休人员管理部门职责；

——服务内容及服务要求；

——服务办理的程序；

——退休人员党建工作。

### 三、物质支持标准体系

物质资源保障是开展监狱工作的充分且必要条件。广义上的物质资源包括有形的物质、无形的软件（信息技术）和经费。

#### （一）物质分类

按"物质"的完整性原则，监狱的"物质"按用途可以分为罪犯改造区用物质、安全防范用物质、行政办公区用物质，按形态可以分为物理性状物质（如设施、装备）、软件性状物质、货币性状物质（经费），按使用周期可以分为固定资产、低值易耗品。

从"支持"的意义和为着物质管理的目的来说，宜按其性状和用途作如下划分。

##### 1. 房屋、建筑物

房屋包括行政办公用房、工作人员备勤和食堂用房、罪犯宿舍、罪犯劳动教育生活卫生用房、驻监武警部队用房、仓库等。

建筑物包括监狱围墙、大门、隔离网、无线通讯塔、生活用水建筑物、场所道路、执勤岗亭等。

房屋、建筑物附属设施，包括给排水管道、供气管道、线路（输电、通信、监控）、电梯、电动门等。

## 2. 通用设备

包括送变电设备、备用发电机组、计算机、打印机、复印机、传真机、广播电视设备、生活用锅炉或设备、办公家具等。

## 3. 专用设备

包括警务设备（枪、戒具、执法记录仪等）、通信监控（网络）设备、信息存储设备、侦查设备（摄影器材）、警车、救护车、生活物资用车、医疗设备、生活用设备（洗浴设备、食堂用设备等）、文体设备等。

## 4. 应用软件

包括外部购入的成品软件和委托开发设计的软件。

## 5. 经费

在形态上表现为货币资金，其来源包括财政预算、生产收益、捐助，在去向或用途方面，一部分用于上述 1～4 项物质投入，一部分用于维持监狱工作日常运转。

## （二）物质支持标准

物质支持管理涉及两个问题，一是供应，二是供应后的应用与维护。

实施物质支持的管理宜制定以下文件。

（1）监狱设施设备及用品购置，包括：

——选购标准，包括设施、设备及用品的需求评估及采购计划管理，设施、设备及用品的技术要求，进货验收的质量检验项目与检验方法，设施、设备及用品购置审批；

——安装调试标准，包括安装验收技术条件，对安装完工后的试运行技术要求和方法的规定，验收程序、抽样及试验方法，安装、交付管理要求。

（2）监狱设施设备使用与维护保养，包括：

——设施设备使用职责划分；

——设施、设备使用中的操作、运行要求；

——设施、设备维护保养技术要求；

——设施、设备维护保养管理要求（包括设施、设备维护保养计划，日常管理，自检和巡回检查管理）；

——设备、设施停用改造管理要求；

——设备、设施报废评判与处置管理。

（3）监狱基础设施建设项目管理规范，主要解决房屋、建筑物的建设资金来源，项目立项、施工、验收过程的管理问题。这里的基础设施也包括信息化建设项目。

（4）监狱设备低值易耗品购置管理，主要解决设备和低值易耗品购置的审批程序、入库及仓储、领用发放等问题。这里的设备包括通用设备、专用设备、应用软件（指单独购置或开发的应用软件）。

（5）监狱固定资产管理，主要解决固定资产增加、调拨、盘点、报废清理等程序问题，意在确保固定资产有序使用和国有资产安全。

（6）监狱经费支出审批，主要解决财政拨付经费的支出报销审批权限和审批程序问题。

（7）监狱财务管理和监狱会计工作，两个文件有关联，但也有区别，前一个文件要解决的是年度经费预算和财务收支计划的编制、经费收入和经费支出的管理、资产和负债的管理等问题，后一个文件要解决的是经费收入和经费支出的科目、会计核算和账务处理、会计决算和会计报表等问题。

## 四、服务支持标准体系

这里所称的服务，是指为深入开展罪犯管教和安全防范工作、实现监狱工作目标所提供的有效保障性活动。支持监狱工作的服务，主要划分为行政服务和后勤服务。这是保障监狱工作正常运行的充分条件。

### （一）行政服务标准

行政服务的支持意义在于为统筹开展监狱工作提供指挥、沟通、协调行动的途径。行政服务的主要方式是公文和会议。公文和会议内含着指挥、沟通、协调的意义。在多数情况下，监狱决策层的指挥，管理层及上下之间的协调、沟通是通过公文和会议的方式完成的。此外，会议管理、保密工作、档案工作、用印、政务公开，也都属于政务服务的范畴。

监狱工作的行政服务，宜制定以下文件。

（1）监狱公文处理。其内容包括收文办理、发文办理、公文日常管理。其中，发文办理是重点。这是因为，制发的文件直接表达着决策层的指挥、协调、沟通的意图，如果文件质量低、没有表达清楚监狱决策层的真实意图，就有可能产生歧义，直接影响决策指挥的效能。制定时，在形式方面可以依据《党政机关公文处理工作条例》（2012 年）和《党政机关公文格式》（GB/T 9704—2012）。

（2）监狱会议工作。其内容包括：会议的类型、周期、参加人员范围、议事范围、议事规则、会议决定事项的督办。制定时，可以参考《会议分类和术语》（GB/T 30520—2014）国家标准。制定时，须依据《中华人民共和国保守国家秘密法》（2010 年）以及司法部、保密工作行政主管部门制定的法规和规范性文件。

（3）监狱保密工作。其内容包括：保密职责划分、秘密事项范围、涉密工作人员、涉密文件管理、涉密计算机及涉密载体管理、会议保密管理、宣传报道保密防范、保密宣传教育、工作人员保密工作纪律。国家保密工作的法律法规以及《文献保密等级代码》（GB/T 7156）等国家标准，是制定该文件的直接依据。

（4）监狱档案工作。其内容包括：职责划分、档案范围、档案分类、保管期限、归档管理、档案场所管理、档案利用管理、档案销毁管理。制定时须依据《中华人民共和国档案法》（2016 年）、《中华人民共和国档案法实施办法》（2017 年）以及《归档文件整理规则》（DA/T 22—2015）、《电子文件归档与电子档案管理规范》（GB/T 18894—2016）、《照片档案管理规范》（GB/T 11821—2002）、《档案分类标引规则》（GB/T 15418—2009）、《档案著录规则》（DA/T 18）、《档案主题标引规则》（DA/T 19）、《档案馆建筑设计规范》（JGJ 25）等国家标准和行业标准。

（5）监狱信访工作。其内容包括：职责划分、办信程序、接访程序、督办。制定时须依据《中华人民共和国信访条例》及配套的法规、规章、规范性文件。

（6）监狱印章管理。其内容包括：印章保管要求、用印手续、用印地点要求、盖印要求、印章的变更与废止、电子印章使用程序等。

（7）监狱政务公开。其内容包括：职责划分、应当向社会公开的事项范围、应当在内部公开的事项范围、政务公开程序、政务公开方式、政务公开时限。制定时须依据《中华人民共和国政府信息公开条例》及配套的法规、规章、规范性文件。在制定该文件时，要处理好与狱务公开的关系。

### （二）后勤服务标准

俗话说，兵马未动，粮草先行。这是我国兵家对后勤工作在军事行动中地位、作用的高度提炼。后勤工作在整个监狱工作体系中属于辅助性质，协助"前线"人员完成监狱工作任务，因而不可或缺。制定该类标准时可参考《服务标准化工作指南》（GB/T 15624—2011）。

健全监狱工作的后勤服务，应制定以下文件。

（1）监狱公务用车服务。其内容包括：公务车辆管理原则、公务用车保障原则、用车分派程序、行车安全管理、车辆保养维护等。

（2）监狱办公服务。其内容包括：办公服务范围、办公设施（用具）及用品配置标准、办公场所物品定置管理、报刊征订分发、信件收发。如果开发应用了 OA 系统，还应包括规范 OA 系统应用的内容，可制定监狱电子政务服务。

（3）监狱生活服务。其内容包括：工作人员食堂服务、水电气暖保障、备勤室生活用具、办公场所公共卫生、低值易耗品供应。

（4）监狱资产维修养护。其内容包括：维修养护的范围、报修程序、实施程序、验收交付、经费审批报销。

（5）监狱公务接待。其内容包括公务接待对象（事项）范围、接待标准、审批程序、接待准备、接待实施、后续工作。

## 五、组织能力支持标准体系

监狱的组织能力是支持监狱工作极为重要的资源。组织能力对于监狱这一抽象主体来说，就是在中国共产党的政治领导下统揽上下、协调左右，共同做好监狱工作的能力；对于监狱工作人员个人来说，就是个人运用所掌握的知识解决监狱工作具体问题的本领。本研究认为，如果说人员、物质属于运行支持的硬实力的话，那么，组织能力则是运行支持的软实力。属于监狱自主掌控的、能够用于支持监狱工作运行的组织能力，在范围上包括：党建群团工作、组织文化、督察检查。

## (一) 党建群团标准

中国共产党对监狱工作的绝对领导，是监狱工作的一项重要政治原则。必须建立相应的工作标准，来落实党对监狱工作的绝对领导。建立该标准体系依据是党的政策和党内法规。十九大报告指出，"东西南北中，党是领导一切的"，"中国特色社会主义制度的最大优势是中国共产党领导，党是最高政治领导力量"。"要以提升组织力为重点"，把"基层党组织建设成宣传党的主张、贯彻党的决定、领导基层治理、团结动员群众、推动改革发展的坚强战斗堡垒。"《中国共产党政法工作条例》第五章专门规定"政法单位党组（党委）的领导"，第十四条规定："政法单位党组（党委）领导本单位或者本系统政法工作，贯彻党中央关于政法工作大政方针，执行党中央以及上级党组织关于政法工作的决定、决策部署、指示等事项。"第十五条规定："政法单位党组（党委）在领导和组织开展政法工作中，应当把方向、管大局、保落实，发挥好领导作用。"监狱作为政法单位，必须绝对服从党的领导。中国共产党的领导是做好监狱工作的根本保证。党建群团工作是发挥人员资源效能的重要资源，也是监狱必须做好的工作。中国共产党对监狱工作的领导最主要地体现在"把方向、管大局、保落实"。党建群团的支持意义在于为监狱工作提供不竭动力。

在制定监狱标准时，要将中国共产党对监狱工作的绝对领导贯穿到、融入到标准的实体内容之中。从单纯的党建群团标准的框架和形式的角度，一个完整的党建群团工作标准体系大体包括下列内容。

（1）监狱党委（党总支）工作。应制定的文件是《监狱党委（党总支）工作规范》，其内容主要是按《中国共产党政法工作条例》和《中国共产党党和国家机关基层组织工作条例》组织开展党的工作和监狱工作，围绕政治建设、思想建设、组织建设、作风建设、纪律建设及制度建设、反腐败斗争，加强监狱党组织自身党的建设。在细目方面包括：理论学习中心组学习规则、党内政治生活规则、党委（党总支）会议事规则、党内制度建设规则等。

（2）监狱党支部工作。应制定的文件是《监狱党支部工作规范》，其内容包括：支部设立的范围、审批程序、支部自身建设、支部活动规则、支部党建工作考核等。

（3）组织工作。应制定的文件是《监狱组织工作规范》，制定时须依据《中国共产党党和国家机关基层组织工作条例》，其内容主要包括：党的干部的教育培养、选拔任用、监督管理、考察考核、调配任免以及老干部工作。

（4）党员管理。党员管理本属于组织工作的范围，考虑到此项工作比较复杂，宜单独制定标准文件，在标准体系中，可以列为"部分"。可以制定的文件是《监狱党员管理规范》，制定时须依据《中国共产党党和国家机关基层组织工作条例》《中国共产党党员教育工作条例》，其内容主要包括：发展党员、党员教育和管理、党内统计、党费收缴、组织关系接转等。

（5）纪检监察工作。应制定的文件是《监狱纪检监察工作规范》，其内容主要包括：反腐倡廉教育、党内监督、群众监督、纠风与专项治理、信访举报、违纪案件查办等。

（6）群团工作。监狱的群团工作主要是工会工作、共青团与青年工作、妇女工作等，应制定相应的工作文件——《监狱工会工作规范》《监狱共青团和青年工作规范》《监狱妇女工作规范》。另外，在广义上，监狱工作协会也属于群团（团体）的范畴，必要时也可以制定单独的标准文件。

（二）组织文化标准

中共十九大指出："文化是一个国家、一个民族的灵魂。文化兴国运兴，文化强民族强。没有高度的文化自信，没有文化的繁荣兴盛，就没有中华民族伟大复兴"，"中国特色社会主义文化是激励全党全国各族人民奋勇前进的强大精神力量。"从这个大前提出发，对于监狱而言，文化是一种氛围，是精神状态的表现，是支持监狱工作的软实力。监狱文化软实力，可以为更好地开展监狱工作提供强有力的思想保证、精神动力和智力支持。监狱的文化对于运行的支持，可以通过制定以下文件来实现。

（1）监狱意识形态工作责任制规范。其内容包括：维护意识形态政治安全的要求，监狱意识形态责任范围、层级与职责划分，意识形态事故处理。制定时须依据中共中央办公厅印发的《党委（党组）意识形态工作责任制实施办法》。

（2）监狱文明单位建设规范。主要依据监狱驻在地关于文明建设的有关规定制定。其内容包括：文明单位建设的活动内容与活动方式体系标准；文明单位建设的组织实施标准，包括职责划分、文明单位标准、创建目标、创建的组织、创建活动、申报、创建过程考核、成果巩固、创建档案等。

（3）监狱人文环境建设规范。人们常说"环境改变人""环境造就人"，说的就是人文环境对于人的影响。监狱人文环境建设规范主要包括：人文环境建设目标、建筑及其布置形象（如大门式样颜色、墙壁上的图文或标语、橱窗、建筑装饰、国旗台基等）、文化设施（图书阅览室、荣誉室等）、环境美化、文体活动、秩序风气（如良好行为习惯，乐于助人、无歧视、和谐稳定、无对抗的人际关系）、心理健康（如减压、预防过度疲劳、保证情绪稳定等）。

（4）监狱新闻宣传规范。由于监狱工作的敏感性和保密性，在符合保密规定的前提下，应侧重于监狱系统内部的宣传。监狱新闻宣传规范的内容主要包括：职责划分、宣传途径或方式（如网站、信息简报）、宣传内容或范围、宣传稿件质量要求、媒体采访报道、新闻发布（包括内容、方式、程序）、新闻宣传稿件的审核把关、涉监狱工作舆情监测与处理、新闻宣传纪律、涉密审查程序。

（5）监狱调研与交流规范。调研是对监狱工作开展的调查研究，包括解决问题型调研和总结经验型调研。交流是对监狱工作的科研、理论研讨交流，是对监狱工作的正当性、合法性、科学性、前瞻性等与监狱工作密切相关的主题所进行的研究论证，属于理论研究范畴。调研与交流是监狱工作人员获得知识、增强能力（诸如辩证思维、逻辑思维、理论思维的能力）、交流经验、改进工作、巩固成果、提升监狱工作科学性实效性的重要途径，因而属于组织文化的重要方面。监狱调研与交流规范内容主要包括：调研与交流的参与人员范围、主题或内容、组织方式、成果质量要求、成果转化与应用。

（三）督察检查标准

督察检查是提升组织力、执行力，推动政令执行、确保政令畅通、确保各项措施落到实处、扎实推进工作的重要手段，也是修正决策、防止和减少决策失误的有效方法，因而是组织能力的一项重要内容。

按监督的主体，对监狱的监督分为法定机关监督、监狱系统内部监督、外部社会监督。《监狱法》第六条规定："人民检察院对监狱执行刑罚的活动是否合法，依法实行监督。"《刑事诉讼法》第二百二十四条规定："人民检察院对执行机关执行刑罚的活动是否合法实行监督，如果发现有违法情况应当通知执行机关。"《中华人民共和国监察法》对所有行使公权力的公职人员的监督作出规定。这是法定机关监督的法律依据。

内部监督主要是由监狱系统内部的纪检、监察、警务督察、审计部门对监狱民警执法执纪情况进行监督。监督的内容主要是监督监狱内设机构或者下级组织及其工作人员行使权力是否合法合理、执法或管理行为是否合法合理、工作部署是否得到落实、是否廉洁勤政。

社会监督的主体主要是各级人大、政协、新闻媒体等和人民群众。监督形式主要是设立举报电话，聘请社会执法监督员，邀请人大代表、政协委员和社会有关人士定期视察监狱，向罪犯亲属介绍罪犯改造情况等形式。

检查主要是系统内部的检查、督促等自我约束。

督察检查与绩效考评并用，就可以发现典型、总结推广经验、推动工作，就成为奖励先进、鞭策后进、争先创优的工作激励机制，从而富有成效地推动实践。

可以制定监狱督察检查管理规范，其内容主要包括：

——督察检查的层级，按照事权、职责范围，建立监狱管理局对各监狱、监狱对所属部门或单位的两级督察检查制度；

——划分督察检查的职能，要明确区分综合督察检查与业务部门专项督察检查的任务范围，发挥业务部门专项督察检查指导工作的作用；

——督察检查分类与责任划分；

——与分类相适应的督察检查依据；

——督察检查方式及适用；

——督察检查要求；

——督察检查工作事项范围及实施程序，包括立项、实施、报告；

——督察检查结果应用；

——立卷归档。

# 第五节 评价改进标准体系

在监狱标准化话语体系中，评价改进有两个对象、两层含义：一是将监狱工作作为对象，对监狱工作的评价与改进，需要制定监狱绩效评价的文件；二是将监狱标准化工作作为对象，对监狱标准体系的完整性、符合性及标准实施情况进行评价与改进，需要制定监狱标准化工作评审的文件。因此，评价改进标准体系包括两项标准：监狱绩效评价标准、监狱标准化工作评审标准。

## 一、监狱绩效评价标准

监狱绩效是监狱行刑过程取得的成绩和效果。监狱工作的输出是监狱绩效，以监狱绩效为标准化的对象制定的标准是监狱绩效评价标准。

制定监狱绩效评价标准的依据是监狱绩效评价的框架。虽然绩效评价制度在监狱工作制度体系中占有十分重要的地位，但尚未建立较为科学的、稳定的、具有广泛适用性的监狱绩效评价制度。其突出表现是，当前各地都在探索之中，全国监狱系统并未定型。因此，要首先构建监狱绩效评价的基本框架，在此基础上设计出监狱绩效评价标准文本的框架。这里按照科学性、合理性、可操作性原则，借鉴企业综合绩效评价的经验，建设性、前瞻性地提出监狱绩效评价的基本框架。

### （一）监狱绩效评价的地位与层次

#### 1. 监狱绩效评价的地位

绩效即业绩和成效。监狱开展监狱工作的成效是通过绩效来体现的。监狱绩效是监狱工作结果与所消耗资源之间的比率关系，监狱应力求以最少的资源消耗获得更好的监狱工作结果。监狱绩效评价是通过建立绩效评价标准对监狱（作为一个组织）和工作人员的绩效进行分析、评价和等级划分的过程。开展绩效评价是引导监狱及其工作人员树立正确绩效导向、尽职尽责做好本职工作的一项重要制度，也是实行行政问责制的前提和基础。因此，建立符合中国特色社会主义制度要求的监狱绩效评价体系，就显得十分重要和必要。

#### 2. 监狱绩效评价的功能

绩效评价是监狱工作绩效管理的基础性工作。在一个系统连续的管理过程中，要提高绩效，首先必须确立一个信息贯通机制，建立一个了解机制。作为监狱的直接上级主管机关和间接管理机关（包括省区市监狱管理局、司法厅，司法部监狱管理局，驻在地中共党委和人民政府或相关部门），不仅要了解监狱工作中的一些基础性的静态信息，也需要了解各类工作制度落实方面的动态信息。绩效评价就是这样一个了解机制，通过真实有效的评估，可以帮助上级比较全面客观地把握一段时间以来监狱工作的相关信息，为上级提高监狱工作决策的科学性提供依据。

绩效评价具有目标导向的功能。将监狱工作目标融入评价过程之中，就可以引导各监狱及其工作人员围绕监狱工作目标开展本职工作。另外，通过设计一套评价指标体系，就可以发挥绩效评价的"指挥棒"功能。

绩效评价具有约束激励的功能。绩效评价的精髓在于落实责任，责任与个人利益、组织利益直接相关。责任需要一定的推动机制，绩效评价的结果在各监狱之间、在监狱内部各部门各监区之间相互比较，就能区分出工作优劣，就可以激发出工作动力。

### 3. 监狱绩效评价的层次

监狱是一个具有层级结构的组织体系。从纵向来看，绩效评价可以分为两个基本层次，即监狱管理局对监狱的绩效评价（对于监狱来说是外部评价）和由监狱对其所属机构和人员的绩效评价（对于监狱来说是内部评价）。如果上延，可以推及到司法部监狱管理局对各省区市监狱管理局的绩效评价和工作质量划分。

从横向来看，绩效评价又可分为对监狱工作"过程"的评价和对"过程"结果的评价两个方面。

### （二）绩效评价体系架构

这里以省级监狱管理局对所属监狱绩效评价为例，设计绩效评价体系和标准。

绩效评价既是一个体制制度问题，也是一个技术性问题。监狱绩效管理是一个包括计划、实施、考核、反馈、改进等环节的过程。监狱绩效管理就是针对这些环节的管理与控制。监狱绩效按评价对象的不同可以分为组织绩效与个体绩效，组织绩效又可以分监狱绩效、监区（分监区）绩效、部门绩效。

科学的绩效评价体系应当具备：一要有一套科学的、内部公认的、可行的、客观的指标体系；二要有一套公认的、科学简便的评价方法；三要有一套完整的、稳定的统计制度。

绩效评价体系架构大体如下。

### 1. 评价目标

即监狱工作的价值取向。这一价值取向即监狱工作的二重目标：罪犯改造质量目标和场所安全目标。实现罪犯改造质量目标和场所安全目标，是监狱政治价值、社会价值之所在，监狱存在的意义就在于改造罪犯、确保社会稳定和国家长治久安。

监狱绩效评价就是要围绕监狱工作目标来进行，在设计绩效评价体系时要充分体现监狱工作目标所内含着的导向作用。

### 2. 评价对象与评价主体

评价对象即对谁的哪些方面进行评价。绩效评价是对绩效的承担者的评价。不同的评价对象取决于不同的评价目的，评价的结果对于不同的评价对象产生的影响也各不相同。具体来说，要侧重于以监狱范围内所开展的工作为评价对象；对工作人员个人的评价，宜按相关人员的考核办法实施。

评价主体即由谁组织实施评价，本著侧重研究监狱的标准化，因此以监狱层级为对象（而将监区作为一个局部），如此，则评价主体是指省区市监狱管理局，对监狱的绩效评价由监狱管理局组织实施。

### 3. 评价指标与评价标准

评价指标是评价对象的具体化，是指对被评价对象的哪些方面进行评价。

评价标准即用于判断评价绩效指标值优劣的参照系，一般与评价指标一一对应。

### 4. 评价方法

评价方法是具体实施评价过程的程序和办法。这里设计定性评估和定量评价相结合的方法。

## （三）评价内容设计

评价内容即对监狱全部工作中的哪些方面进行评价。设计评价内容是建立评价指标体系的前提。

一般而言，完成一项任务可以抽象概括为如下过程：

工作成果 = 资源 + 组织实施

这个过程模式提示了设计绩效评价内容的思路和方法。按此思路可以将监狱工作概括为三个要素：监狱工作资源、利用资源实施监狱工作、获得监狱工作结果。

**1. 评价资源条件（对条件评价）**

本章第四节已经阐述，监狱工作的资源包括人员资源、物质资源、服务资源、组织能力资源。对这些资源"开发利用"情况及其效能的评价，是绩效评价的内容。按重要程度来说，评价下列内容是比较重要的。

（1）评价监狱班子组织实施监狱工作的效能。领导班子在监狱占据核心地位，是落实监狱工作二重目标的必要的组织条件。评价的目的在于引导监狱领导班子提高领导监狱工作科学发展的能力。

（2）评价民警队伍开展监狱工作能力的状况，评价的目的在于引导监狱领导班子注重提高民警队伍的素质和工作能力，并且充分发挥人员支持的效用。

（3）评价设施及效用，评价的目的在于促进并保持必要的硬件设施投入，并且充分发挥物质支持的效用。

（4）评价监狱工作的环境，评价的目的在于创造全员关注、全员实施监狱工作的人文环境，并且充分发挥服务支持、组织文化支持的效用。

**2. 评价监狱工作运行制度和效率（对过程评价）**

监狱工作目标是通过实施一组管理过程来完成的。概括起来，这些过程主要体现在行刑组织过程、行刑运行过程、安全防范过程、运行支持过程、评价改进过程五个基本过程。五个基本过程可以用监狱工作运行制度的概念来统。只有这些基本过程的制度都得到充分执行，提高监狱工作质量、实现监狱工作目标才有保障。所以人们常说，没有过程就没有结果。

过程评价的对象是制度及其实施，评价的目的在于引导监狱领导班子注重加强制度或标准建设、重视执行制度或标准。

**3. 评价工作质量的状况（对结果评价）**

工作质量的状况是监狱工作成果的最终体现，是与监狱价值取向、监狱工作目标联系最为密切的部分。最主要地表现为罪犯改造目标实现的程度、监狱安全目标（包括政治安全和场所安全）实现的程度。这些都是一个阶段内监狱工作成果的主要内容。

### （四）评价指标体系设计

设计评价指标是建立绩效评价体系的核心工作。评价指标就是评价因子或称评价项目，是对评价内容进行抽象概括、反映评价内容内涵的显著特征，是评价内容的具体化。只有建立科学的评价指标体系，评价工作才具有可操作性、评价结果才具有可靠性。监狱绩效评价的导向作用主要依赖于评价指标。

综合上述分析，并且借鉴企业绩效评价的思路，可将监狱绩效评价指标体系设计如下。

**监狱绩效评价指标体系表（示例）**

| 序号 | 一级指标 | 二级指标 | 三级指标 | 权数 | 标准值（目标） | | 实际值 | 绩效分 |
|---|---|---|---|---|---|---|---|---|
| | | | | | 期望值 | 底线值 | | |
| 1 | | | 学习实践氛围 | | | | | |
| 2 | | | 总揽全局协调各方能力 | | | | | |
| 3 | | | 改革创新能力 | | | | | |
| 4 | | 班子组织管理能力 | 科学决策能力 | | | | | |
| 5 | | | 依法行政意识 | | | | | |
| 6 | | | 抓落实执行能力 | | | | | |
| 7 | | | 处理复杂问题能力 | | | | | |
| 8 | | | 民主和廉洁作风 | | | | | |
| 9 | 综合评议指标（软指标） | | 革命化、正规化、专业化、职业化 | | | | | |
| 10 | | 队伍素质 | 专业能力 | | | | | |
| 11 | | | 学习能力 | | | | | |
| 12 | | | 创新能力 | | | | | |
| 13 | | | 遵从性 | | | | | |
| 14 | | | 民警人文风气 | | | | | |
| 15 | | 场所氛围 | 罪犯转化风气 | | | | | |
| 16 | | | 文化氛围 | | | | | |
| 17 | | | 罪犯人均用房 | | | | | |
| 18 | | 设施及效用 | 罪犯人均设施价值 | | | | | |
| 19 | | | 罪犯人均图书 | | | | | |
| 20 | | | 罪犯人均教室座位 | | | | | |

226

| 序号 | 一级指标 | 二级指标 | 三级指标 | 权数 | 标准值（目标） | | 实际值 | 绩效分 |
|---|---|---|---|---|---|---|---|---|
| | | | | | 期望值 | 底线值 | | |
| 21 | 工作质量指标（硬指标） | 改造效果 | 转化率 | | | | | |
| 22 | | | 转化质量等级率 | | | | | |
| 23 | | | 总递进率 | | | | | |
| 24 | | 改造能力 | 改造效率 | | | | | |
| 25 | | | 教育经费投入率 | | | | | |
| 26 | | | 施教民警比率 | | | | | |
| 27 | | 保安全能力 | 安保经费投入率 | | | | | |
| 28 | | | 预案演练比率 | | | | | |
| 29 | | | 安保覆盖率 | | | | | |
| 30 | | | 安保设施完好率 | | | | | |
| 31 | | 管理水平 | 罪犯守规率 | | | | | |
| 32 | | | 民警守规率 | | | | | |
| 33 | | | 刑释后社会满意率 | | | | | |
| 34 | 否定指标（硬指标） | 发生政治安全事件 | 弱化党的领导事件 | | | | | |
| 35 | | | 意识形态风险事件 | | | | | |
| 36 | | | 诋毁社会主义制度事件 | | | | | |
| 37 | | | 影响民族团结事件 | | | | | |
| 38 | | | 敌对势力渗透事件 | | | | | |
| 39 | | 场所安全 | 严重的罪犯闹事 | | | | | |
| 40 | | | 罪犯逃跑 | | | | | |
| 41 | | | 地震因失职造成严重后果 | | | | | |
| 42 | | | 因失职造成严重火灾 | | | | | |
| 43 | | | 因失职造成严重疫情 | | | | | |
| 44 | 辅助评议指标（参考指标） | 过程评价 | 罪犯管教过程 安全防范过程 运行支持过程 | | | | | |
| 45 | | 专项工作评价 | 评价实施时按项目列示 | | | | | |

上表中的权数与基准值的含义如下。

## 1. 权数

这里引入"权数"的概念和方法。

权数是说明该指标在指标总体中的重要性。权数宜在一定的期间内相对固定，有利于一定期间内对不同阶段的综合绩效进行动态比较。

为增强评价方法的灵活性，可以采取两种方法确定权数。

方法1：在0~10之间取值，按小数取值，权数之和要等于10。

方法2：在1~100之间取值，按整数取值，权数之和等于100。

依据两种方法对于计算出的绩效分数结果没有区别。所不同的是，方法1在0~10之间取值，可能会出现小数，不够直观；方法2在1~100之间、按整数取值，比较便利操作和直观理解。另外，方法1是按10分制计分，方法2是按100分制计分。

## 2. 基准值

这里再引入"标准值"的概念和方法。通过设计基准值，将监狱工作目标与日常监狱工作联系起来，引导各监狱围绕工作目标开展工作，从而体现绩效评价的目的性和导向性。

基准值体现的是各项指标的目标值。基准值包括期望值和底线值，"期望值"是期望达到的理想状态，"底线值"是不允许发生的情况，期望值和底线值反映了工作目标的上限和下限。

设定期望值和底线值方法是，已有明确规定或要求的工作目标或工作要求，可直接确定为期望值或底线值；没有明确规定的，或者软指标，可以采取问卷调查的方法或实际测量的方法确定；还可以用该项指标内容历史上最优值和最差值来设计。

### （五）指标分述

上述指标体系中的各指标的计算方法或测评方法分述如下。

## 1. 综合评议指标（软指标）

本项指标由四个分项指标构成：班子组织管理能力、队伍素质、场所氛围、设施及效用。

该四个分项指标用以说明上级组织为监狱开展工作所供应资源的开发利用情况。

其中班子组织管理能力、队伍素质的依据是中共十九大报告。中共十九大指出，党要"全面增强执政本领"，这些本领包括：学习本领、政治领导本领、改革创新本领、科学发展本领、依法执政本领、群众工作本领、狠抓落实本领、驾驭风险本领。对干部素质能力的要求是"注重培养专业能力、专业精神，增强干部队伍适应新时代中国特色社会主义发展要求的能力"。另外，中央提出了加强政法队伍的革命化、正规化、专业化、职业化建设要求。两个分项指标中均包含了这一要求。

### 2. 工作质量评价指标（硬指标）

工作质量指标主要反映监狱工作的结果。

本项指标由四个分项指标构成：改造效果、改造能力、保安全能力、管理水平。

其中，"改造效果"指标由转化率、转化质量等级率、总递进率三项构成，其数据来源于依据《罪犯改造质量评价》标准对罪犯改造质量进行评价的结果。改造效果指标是评价监狱工作开展情况的核心指标。通过对该组指标在各监狱的横向比较分析，可以看出各监狱在全系统中所处的位置，以及与工作目标的差异水平。

"改造能力"指标由改造效率、教育经费投入率、施教民警比率三项构成，反映监狱实施改造罪犯工作的能力，是一个监狱管理水平的集中体现。

"保安全能力"指标由安保经费投入率、预案演练比率、安保覆盖率、安保设施完好率四项构成，用于反映确保监狱场所安全所做的努力，是监狱安全防范工作潜力的集中体现。

"管理水平"指标由罪犯守规率、民警守规率、刑满后社会满意率三项构成，该组指标能够直接反映监狱管理水平的状况，通过该组指标的对比分析，可以指引监狱提高管理水平的方向。

### 3. 否定指标（硬指标）

设计否定性指标，意在表明监狱管理局对监狱开展工作的底线要求。这些底线要求主要是政治安全底线和场所安全底线。这里按重要性共列举了十要素情形。

在政治安全方面（五要素），不发生弱化党的领导事件、意识形态风险事件、诋毁社会主义制度事件、影响民族团结事件、敌对势力渗透事件。

在场所安全方面（五要素），不发生严重的罪犯闹事、罪犯逃跑、地震因失职造成严重后果、因失职造成严重火灾、因失职造成严重疫情。

本研究认为，十项要素都是极端的情形，从底线要求看，都是不希望发生的情形，总的来说，都应当实行"一票否决"。但实际工作中，有些情形虽然发生，但并不影响大局，故宜按照"将功补过"的思路，视造成的后果的情况区别对待。

按照这一思路，设计了两种否定指标的测评方法。第一种是"一票否决"的方法；第二种是按后果"轻重程度"测评的方法，比如罪犯闹事，如果发生了不是"严重的罪犯闹事"而是轻微的闹事，并且没有造成严重后果，可以不实行"一票否决"，只有"严重的罪犯闹事"才实行"一票否决"，类似的情形还有"地震因失职造成严重后果""因失职造成严重火灾""因失职造成严重疫情"。

需要指出的是，监狱管理局应于事先确定对哪些要素实行"一票否决"，哪些要素宜按"轻重程度"的方法测评。

### 4. 辅助评议指标（参考指标）

辅助评议指标主要是对监狱工作过程的评价。之所以称为"辅助"，是因为过程的成效已经包含于前述三类指标之中了。对过程评价一方面意在强化监狱"以过程保证结果"的意识，另一方面也符合多年来监狱绩效考核的惯例或考核习惯。

本章第一节已经阐述了监狱工作的五个基本过程：行刑组织、行刑运行、安全防范、运行支持、评价改进。对过程的评价主要的是对前四项过程的评价。

过程评价可以看作是监狱工作的日常评价，通常可以与日常督察检查结合起来进行。

过程评价的对象是有关行刑组织过程、行刑运行过程、安全防范过程、运行支持过程的计划、方案、部署、制度等的执行情况。

过程评价的目的是评价应开展或完成的工作是否都得到落实。

这里将"专项工作评价"纳入辅助评议指标之中。专项工作是过程的一个特殊环节，其对象是上级安排的专项活动、特别指示或批示的工作。客观地看，无论何时、何类"专项工作"，都已经包含在了行刑组织过程、行刑运行过程、安全防范过程、运行支持过程之中，都超不出四个过程的范围。之所以将"专项工作"单独列出并且纳入评价范围，意在强调"专项工作"的特殊性和时效性，也意在突出"有部署，必有考核"的执行观念。由于"专项工作"类属于过程之中，故其评价的方法类同于过程评价。

## （六）监狱绩效评价标准框架

制定的《监狱绩效评价》标准文本，其框架大体如下：

1　范围

2　术语与定义

3　职责权限

4　评价内容

4.1　评价监狱开展工作的条件（对条件评价）

4.2　评价监狱工作运行机制和效率（对过程评价）

4.3　评价工作质量的状况（对结果评价）

5　评价指标体系

5.1　指标类型

5.2　综合评议指标（软指标）

5.3　工作质量评价指标（硬指标）

5.4　否定指标（硬指标）

5.5　辅助评议指标（参考指标）

5.6　设定指标的权数

5.7　设定期望值和底线值

6　计算绩效分数

6.1　单项指标绩效分数

6.2　综合绩效分数

6.3　绩效分类与定等

6.4　绩效比较方法

7　评价实施与报告

7.1　评价实施

7.2　评价报告

## 二、监狱标准化工作评审标准

适宜的监狱标准可以在实施之后带来良好的执法效果和社会效果，不适宜的监狱标准在实施之后可能会带来负面效果。因此，需要对监狱标准实施的情况进行评价。

对标准的实施情况、标准化工作开展情况进行检查评价，是提高监狱标准化工作水平的重要过程。通过检查评价可以掌握标准贯彻执行的情况，促进有效执行标准，并发现标准本身存在的问题，采取改进措施。

第一章第三节阐述了标准化是监狱管理模式创新发展的趋势，并且论证了现代化文明监狱基础上的标准化监狱。监狱标准化管理有三重意义：一是将标准化作为科学管理的工具，用以提升监狱管理水平；二是将监狱"标准化"的程度作为衡量监狱管理水平的"量标"；三是监狱标准化过程的输出结果是"标准化监狱"。在这个意义上，开展监狱标准化工作评审，既是促进标准化工作、提升监狱管理水平的途径，又是检验监狱标准化程度的主要措施，还是创建并命名"标准化监狱"的过程。那么，如何实现三重意义，就需要制定一个既有思想性又有技术操作性的评审标准予以明确规范。综合考虑多重目的，宜制定《标准化监狱评审规范》标准，来规范监狱标准化工作评审过程。

在国家标准体系中，尚未见通用的标准化工作评价与改进标准，但制定了国家标准《标准化效益评价　第 1 部分：经济效益评价通则》（GB/T 3533.1—2017）和《标准化效益评价　第 2 部分：社会效益评价通则》（GB/T 3533.2—2017），可以用于监狱标准化的经济效益和社会效益评价。这里参考《企业标准化工作　评价与改进》（GB/T 19273—2017），建设性提出《标准化监狱评审》标准的构架，对监狱标准化工作过程进行评价。

## （一）监狱标准化评审标准设计思路

### 1. 《标准化监狱评审》标准的定位

所谓《标准化监狱评审》标准的定位，即确定该标准在监狱工作体系中所处的位置。它涉及如下四个问题。

（1）属性与归属。在监狱工作法制化建设层面，该标准应当属于规范性文件——规章制度范畴。因此，该标准具有规范性文件的属性，它既是规范监狱标准化管理评审过程的规定，也是指导如何开展标准化评审的方法。因此，在应用上属于方法沦范畴。

（2）在监狱标准体系中的位置。监狱标准体系中的标准，可以按其地位划分为基础标准、应用标准两类。所谓基础标准，是指导监狱开展标准化工作的标准，在于规范监狱如何推进标准化管理，统一监狱标准化管理模式。监狱标准化管理的评审标准，属于基础标准范畴，它应当体现标准化监狱的目标、标准化管理的重点领域、创建标准化监狱的方法，是指导开展标准化管理的具体规定。

（3）在标准化管理中的位置。推进一项工作的一般方法是策划、实施、评审、改进，推进标准化管理也是如此。通过制定标准体系、制定推进的方案组织实施，接下来的任务就是检查、评审组织实施的进展情况，为后续的持续改进提供第一手资料。因此，制定评审标准、对实施过程进行评审，检验标准的符合性、推进标准化工作的坚定性、贯彻的全面性是推进标准化管理一个非常重要的步骤。因而，该标准在监狱标准体系处于收尾标准。

（4）在监狱文化范畴中的位置。从观念形态的监狱文化范畴看，在监狱推行标准化管理是在推行一种管理思想，是要培养基层民警的标准意识，将标准作为基层工作的运行体系，将符合标准作为基层工作的价值目标，将按标准办事作为日常行为准则。而评审标准化管理推进的状况，既是促进标准文化形成的过程，也是衡量标准文化水平的过程。在这个意义上，评审标准化管理的标准，是推进监狱文化建设的重要途径。

**2. 设计原则**

（1）动力性原则。所设计的评审标准要能够成为进一步推动监狱标准化管理的动力，要能推动监狱管理进一步发展，并且能够推动标准文化、标准化模式建设。

（2）科学性原则。评审的程序与方法要符合实际，对事实的判断把握要客观，尽可能地避免主观臆断；获得的事实信息要尽可能地全面；尊重被评审单位的意见；评审结论尽可能定量化。

（3）全面性原则。应全面地测评与推进标准化管理直接相关的各个方面，即全过程地测评，既要测评标准化的意识，也要测评贯彻执行标准的实质内容，并且把贯彻执行标准作为重点内容。

（4）协调性原则。主要是评价标准与监狱标准体系中的其他标准相协调，评审与监狱绩效评价标准相协调，评审指标体系内部相协调。

**3. 评审的组织架构**

健全的组织机构是提高评审工作质量的基础条件。应当建立自上而下的组织体系，设立标准化监狱评审验收机构，负责组织实施标准化监狱评审验收。

一般而言，评价宜采取统一领导、分工负责的组织方式，由监狱标准化机构统一组织、协调、考核，各有关部门按专业分工对有关标准的实施情况进行监督检查。

监狱也应建立相应的机构，负责管理本监狱标准化监区管理工作，组织创建标准化监狱自评，评审验收标准化监区。

在实施评审验收时，再组建承担具体任务的评审验收小组，制定评审验收工作的具体方案，负责实施现场评审验收。

### （二）标准化监狱分级

监狱标准化管理的显著标志和成效是命名"标准化监狱"，这也是监狱标准化管理意义之一项。

标准化管理是一项系统性管理活动，应注重调动监狱自觉推进的能动性，因此，应当实行自主申报、分级管理、逐级创建的等级达标管理，成熟一个命名一个。

应当设定标准化监狱或监区的级别，从低到高可以分为：

——A级标准化监狱；

——AA级标准化监狱；

——AAA级标准化监狱。

将标准化监区分为：

——a级标准化监区；

——aa级标准化监区；

——aaa级标准化监区。

对于符合标准化监狱、标准化监区条件，达到相应评分标准的，应予命名为"标准化监狱"或"标准化监区"。

### （三）评审的内容

评审的内容即对标准化工作的哪些方面进行评审。评审的内容主要包括：已实施标准的执行情况，检验已实施标准的符合性，检验标准体系运行是否有效和工作效率，检验新发布的标准是否符合有关标准化法律、法规、规章和强制性标准要求。从评审标准的设计原则出发，应主要测评下列内容。

### 1. 标准化工作机构建立情况

推进监狱标准化管理，应当建立相应的标准化工作机构。而且，强有力的组织机构对于推进标准化管理工作具有非常重要的作用。因此，评价标准化工作机构设置及其职责分配，是推进标准化管理的一个重要方面。对于此项评价，应主要看是否建立了机构，职能配置、知识和能力能否满足推进标准化管理的要求。

### 2. 标准制定情况

制定标准是推进标准化管理的前提。标准化管理的一个显著特点是，标准要尽可能覆盖到所有的工作事项。但是，由于人们对监狱工作过程识别、对工作事项分解的理解差异，所以这一"覆盖"的要求是相对的。总的来说，标准的覆盖范围要有一个合理的度。评价本项内容的意义在于推动监狱适时建立适合本监狱的标准。

### 3. 掌握标准化知识的情况

认识是行动的先导。能够推动监狱标准化管理的重要条件是：监狱主要领导和标准化工作机构人员，要对标准化管理有充分的认识，对标准化管理的相关知识非常熟悉，否则，推动标准化管理就是一句空话。应当设定监狱标准化工作人员应当掌握的知识和具备的能力。评价该项内容在于推动标准化工作人员学习标准，增强应用标准化知识解决具体问题的自觉性。

### 4. 监狱工作人员熟练应用本职位所涉及标准的情况

推行标准化管理之后，应用标准开展工作是绝大多数民警日常面对的任务。能够熟练地应用标准开展工作，代表的是一种工作能力，体现的是一种水平。如果所有工作人员都能够熟练地应用标准开展工作，则就创造了从标准化走向精细化的条件。而且，也有利于形成标准化的文化氛围。因此，应作为一项评审内容。

### 5. 标准贯彻执行情况

制定标准的目的在于执行，推动标准化管理的首要任务在于贯彻执行标准。评价监狱标准化管理的进展情况，应主要评价标准的贯彻执行情况。因此，它应当是评审验收的重点对象。

### 6. 标准化监区开展情况

任何工作都是先从局部再到整体，推进标准化管理也是如此。在监狱推进标准化管理，要从一个个具体的监区开始。监区是最基层，其推进的情况直接反映了一个监狱的标准化管理情况。而且，将监区作为评审对象，也有利于监狱树立样板，还有利于给监狱赋予一定的责权。

### （四）评审的指标体系

可以根据上述评审原则和评审内容，设计指标体系。

#### 1. 组织管理符合率

用于评价组织机构建立情况。该指标构成如下表：

| 序号 | 评价对象 | 测评标准 | 目标值（分） | 扣分项 |
|------|----------|----------|--------------|--------|
| 1 | 监狱标准化管理机构 | | 10 | |
| 2 | 监狱标准化工作人员 | | 20 | |
| 3 | 标准化管理各级机构人员职责 | | 30 | |
| 4 | 监狱标准化管理制度 | | 20 | |
| 5 | 监狱制定标准化工作的规划和计划 | | 20 | |

测评上述项目，可计算出：

组织管理符合率 = 实测分 ÷ 100 × 100%

#### 2. 标准覆盖率

用于评价标准建立情况。具体测评时，可通过询问、了解监狱各项工作的标准及标准文本的有效性，评判可执行的标准覆盖各项工作的情况。

计算公式为：

标准覆盖率 = 可执行标准数量 ÷ 应制定标准数量 × 100%

#### 3. 标准知晓率

用于评价标准化工作人员掌握标准化知识的情况。具体测评时，可以用提问等方式，抽查不同层次、不同部门人员，也可以用试卷测试的方式测评。同时，应规定被测评人数应达到的比例。

计算公式为：

标准知晓率 = 测评合格人数 ÷ 被测评人数 × 100%

#### 4. 标准熟悉率

用于评价监狱工作人员熟练应用本职位所涉及标准的情况。测评方法同上。但要注意，在测评时，第一，要分别不同的职位分别测评，如可以按监区的狱政管理职位、教育改造职位分别测评；第二，要汇总成一个数值，即将不同职位的测评结果加权平均，计算出一个数值。

同类层级计算公式为：

标准熟悉率 = 测评合格人数 ÷ 被测评人数 × 100%

全部职位计算公式为：

标准熟悉率 = $\sum$测评合格人数 ÷ $\sum$被测评人数 × 100%

### 5. 贯彻执行符合率

用于评审已制定的标准贯彻执行情况。该项评审是评审标准化管理的重点内容。实际测评时，应测评每一项已制定标准的贯彻执行情况，并且需要设计辅助评价工具——评分表。每个评分表满分为 100 分，由此计算出每一项标准的"贯彻执行符合率"，经平均计算出总体的"贯彻执行符合率"。

单项标准计算公式为：

贯彻执行符合率（G） = $\sum$实测分 ÷ 100 × 100%

汇总计算公式为：

贯彻执行符合率（Z） = $\sum$G ÷ n（n 为被评价验收的可执行的标准数）%

### 6. 监区达标率

用于评审标准化监区开展情况。实际测评时，可以通过询问、了解监狱的标准化监区达标情况，查阅相关资料核对。

计算公式为：

达标率 = 达标监区数 ÷ 监区总数 × 100%

### （五）评审的程序

评审过程应当科学，应建立完整的评价机制，实行申报、评审、验收、命名制度，每年进行一次；并且实行周期性复评、复验制度，周期可以设定为三年。

评审的程序主要涉及评审步骤和评审方法两类问题。总的程序应当是申报、评审、验收、命名。

### 1. 申报过程

可以设定申报的必要条件，监狱达到这些条件时方能申报。

这些条件包括：（1）监狱的标准化管理机构、标准化工作人员满足开展标准化工作需要；（2）监狱已按照标准开展标准化管理；（3）标准化管理制度健全；（4）标准覆盖率符合要求，且达到一定的指标；（5）标准化工作人员标准化知识知晓率符合要求，且达到一定的指标；（6）监狱工作人员掌握本职位所涉及的标准符合要求，且达到一定的指标；（7）标准贯彻执行符合率符合要求，且达到一定的指标；（8）另外，还应设定一些不能申报的否定性情形，如发生重大监管安全案件的、发生重大安全生产事故的不得申报。

**2. 评审过程**

总的来说，对申报单位的评审分为两个阶段：预评审和现场验收。

预评审作为现场验收的前置程序，要解决的是预检申报单位是否符合申报条件，符合时再进行现场验收，其方法是审查材料；而现场验收则是实地检查验证。

整体评审过程可以设计六个步骤。

（1）预评审。召开评审验收首次会议，其任务是对申报单位报送的材料进行初步审查，认为符合条件时，再决定组建评审验收小组进行现场评审验收。

初审的对象是申报材料的齐全度，申报单位对推进过程、自评情况、推进效果的说明。

预评审应形成文字性的审查结论。预评审通过的，应组建评审验小组，制定现场测评工作方案。

（2）现场测评。这是评审的主要过程，大量的评审验收工作要在这个阶段完成。应组成独立的评审小组，对建立的标准体系、实施相关标准、开展标准化工作的全过程进行整体评价。

现场评审验收人员可以采取与被评审单位人员交谈，听取对方陈述或提问、抽查工作记录、实地观察、比对、验证，测试组织能力或知识等方式，对监狱推进标准化管理的状况进行现场测评。对上述评审内容和指标进行逐项验证打分，对于重要事项应当记录《评审验收工作底稿》。

（3）审定测评结果。现场测评工作结束后，组长应召集全组人员，由小组成员提出测评项目的实测分建议，经集体逐项评议实测分，形成公正客观的、一致的结论。有争议时，要经过慎重的复查程序。根据汇总形成的实测分，作出总体测评初步意见。

（4）通报信息。该步骤的任务是征求被评审单位的意见。听取被评审单位的意见是一个科学的工作方法，其目的在于避免失误，防止主观臆断，鼓励监狱的积极性。按照这一思路，现场测评小组应向申报单位通报现场测评结果，并得到申报单位确认。

（5）召开评审验收小结会议。该步骤的任务是对测评过程进行小结，形成《评审验收报告》作出初步结论，向申报单位提出改进工作的建议。

（6）召开评审验收末次会议。该步骤的任务是作出是否通过评审验收的决定，向监狱管理局标准化管理委员会提出确认标准化监狱级别建议。评审的结果应形成文件，写出评审报告，以作为改进的依据。

**3. 决定与批准过程**

经评审验收之后，评审验收小组的任务即告完成。其建议应经过监狱管理局标准化管理委员会会议表决通过，方能命名为标准化监狱。

（1）召开监狱管理局标准化管理委员会会议，评审验收小组负责人报告评审验收的过程情况和结果，说明相关问题，采取举手或匿名表决的方式表决，形成决定。

（2）公示。通过评审验收的标准化监狱，评审验收机构应在一定的范围内公示。

（3）公告。公示期届满，未有异议的，监狱管理局应形成正式文件，作出批准的决定并在全系统公告；有异议的，应对异议部分进行复查。

综上所述，评审验收标准化监狱是一项综合性的评判监狱推行标准化管理过程的测评活动。测评结论反映着监狱标准化管理的水平。但要处理好与绩效考核的关系、与单项工作测评的关系。

加强分类指导和动态管理、严抓整改。对评为一级的要重点抓巩固，评为二级的要重点抓提升，评为三级的要重点抓督促改进，不达标的要限期整改。

（六）标准化监狱评审标准框架

制定的《标准化监狱评审》标准文本，其框架大体如下：

1　范围

2　职责权限

3　总要求

4　标准化监狱的级别和权限

5　评审验收机构

6　申报时应具备的条件

7　评审验收内容与计分规则

7.1　标准化工作机构开展标准化工作组织管理情况

7.2　可执行的标准覆盖各项工作的情况

7.3　标准化工作人员掌握标准化知识的情况

7.4　监狱工作人员熟练应用本职位所涉及标准的情况

7.5　已制定的标准贯彻执行情况

7.6　标准化监区开展情况

8　申报

8.1　申报单位自评

8.2　制作申报材料

9　评审过程

9.1　召开评审验收首次会议

9.2　现场测评

9.3　测评结果审定

9.4　反馈与沟通

9.5　召开评审验收小结会议

9.6　召开评审验收末次会议

10　评审验收决定与公示

11　批准与命名

11.1　公告

11.2　颁发证书、匾额

12　复评复验

13　评审材料档案处理

14　改进

14.1　改进并提升标准化活动的组织措施

14.2　改进和完善标准，调整标准体系结构、完善标准内容

14.3　改进和提升标准化工作人员素质和能力，调整人员结构、提升人员技能

### 三、标准化试点项目评价的案例

对标准化项目进行考核验收，是检验和评价标准化工作的一项常用措施。国家标准化管理委员会办公室 2013 年制定的《社会管理和公共服务综合标准化试点细则（试行）》第五章规定了标准化试点项目"试点的评估"，规定了评估的组织与程序。2014 年 10 月制定的《社会管理和公共服务综合标准化试点评估计分表》，可以为开展监狱标准化试点提供借鉴。社会管理和公共服务综合标准化试点项目评价过程大体如下。

（一）评估组织

（1）成立评估组。评估组成员一般为 5 至 7 人，由标准化、有关行业专家和管理人员组成。其中标准化专家不少于评估组成员总数的三分之一。评估专家可以从专家库中随机选取。

（2）现场考核评估。评估组依据评估方案，对照社会管理和公共服务综合标准化试点评估计分表，对试点单位进行评估。

（3）现场考核评估程序：

——宣布评估组成员、评估程序及有关事宜；

——听取试点单位工作汇报；

——查阅相应的文件、记录、标准文本等资料；

——考核现场；

——随机调查公众满意程度；

——对照评估计分表进行测评；

——形成考核评估结论；

——向试点单位通报评估情况，提出改进意见和建议。

（4）评估组向委托单位提交试点评估报告。

（5）联席办公室经协商一致后共同确认评估结果。

（二）评估计分方法

评估组可以参考社会管理和公共服务综合标准化试点评估计分表给出的方

法计分。

## 社会管理和公共服务综合标准化试点评估计分表

| 一级指标 | 二级指标 | 三级指标 | 评分标准 | 得分 |
|---|---|---|---|---|
| A1 基本要求<br>（10 分） | B1 组织管理<br>（4 分） | C1 领导职责<br>（2 分） | 明确了标准化试点领导机构及职责，得 1 分 | |
| | | | 试点单位或区域主要负责人承担标准化试点建设领导职务的，得 1 分 | |
| | | C2 工作机构<br>（2 分） | 组建标准化试点工作机构，并为其提供必要的工作场所、物资等工作条件，得 1 分 | |
| | | | 配备专（兼）职工作人员，工作人员掌握标准化知识与工作方法，至少接受过 10 学时标准化专业培训并取得相应证明，得 1 分 | |
| | B2 机制建设<br>（6 分） | C3 管理机制<br>（2 分） | 将标准化工作及试点建设纳入试点单位或区域发展规划、年度计划，促进标准化与业务工作相结合，得 1 分 | |
| | | | 制定较为完善的标准化管理办法，建立标准制修订、培训、监督检查，以及标准化考核奖惩、持续改进等工作机制，并能长期有效运行，得 1 分 | |
| | | C4 经费保障<br>（2 分） | 为试点工作提供了保障经费，通过文件等形式建立了标准化工作经费长期保障机制，得 2 分 | |
| | | C5 激励政策<br>（2 分） | 发布了标准化工作激励和奖励机制、政策性文件或主要领导批示的，得 2 分 | |
| A2 标准体系<br>（30 分） | B3 标准体系要求<br>（12 分） | C6 体系规范性<br>（2 分） | 标准体系框架、标准明细表、标准汇总表及编制说明满足 GB/T 24421 等相关国家标准的要求，或者与本单位、本区域社会管理和公共服务事项、流程相适应，得 2 分 | |
| | | C7 体系完整性<br>（4 分） | 标准体系构成合理、结构完整，覆盖试点建设所涉及的社会管理和公共服务全部事项，得 2 分 | |
| | | | 标准体系从试点单位或区域实际出发，覆盖了主要管理和服务活动的各环节，得 2 分 | |

续表

| 一级指标 | 二级指标 | 三级指标 | 评分标准 | 得分 |
|---|---|---|---|---|
| A2 标准体系<br>（30分） | B3 标准<br>体系要求<br>（12分） | C8 体系<br>协调性<br>（2分） | 标准体系内各项标准与相关法律法规协调统一，得1分 | |
| | | | 标准体系内各项标准之间协调统一，得1分 | |
| | | C9 体系<br>有效性<br>（4分） | 标准体系能够体现该试点所涉及社会管理和公共服务事项的特点，体现该单位或区域特点，得2分 | |
| | | | 标准体系与该单位或区域发展战略以及该试点建设目标任务相协调，能支撑业务发展，得2分 | |
| | B4 标准<br>要求<br>（18分） | C10 标准<br>规范性<br>（6分） | 标准文本格式规范，满足 GB/T 1.1 要求，标准文本结构合理，标准语言表达准确、严谨、简明、易懂，术语、符号统一，标准制修订程序规范，得6分 | |
| | | C11 标准<br>科学性<br>（6分） | 标准技术要求合理，指标科学、具有可操作性，得6分 | |
| | | C12 标准<br>适用性<br>（6分） | 标准内容与组织管理特点相适宜，与管理服务活动、流程相匹配，能反映服务对象的需求，得6分 | |
| A3 标准<br>实施与<br>改进<br>（30分） | B5 宣贯<br>培训<br>（6分） | C13 宣贯<br>动员（1分） | 召开至少1次面向所有试点建设单位或部门的整体宣传动员会，得1分 | |
| | | C14 集中<br>培训（2分） | 至少组织3次以上集中培训（标准体系策划、标准编制、标准实施阶段各1次），培训工作有记录，培训后有对培训效果的考核，得2分 | |
| | | C15 宣传<br>工作（3分） | 通过宣传栏、宣传册以及现代信息技术等手段，营造内部学习和实施标准的环境氛围，得2分 | |
| | | | 对外开展标准化试点建设宣传，及时发布试点建设最新进展，引起社会、公众媒体等关注的，得1分 | |
| | B6 实施<br>监督<br>（18分） | C16 标准<br>实施（6分） | 采取切实可行措施，推动标准体系中各领域、各环节标准有效实施，得3分 | |
| | | | 各岗位人员掌握本岗位执行标准知识，得3分 | |
| | | C17 过程<br>记录（6分） | 对标准实施过程中应该形成的记录完整存档，得3分 | |
| | | | 标准实施记录可追溯，得3分 | |

| 一级指标 | 二级指标 | 三级指标 | 评分标准 | 得分 |
|---|---|---|---|---|
| A3 标准实施与改进（30分） | B6 实施监督（18分） | C18 监督检查（6分） | 制定了标准实施检查工作计划（或日常检查程序），定期组织监督抽查，实施检查记录和问题处理记录完整，得3分 | |
| | | | 管理和服务行为符合标准要求，服务质量满足标准要求，得3分 | |
| | B7 评价改进（6分） | C19 自我评价（3分） | 对标准实施的符合性和实施效果进行评价，有评价报告，得3分 | |
| | | C20 持续改进（3分） | 针对标准实施检查和自我评价等发现的问题实施了持续改进，有持续改进的记录，及时提出并修订标准体系中的标准，得3分 | |
| A4 建设成效（30分） | B8 保障和改善民生（10分） | C21 服务公开透明（3分） | 及时向被服务对象和社会公开服务流程、服务时限等质量指标，得3分 | |
| | | C22 满意度监测（4分） | 组织制定符合自身服务特点的满意度调查表，持续监测满意度的，得1分；邀请第三方机构测评满意度的，得2分 | |
| | | | 根据满意度测评结果，及时分析原因和制定整改措施，满意度持续提升的，得2分 | |
| | | C23 投诉意见处理（3分） | 建立意见、建议、投诉情况记录，并及时处理，公众投诉持续减少或无投诉，得3分 | |
| | B9 公共服务效能提升（10分） | C24 提高公共服务效率（5分） | 有证据表明标准化试点建设后，优化服务流程、减少办事环节、提高办事效率的，得5分 | |
| | | C25 降低公共服务成本（5分） | 有证据表明标准化试点建设后，减少资源浪费，降低公共资源交易成本的，得5分 | |
| | B10 社会管理和公共服务创新（10分） | C26 社会管理和公共服务影响力提升（2分） | 试点单位或区域创新了社会管理和公共服务模式，有证据表明相关经验在全省推广、社会影响力提高的，得1分；在全国推广、社会影响力提高的，得2分 | |
| | | C27 标准化创新（8分） | 试点单位或区域在如下方面取得业绩：<br>试点单位或区域参与省级以上（含）标准化科研项目；<br>试点单位或区域主持制定地方标准、行业标准或国家标准；<br>试点单位或区域担任了省级以上（含）标准化技术组织秘书处；<br>试点单位或区域相关人员承担了省级以上（含）标准化技术组织委员职务。<br>每取得一方面业绩加2分 | |

# 第四章　标准化管理的组织实施

　　《标准化法》第三条规定了标准化工作的三项任务：标准化工作的任务是制定标准、组织实施标准以及对标准的制定、实施进行监督。这个过程就是将标准化作为一项工作事项进行有目的、有计划、有组织的控制与管理的过程。标准化的管理过程包括：决策实行标准化过程、制定标准过程、组织实施标准过程。

　　标准化的效益是通过对标准化实施有效管理来实现的。科学的标准体系，只有在管理中得到全面的贯彻和执行，才能发挥它的技术保障作用，才能提高监狱依法行政效能和依法管理能力，实现管理最佳化。

## 第一节　标准化工作决策过程

### 一、将标准化作为一项战略

　　我国监狱应将标准化作为监狱的一项战略性工程。这可以从国家实施标准化战略的大前提得到论证。

　　从我国经济社会发展趋势看，标准化在国家经济社会发展中的基础性、战略性、引领性作用日益凸显，越来越成为综合实力与核心竞争力的重要体现。2016年9月9日，习近平在致第39届国际标准化组织大会的贺信中指出："中国将积极实施标准化战略，以标准助力创新发展、协调发展、绿色发展、开放发展、共享发展。"并指出"标准助推创新发展，标准引领时代进步"❶。习近平将标准化看作战略性创新资源，把标准化战略作为践行五大发展理念的

---

　　❶　新华社：《习近平致第39届国际标准化组织大会的贺信》，载《人民日报》，2016年9月13日第1版。

强有力手段，致力于发挥标准化作为国家治理基础性规范的作用。

根据 2015 年 12 月 17 日国务院办公厅印发的《国家标准化体系建设发展规划（2016—2020 年）》（国办发〔2015〕89 号），标准化工作的总体规划是：推动实施标准化战略，建立完善标准化体制机制，优化标准体系，强化标准实施与监督，夯实标准化技术基础，增强标准化服务能力，提升标准国际化水平，加快标准化在经济社会各领域的普及应用和深度融合，充分发挥"标准化＋"效应，为我国经济社会创新发展、协调发展、绿色发展、开放发展、共享发展提供技术支撑。该规划将"加强政府管理标准化，提高行政效能"列作标准化的重点领域，指出："以推进各级政府事权规范化、提升公共服务质量和加快政府职能转变为着力点，固化和推广政府管理成熟经验，加强权力运行监督、公共服务供给、执法监管、政府绩效管理、电子政务等领域标准制定与实施，构建政府管理标准化体系，树立依法依标管理和服务意识，建设人民满意政府。"

标准是经济活动和社会发展的技术支撑，是国家治理体系和治理能力现代化的基础性制度。实施标准化战略已经成为国家全面深化改革、推进国家治理现代化的必由之路。

从国家标准化的大前提推论，标准也将成为监狱工作的重要技术支撑和推进监狱治理体系和治理能力现代化的基础性制度，也将是推进监狱走向现代化的必由之路。

进入新时代的我国监狱，在社会主义现代化国家导向下，监狱治理体系和治理能力现代化当有怎样的发展进路？可以得到论证的是：将标准化作为监狱的一项战略工程，将标准化作为提升监狱治理体系和治理能力现代化水平的基础性制度。

这就提示监狱系统的高层领导，要充分认识标准化对于监狱工作的重要意义，能动地将标准化作为监狱工作重要构成部分。这也提示监狱系统的各级领导，对于监狱标准化需要具有战略眼光和战略魄力。认识到这一点，是推动监狱标准化管理的前提。

## 二、监狱标准化战略决策

充分认识标准化对于监狱工作的重要意义，仅仅是推行标准化的前提。接下来，还需要进行事关监狱标准化的战略性决策。就是说，省区市监狱管理局抑或监狱的最高管理者要下定实施标准化的决心并且作出部署。

所谓监狱标准化战略决策，是对较长时间内标准化工作全局的决策。这些决策概括起来有以下几个方面：

——最高管理者层级的决策者应明确提出在本省区市监狱管理局抑或本监狱范围内实施监狱标准化战略，应确定标准在整个组织中的应用，并形成可证实的决策文件；

——明确监狱标准化的背景，这是监狱标准化的外部环境；

——明确监狱标准化战略的内容，包括：标准化在监狱工作中的地位及与其他工作的关系、标准化的阶段和目标、开展标准化工作的重要标准化活动、开展标准化工作的保障性措施；

——明确监狱标准化的规划，可以参照《国家标准化体系建设发展规划 (2016—2020 年)》制定监狱标准化工作的规划，以对标准化工作进行全局性、长远性、系统性指导；

——明确监狱标准化工作的机构、人员及职责，这是开展标准化工作的前提条件。

## 三、标准化工作的机构与人员

### (一) 机构

决策的结果之一是决定设立标准化工作机构，并赋权统一负责管理本监狱管理局或本监狱的标准化工作。

标准化工作机构有两层含义：一是指本监狱、本省市区监狱管理局主管标准化工作的部门，本著称为标准化工作部门；二是指标准化技术委员会，省区市的监狱管理局可以申请设立监狱标准化技术委员会，但须经省区市的市场监管局批准，主要承担本行政区域的监狱专业标准的制（修）订及标准化教育培训职责。

### 1. 标准化工作部门

机构编制许可时，可以成立专职的标准化工作部门；机构编制条件受限时，可以将标准化工作的职责并入某一综合管理部门的职能之中。

标准化工作部门应开展下列工作：

（1）确定并落实标准化法律、法规、规章以及强制性标准中与监狱相关的要求；

（2）组织制定并落实监狱标准化工作任务和指标，编制监狱标准化规划、计划；

（3）建立和实施监狱标准体系，编制监狱标准体系表；

（4）组织制定、修订监狱标准，做好监狱标准的备案工作；

（5）组织实施有关国家标准、地方标准和监狱标准；

（6）对新增的管理流程、工作要求等提出标准化要求，负责标准化审查；

（7）对本局或本监狱实施标准情况进行监督检查和考核；

（8）组织制定标准化管理标准或管理制度；

（9）组织标准化工作培训；

（10）统一归口管理各类标准，建立档案标准，搜集监狱标准化各类信息、要求，并及时提供给标准使用部门；

（11）承担或参加上级有关标准的制定和审定工作，参加上级或监狱系统的各类标准化活动。

**2. 监狱标准化技术委员会**

省区市的监狱管理局是否设立监狱标准化技术委员会要取决于两个条件：第一，是否必要；第二，人民政府标准化行政主管部门能否批准。设立标准化技术委员会的依据是《全国专业标准化技术委员会管理办法》（国家质量监督检验检疫总局令第 191 号，2017 年 10 月 30 日公布，2018 年 1 月 1 日起施行）。该办法的第三章"组建、换届、调整"规定了设立标准化技术委员会的实体要素和程序要件。已经设立的监狱标准化技术委员会，则应执行该办法第六条之规定，在本专业领域内主要承担标准制修订工作职责（参见第一章第一节/三、标准化理论概要/（五）我国标准化管理体系）。

监狱标准化技术委员会的委员，可参考《办法》第十五条承担职责：

第十五条 技术委员会委员应当积极参加技术委员会的活动，履行以下职责：

（一）提出标准制修订等方面的工作建议；

（二）按时参加标准技术审查和标准复审，按时参加技术委员会年会等工作会议；

（三）履行委员投票表决义务；

（四）监督主任委员、副主任委员、秘书长、副秘书长及秘书处的工作；

（五）监督技术委员会经费的使用；

（六）及时反馈技术委员会归口标准实施情况；

（七）参与本专业领域国际标准化工作；

（八）参加国家标准委及技术委员会组织的培训；

（九）承担技术委员会职责范围内的相关工作；

（十）技术委员会章程规定的其他职责。

委员享有表决权，有权获取技术委员会的资料和文件。

## （二）人员

标准化人员可以分为两类，一类是最高管理者，另一类是专职的标准化工作人员。

### 1. 最高管理者

最高管理者范围包括监狱管理局或监狱的最高管理者及班子成员。最高管理者虽然不直接经办标准化工作，但决定着标准化工作的诸多方面。

最高管理者应承担的职责大体如下：

（1）贯彻国家标准化工作的法律、法规和有关强制性标准；

（2）确定与监狱方针、目标相适应的标准化工作任务和目标；

（3）确定监狱标准化管理委员会或监狱标准化机构、人员及其职责；

（4）审批标准化工作规划、计划和标准化活动经费；

（5）组织建立监狱标准体系，审批拟发布的标准；

（6）鼓励、表彰为监狱标准化工作作出贡献的单位和个人，对不认真贯彻执行标准，造成损失的责任者进行惩戒。

### 2. 标准化工作人员

标准化工作人员应履行的职责与标准化工作部门的职责大体相同，其能力要求是：

（1）具有中级以上专业技术职称，或者具有与中级以上专业技术职称相对应的职务；

（2）熟悉本专业领域业务工作，具有较高理论水平、扎实的专业知识和丰富的实践经验；

（3）熟悉监狱管理工作状况，具备一定的监狱管理知识；

（4）掌握标准化基础知识，热心标准化事业，能积极参加标准化活动；

（5）具备一定的组织协调能力、计算机应用及文字表达能力。

## 四、标准化工作策划

在决定实施标准化战略之后，接下来的工作是，对标准化工作进行整体策划。

### （一）总要求

将标准和标准化工作作为受控和管理对象进行管理，主要是通过制定标准化工作的管理制度并实施的途径来实现的。

研究认为，监狱标准化工作的策划，宜重点关注以下几个方面。

（1）可以选择以"监狱标准化工作导则"为题名制定标准文件，以用于规范监狱如何推进标准化工作，统一监狱标准化管理模式。

（2）省区市监狱管理局可以根据国家标准化法规和标准化国家基础标准，以国家关于监狱工作的法律法规规章为内容依据，充分借鉴企业标准化工作的有效做法，来规范本行政区域内监狱的标准化工作。

（3）监狱标准体系内的系列标准，应能够为监狱民警实施管理、执法活动全过程提供全面、系统的标准化工作的指导和要求；这些标准，应能够帮助监狱建立和实施一套适合本监狱需要的、持续有效的、协调统一的标准化工作模式。

（4）监狱标准体系内的标准都应当得到执行，这些标准可以作为监狱民警开展业务工作的依据，也可以作为考核的依据。

（5）监狱标准化工作应全员参与，围绕监狱工作方针、目标，健全组织，周密计划，开展标准化宣传、培训，营造领导带头、全员参与的标准化工作氛围，提高自觉执行标准的素养。

（6）监狱标准化工作应持续改进，遵循"策划—实施—检查—处置"的循环管理方法，策划监狱标准化工作。

（二）监狱标准化管理标准和规划、计划

### 1. 监狱标准化管理标准

可以制定"监狱标准化工作导则（或指南）"或制定"监狱标准化工作管理办法"对监狱标准化工作进行描述。所制定的"监狱标准化工作导则"，相当于管理标准化工作的标准，该导则对于标准化管理应规定下列内容：

（1）监狱应建立标准化管理标准（或管理制度）；

（2）标准化工作体制、组织机构、任务、职责、工作方法与要求等；

（3）监狱标准制定、修订、复审的工作原则、工作程序及具体要求；

（4）实施标准及对标准实施进行监督检查的原则、方法、要求、程序和分工；

（5）标准及标准信息的搜集、管理和使用等方面的要求；

（6）实施各级有关标准的程序和方法；

（7）标准化规划、计划内容、工作程序和要求；

（8）标准化培训的任务、目标、方法和程序；

（9）标准化成果奖励工作程序和要求。

### 2. 监狱标准化工作的规划和计划

监狱标准化工作的规划和计划的对象可以包括下列内容：

（1）根据执法和管理对标准化工作的需要，制定、修订监狱标准体系和监狱标准的规划、计划；

（2）监狱标准实施的规划和计划；

（3）监狱标准化科研的规划、计划；

（4）监狱标准化培训的计划；

（5）监狱标准文本有效性检查的计划。

（三）监狱标准化工作的要求

这些要求包括：

（1）监狱应按"监狱标准化工作导则"建立监狱标准体系，加以实施，并持续评审与改进其有效性；

（2）监狱标准体系主要构成包括：行刑组织标准体系、行刑运行标准体系、安全防范标准体系、运行支持标准体系、评价改进标准体系；

（3）监狱标准体系中的所有标准均应符合监狱工作方针、目标和有关标准化法律、法规的要求，包括监狱贯彻、采用的上级标准和本监狱制定的标准；

（4）监狱标准体系应与相关行政主管部门形成的或正在执行的制度、规定及标准体系相协调并能提供支持；

（5）监狱标准体系内的标准应能满足改造罪犯、场所安全的需要，充分满足监狱各业务工作的管理体系要求，形成一套完整、协调配合、自我完善的监狱管理体系和工作运行机制；

（6）标准体系的持续改进，监狱标准化是一个"制定标准—实施标准—合格评定—分析改进—再修订标准"的动态过程，这个过程是通过持续改进来实现的。持续改进是监狱标准化追求的目标，为了实现这个目标，需要采用标准化管理通用的"策划—实施—检查—处置"的科学管理模式和方法。

# 第二节　制定标准过程

标准是标准化的核心内容。制定标准是推行监狱标准化管理的发端、首要环节和前提，也是标准化管理的起点。不制定标准、没有标准体系，推进标准化管理便是无米之炊，就谈不上实施标准，更不能获取标准化的效益。

## 一、制定标准过程的策划

制定标准过程即标准的"生产"过程。制定标准是一项政策性、技术性和经济性都很强的工作。一项标准制定得是否先进合理、切实可行，直接影响到该标准的实施效果，影响到监狱工作质量和水平。由于监狱标准化工作起步晚于实体产业，监狱工作标准的来源应主要依赖于自主研制，因此有必要对制定标准过程进行充分策划。

### （一）策划依据

制定标准过程的策划并非闭门造车，而需要以一定的素材为依据。所制定的监狱标准必须建立在科学、技术和经验的综合成果基础上，这是标准科学性、先进性的坚实基础。这些依据包括以下方面。

### 1. 最高管理者决策

一般来说，最高管理者作出的监狱标准化战略决策（其中比较重要的是标准化工作目标与规划），具有宏观性、抽象性特点，制定标准过程的策划应以战略决策为依据，解读决策、理解决策精神、贯彻决策意图，将标准化战略蓝图经策划转化成可观察的事实。

### 2. 标准化工作法律法规政策的要求

监狱标准应依法依规制定，不能背离法律法规政策精神。这些法律法规政策包括《标准化法》和有关强制性标准，标准化行政主管部门颁布的标准化法规、规章，司法部颁布的有关标准化工作的法规，这些法规是制定监狱标准的主要的程序性、形式性依据。另外，监狱工作涉及的法律、法规和规范性文件，是制定监狱标准的实体性依据之一。

### 3. 党和国家、人民对于监狱工作的期望

这些期望包括监狱工作的政治安全、社会安全的要求，罪犯改造目标的要求等。这是制定监狱标准的实体性依据之一。

### 4. 监狱内部管理现状

这些现状包括内部管理制度完备情况、管理文化情况、管理制度执行情况、管理水平等，也包括监狱科研成果和积累起来的经验。这为制定监狱标准提供"问题解决"的对象。

（二）策划内容

策划内容是指围绕什么进行策划。策划制定标准过程的结果（输出）是一个可实施的"标准制定工作方案"。考虑到监狱标准化工作的初始性特点，一个可实施的策划方案的内容大体包括以下几个要素：

（1）监狱管理体系的框架，期望构建的监狱标准体系；

（2）建立标准体系所需的各种资源；

（3）为建立标准体系所应开展的标准化活动的内容、流程及要求；

（4）活动的负责部门和责任人；

（5）编制标准体系及标准的阶段和时限；

（6）对策划结果评价的程序和方法。

### （三） 策划监狱标准制定的原则

制定监狱标准应遵循以下原则：

（1） 贯彻执行国家和地方有关的法律、法规、规章和强制性标准；

（2） 充分考虑社会、上级组织对监狱工作的期望与要求，保证监狱标准能为监狱中心工作服务；

（3） 积极采用国家标准、行业标准、地方标准；

（4） 有利于监狱最佳秩序的实现；

（5） 有利于监狱管理创新意识和方法的发展与推广；

（6） 监狱范围内各标准之间，监狱标准与国家标准或地方标准、与其他行政主管部门相关标准之间应协调一致。

## 二、监狱标准体系构建

国家标准《标准体系构建原则和要求》（GB/T 13016—2018）规定了标准体系表的编制原则、格式及要求；适用于编制全国、行业、专业、企业及其他方面的标准体系表。国家标准《企业标准体系表编制指南》（GB/T 13017—2018）规定了企业标准体系结构图、标准明细表、企业标准体系表编制说明、企业标准统计表的形式等的编制指南以及编制企业标准体系表的一般方法，并提供了常见的企业标准体系参考结构图以及典型类型的企业标准体系表示例，适用于企业标准体系表的编制。在构建监狱标准体系和监狱标准体系表时，可以将 GB/T 13016 作为基础标准，将 GB/T 13017 作为构建监狱标准体系和监狱标准体系表的参考和示例。

### （一） 标准体系与标准体系表

GB/T 13016 在"引言"中指出：构建标准体系是运用系统论指导标准化工作的一种方法，构建标准体系主要体现为编制标准体系结构图和标准明细表，提供标准统计表，编写标准体系编制说明，是开展标准体系建设的基础和前提工作，也是编制标准制（修）订规划和计划的依据。标准体系表是一定范围内包含现有、应有和预计制定标准的蓝图，是一种标准体系模型。

GB/T 13016 给出的与"标准体系"相关的术语包括：

——标准体系：一定范围内的标准按其内在联系形成的科学的有机整体。

——标准体系模型：用于表达、描述标准体系的目标、边界、范围、环境、结构关系并反映标准化发展规划的模型。标准体系模型是用于策划、实施、检查和改进标准体系的方法或工具。

——标准体系表：一种标准体系模型，通常包括标准体系结构图、标准明细表，还可以包含标准统计表和编制说明。

——个性标准：直接表达一种标准化对象（产品或系列产品、过程、服务或管理）的个性特征的标准。

——共性标准：同时表达存在于若干种标准化对象间所共有的共性特征的标准。

标准体系表是表达标准体系概念的模型，可以用于表达标准体系的构思、设想、整体规划，是编制标准制（修）订规划和计划的依据之一，是一定范围内包括现有、应有和预计制定标准的蓝图，它将随着科学技术的发展而不断更新和充实。

本研究认为，建立完备的监狱标准体系、构建监狱标准体系表，无论在宏观标准化管理还是在微观制定标准，都是监狱标准化工作的一项重要基础性工作。通过构建监狱标准体系表，可以进一步理清监狱管理诸子体系的头绪、划分监狱各项工作的层次，更好地保证标准之间的协调性。因而欲全面推行标准化管理，必须编写监狱标准体系表。

监狱标准体系表至少可以提供下列信息：

——一定时期内应有的全部监狱标准；

——各类标准以及各项标准之间相互连接、相互制约的内在关系；

——标准编写的优先顺序（时间结构）；

——与国家标准、其他行业标准的配合关系以及需要；

——继续使用的现有标准以及一定日期应制定、修订、更新或作废的标准。

监狱标准体系是监狱实施标准化战略决策的重要成果，监狱标准体系表的功能和作用在于：

——可以描绘出监狱标准化工作未来蓝图，明确努力方向和工作重点；

——可以作为指导标准制（修）订计划的依据；

——创新和优化现有的标准体系，可以使体系结构更加系统化、规范化、科学化；

——有助于监狱标准化科研工作；

——有助于监狱法制化建设；

——有助于监狱管理顶层设计；

——有助于对监狱整体工作的理解。

## （二）监狱标准体系构建原则

GB/T 13016—2018 给出了构建标准体系的基本原则。构建监狱标准体系表也应遵循这些原则。GB/T 13016—2018 给出的原则如下，构建监狱标准体系时可以参考：

---

**3　构建标准体系的基本原则**

### 3.1　目标明确

标准体系是为业务目标服务的，构建标准体系应首先明确标准化目标。

### 3.2　全面成套

应围绕着标准体系的目标展开，体现在体系的整体性，即体系的子体系及子子体系的全面完整和标准明细表所列标准的全面完整。

### 3.3　层次适当

标准体系表应有恰当的层次：

a）标准明细表中的每一项标准在标准体系结构图中应有相应的层次；

注1：从一定范围的若干同类标准中，提取通用技术要求形成共性标准，并置于上层；

注2：基础标准宜置于较高层次，即扩大其适用范围以利于一定范围内的统一。

b）从个性标准出发，提取共性技术要求作为上一层的共性标准；

c）为便于理解、减少复杂性，标准体系的层次不宜太多；

d）同一标准不应同时列入两个或两个以上子体系中。

注3：根据标准的适用范围，恰当地将标准安排在不同的层次。一般应尽量扩大标准的适用范围，或尽量安排在高层次上，即应在大范围内协调统一的标准不应在数个小范围内各自制定，以达到体系组成尽量合理简化。

### 3.4　划分清楚

标准体系表内的子体系或类别的划分，各子体系的范围和边界的确定，主要应按行业、专业或门类等标准化活动性质的同一性，而不宜按行政机构的管辖范围而划分。

---

从上述 GB/T 13016—2018 给出的构建标准体系的基本原则，结合监狱工作实际，本书建设性提出构建监狱标准体系表应遵循的原则如下。

### 1. 目标明确

目标寓意着方向，构建监狱标准体系应首先明确建立标准体系的目标，所构建的标准体系要能够满足于并且有利于更好地实现"将罪犯改造成守法公民"的监狱工作目标，并且满足提高监狱执法水平和工作质量的要求。

监狱行业的特性决定了，要在贯彻落实国家关于监狱工作的法律、法规、政策、方针的基础上，建立健全以通用基础标准为基础、以管理标准为主体、以职位标准和技术标准为支持的监狱标准体系。监狱标准体系应符合下列要求。

（1）标准体系内的标准应符合国家的法律法规要求。

（2）标准体系内的标准应优先采用国家标准、行业标准和地方标准。

（3）凡有现行标准，能满足单体要求的，应引用现行标准而不再制定新标准；不能满足要求时，应修订现行标准或提出补充要求；没有相应标准时，应制定新标准。

（4）标准体系内相关联的标准之间应相互协调，以确保标准化工作协调有序推进。

（5）标准体系内的标准应符合国家对标准的分类和编写要求。

（6）纳入标准体系内的标准，应能够保证单项标准实施的累加效益。

### 2. 全面成套

合理确定标准化的对象和标准化的目标，确定最佳方案。监狱标准体系的全面成套应围绕着构建监狱标准体系的目标展开，体现在监狱标准体系的系统性整体性，即监狱标准体系的子体系及子子体系的全面成套和标准明细表所列标准的全面成套。全面成套也意味着只要是"应有和预计制定标准"都应当列出标准题名，而不论是否立即制定；意味着监狱标准体系内的标准，应以监狱标准为主体，并且主题突出、结构合理、层次清晰。

### 3. 层次适当

列入监狱标准明细表内的每一项标准都应安排在恰当的层次上。从一定范围内的若干个标准中，提取共性特征并制定成共性标准。然后将此共性标准安排在标准体系内的被提取的若干个标准的上一层次，这种方法提取出来的共性标准构成标准体系中的一个层次。

基础标准宜安排在较高层次上，即扩大其通用范围以利于一定范围内（比如监狱管理局范围、监狱范围）的统一。

根据标准的适用范围，恰当地将标准安排在不同的层次上。一般应尽量扩大标准的适用范围，或尽量安排在高层次上，即应在大范围内协调统一的标准，不应在数个小范围内各自制定，达到标准体系的组成尽可能地合理简化。

需要应注的是，同一标准不能同时列入两个以上体系或子体系内，以避免同一标准由两个或以上部门重复制修订。

### 4. 划分清楚

监狱标准体系表内的子体系或类别的划分，应主要按业务活动或工作事项性质的同一性划分，而不宜按内设机构或部门的管辖范围划分。

### （三）监狱标准体系表的内容

GB/T 13016—2018 第 5 章规定了"标准体系表内容要求"，构建监狱标准体系表时，须遵循这些规定。标准体系表的要素包括：标准体系结构图、标准明细表、标准统计表和编制说明。

### 1. 标准体系结构图

GB/T 13016—2018 对标准体系结构图概述如下：

> **5.1 标准体系结构图**
>
> 5.1.1 概述
>
> 标准体系结构图用于表达标准体系的范围、边界、内部结构，以及意图。标准体系表通常包括标准体系结构图、标准明细表、标准统计表和标准体系编制说明；标准体系的结构关系一般包括上下层之间的"层次"关系，或按一定的逻辑顺序排列起来的"序列"关系，也可由以上几种结构相结合的组合关系。

标准体系结构图可由总结构方框图和若干个子方框图组成。标准体系的结构关系一般分为：上下层之间的"层次"关系，或按一定的逻辑顺序排列起来的"序列"关系（标准体系结构图的格式和要求参见 GB/T 13016—2018，5.1.2~5.1.5）。

## 2. 标准明细表

标准明细表是用表格的形式列出和详细说明监狱标准系统的组成，GB/T 13016—2018 给出了标准明细表的一般格式，编制监狱标准明细表时可以参考。

**表1　××（层次或序列编号）标准明细表**

| 序号 | 标准体系编号 | 子体系名称 | 标准名称 | 引用标准编号 | 归口部门 | 宜定级别 | 实施日期 | 备注 |
|---|---|---|---|---|---|---|---|---|
|  |  |  |  |  |  |  |  |  |
|  |  |  |  |  |  |  |  |  |
|  |  |  |  |  |  |  |  |  |

表1中，表头属性的含义如下：

a）标准体系编号，纳入标准明细表的标准或子体系的编号，编号可包含子体系所在的层次含义；

b）子体系名称，标准体系所包含子体系的名称：

c）标准名称，已发布标准或拟制定标准的名称；

d）引用标准编号，引用的外部标准编号；

e）归口部门，标准或子体系的归口管理部门；

f）宜定级别，拟制定或拟修订标准的级别，如国家标准、行业标准、地方标准、团体标准、企业标准等；

g）实施日期，标准或子体系的已实施或拟实施的日期；

h）备注，在以上列中没有包含的其他内容。

《企业标准体系表编制指南》（GB/T 13017—2018）给出了标准明细表的简化格式，其目的是便于统计查找，参见下表。编制监狱标准体系表时可以参考。

**××（层次或序列编号）标准明细简表**

| 序号 | 标准号 | 标准名称 | 归口部门 | 备注 |
|---|---|---|---|---|
|  |  |  |  |  |
|  |  |  |  |  |
|  |  |  |  |  |

## 3. 标准统计表

标准统计表是用于标准分类和计量的表格，GB/T 13016—2018 给出了标准统计表的一般格式，参见下表。编制监狱标准统计表时可以参考。

**标准统计表**

| 统计项 | 应有数/个 | 现有数/个 | 现有数/应有数/% |
|---|---|---|---|
| 标准类别 | | | |
| 国家标准 | | | |
| 行业标准 | | | |
| 地方标准 | | | |
| 企业标准 | | | |
| 共计 | | | |
| 基础标准 | | | |
| 方法标准 | | | |
| 产品、过程、服务标准 | | | |
| …… | | | |
| 共计 | | | |

### 4. 编制说明

标准体系表的编制说明是标准体系构建过程的报告。GB/T 13016—2018 给出了编制说明的一般内容。

---

**5.4 标准体系表编制说明**

标准体系表编制说明的内容一般包括：

a）标准体系建设的背景；

b）标准体系的建设目标、构建依据及实施原则；

c）国内外相关标准化情况综述；

d）各级子体系划分原则和依据；

e）各级子体系的说明，包括主要内容、适用范围等；

f）与其他体系交叉情况和处理意见；

g）需要其他体系协调配套的意见；

h）结合统计表，分析现有标准与国际、国外的差距和薄弱环节，明确今后的主攻方向；

i）标准制修订规划建议；

j）其他。

---

监狱标准体系表的编制说明的内容一般包括：

（1）监狱标准体系编制的背景；

（2）编制体系表的原则、依据及要达到的目标；

（3）监狱管理的现状及监狱标准化的现状；

（4）结合统计表，分析现有标准与其他行业的差距和薄弱环节，明确今后的主攻方向；

（5）标准划分依据和划分情况；

（6）监狱标准体系结构关系，子体系的划分依据和划分情况，各子体系内容说明（概念内涵、边界范围、适用领域）；

（7）编制过程中的问题总结和实施建议。

## （四）构建监狱标准体系表的一般过程

编制监狱标准体系表是一项复杂工作，需要领导支持和参与，以业务部门为主体，以标准化部门为支撑，通过需求调研、确定原则和目标、明确范围边界，编制标准体系结构图、标准明细表，对标准明细进行统计分析，编写标准体系表编制说明。这里依据 GB/T 13016 并参考 GB/T 13017，提出构建监狱标准体系表的一般方法。

### 1. 确定目标和原则

根据监狱工作任务和目标，确定监狱标准体系建设的目标和构建监狱标准体系的原则，明确纳入监狱标准体系的标准的收录原则。

### 2. 界定范围和边界

根据监狱标准体系建设目标和原则，明确监狱标准体系范围，界定监狱标准体系的边界。这些工作通常包括：

——从监狱工作特性、监狱工作过程识别、监狱管理环节、监狱标准范围、监狱标准类型和层次等维度，对监狱标准体系进行深入分析，分析监狱标准体系的边界，确定监狱标准体系覆盖的范围、涵盖的执法和管理活动等；

——确定收录的监狱内部的规章制度的范围；

——确定收录的监狱外部的法律、法规、规范性文件的范围，以及相关的国家标准、行业标准、地方标准、团体标准等。

### 3. 明确结构

根据监狱标准体系建设的目标和原则、范围和边界，通过不断优化，选择监狱标准体系的结构形式，逐级确定监狱标准体系的结构。这些工作通常包括：

  ——明确监狱标准体系结构形式；

  ——根据监狱标准体系的复杂程度和自身特点，可按照自上向下、或自下向上，或两者结合的方式构建标准体系的各级子体系，形成标准体系的层次；

  ——明确各子体系之间的相互支撑、相互协调的逻辑关系，确定各子体系之间的边界和范围。

### 4. 编制标准体系表

编制标准体系表，通常包括以下方面：

（1）确定标准体系结构图，根据不同维度的标准分析的结果，选择恰当的维度作为标准体系框架的主要维度，编制标准体系结构图，编写标准体系结构的各级子体系、标准体系模块的内容说明。

（2）编制标准明细表，根据监狱标准体系结构图和标准收录原则，分析、梳理标准明细表。这些工作步骤通常包括：

  ——根据方便民警使用和优化管理需求，确定标准明细表格式；

  ——分析整理纳入监狱标准体系管理的现有标准和拟制定的标准列表；

  ——研究确定宜采用和拟采用的外部标准；

  ——确定标准明细表的编号规则，编制标准明细表，形成标准体系的纲要。

（3）编写标准体系表编制说明，标准体系表编制说明的相关内容见上一专题"4. 编制说明"。

### 5. 动态维护更新

监狱标准体系是一个动态的系统，在使用过程中应不断优化完善，并随着法律法规对监狱工作的新要求、管理技术的新发展变化进行维护和更新。

## （五）编制标准体系规划

标准体系规划是上述过程的重要成果，是构建监狱标准体系、编制标准制定修订计划和确定相关科研项目的指南，是协调解决跨部门综合标准化工作的依据，是具有指导性、计划性的文件，在达到预定的目标以前一直有效。

### 1. 确定所构建的监狱标准体系的目标

通过对所收集资源的研读、分析，准确掌握标准化状况与发展趋势，并根据社会、经济、技术发展趋势预测结果和实际可能，合理确定标准化工作应达到的目标，充分体现其整体最佳性。

确定所构建的监狱标准体系的目标应主要考虑以下因素：

（1）应充分考虑社会、上级组织对监狱工作的期望与要求，保证监狱标准能为监狱中心工作服务；

（2）积极采用国家标准、地方标准、监狱标准；

（3）所制定的标准要有利于监狱管理创新意识和方法的发展与推广，有利于监狱最佳秩序的充分实现；

（4）标准体系各标准之间，监狱标准与国家标准或地方标准、与其他行政主管部门相关标准之间应协调一致。

### 2. 标准体系规划的内容

规划应包括下列内容：

（1）标准化对象及其相关要素；

（2）需要制定、修订的全部标准；

（3）最终目标值和相关要素的技术要求；

（4）必要的科研项目；

（5）各项工作的组织和完成期限、预算计划及物资经费等保证措施。

### 3. 编制标准体系规划的方法

标准体系规划应由各有关部门共同参加编制，并且应同各部门的具体工作与计划任务相结合。

编制标准体系规划时应考虑所需的人员能力、物质资源和经费。

标准体系规划应附有编制说明书和实施大纲。

### 4. 编制标准体系规划的程序

编制标准体系规划可按下列程序进行。

（1）确定对象系统。提出对象系统总目标，并根据标准化对象及其相关要素的内在联系或功能要求，将所确定的目标分解为具体目标值。分解的目标值应能保证实现所确定的目标，并注意工作流程的继承性。目标值一般应定量化，具有可检查性。应对各种可能的目标分解方案进行充分的论证，从中选择最佳方案。

（2）进行系统分析。通过分析资料，对标准化对象进行系统分析，找出影响所确定目标的各种相关要素，明确标准化对象与相关要素及相关要素之间的内在联系与功能要求。合理确定标准化对象及其相关要素的范围，并且绘制标准化对象的相关要素图或给出文字说明，明确其系统关系。

（3）选择最佳方案。对标准化对象的科学技术水平、综合质量指标以及综合效益进行预测和综合论证。根据需要和可能，合理地确定系统的综合范围和深度，按工作流程确定标准体系规划的结构。列出标准化对象的直接相关要素和间接相关要素，编制相关要素图。确定科研攻关项目、技术措施和组织保证措施，保证标准化对象的及时开发、研制，提高其整体水平。

（4）确定标准项目。对标准体系中所含要素系统，根据相关要素图，按性质和级别对标准、项目及课题汇总分类，理顺关系。

编制跨部门的实施计划，拟定需要制定、修订的标准的内容和数量，并根据轻重缓急确定标准制定、修订时间的最佳顺序和工作进度，分别纳入相应的标准制定、修订规划和年度计划中，保证制定、修订标准工作的协调进行。

确定制修订工作要点、起草单位和参加单位。确定准化对象的技术手段和质量保证，以及制修订的准备、组织与保证措施。

（5）编制标准体系规划草案。根据标准化对象的系统分析和目标分解的结果，编制标准体系规划草案，明确标准体系的构成。标准体系规划草案内应包括能保证标准化对象整体最佳的所有标准。各项标准应进行系统处理，按性质、范围适当分类，使其构成合理。

（6）评审。应组织有关专家对标准体系规划草案进行审议、认定，形成正式的标准体系规划。评审内容应包括：目标能否保证、构成是否合理、标准是否配套、总体是否协调。

## 三、制定标准的程序

在构建监狱标准体系和监狱标准体系表之后，就需要根据标准体系表编制单项标准。上述内容是就构建监狱标准体系总体而言的，就编写一项单项标准的文本来说，也要经过一个科学的编制过程。

第二章第二节已经简要阐述了制定标准的四个阶段：准备阶段、预审与立项阶段、起草与征求意见阶段、审查与批准阶段。四个阶段可再细分为六个步骤：调查研究、收集资料；审查与立项；起草标准征求意见稿；标准化机构审核，形成标准的定稿；批准标准；发布标准。这里对四个阶段作详细阐述。

## （一）准备阶段

研制监狱标准是一项开拓性的工作，做好充分准备是保障研制过程科学、有序、高效的基础。

准备阶段需要开展的工作如下。

### 1. 调研

调研包括以下内容：承担制定监狱标准的责任主体，在根据监狱标准体系表制定单项监狱标准时，应做好充分的准备工作。在准备阶段应开展的工作是调查研究、收集资料，主要有下列事项：

（1）调查研究本监狱或本局监狱标准化的现状和发展方向，以及与标准化对象各有关方的基本情况；

（2）收集与监狱工作相关的法律、法规、规章、规范性文件；

（3）收集社会、上级组织及相关领导对监狱工作的期望、要求和工作安排、部署；

（4）收集其他省区市监狱实施标准化的资料、标准化的经验及其标准文本；

（5）收集监狱工作运行过程中产生的各类资料及标准运行过程中反馈的统计资料、信息数据，包括监狱工作经验；

（6）国家标准、行业标准、地方标准中，涉及监狱工作的相关标准；

（7）研究将法律法规规章转化成监狱标准的可行性与方案，这是因为法律法规规章是监狱标准化的直接依据；

（8）研究所收集的素材，制定"标准制定工作方案"（方案中至少包括标准文本的大纲），提出立项申请。

### 2. 选择标准化的对象和领域

可以运用《质量管理体系要求》（GB/T 19001）中所推荐的"过程方法"，对需要标准化的对象和领域进行过程识别。"过程"是指"利用输入实现预期结果的相互关联或相互作用的一组活动"（《质量管理体系　基础和术语》（GB/T 19000），"3.4.1 过程"词条）。

运用过程方法能够对监狱工作体系的各个过程之间的相互关联和相互依赖的关系进行有效控制。运用该方法应开展以下工作，将所识别的过程列作标准化对象：

（1）按过程的定义，确定每个过程所需的输入和期望的输出，进而识别出过程；

（2）确定这些过程的顺序和相互作用；

（3）确定和应用所需的准则和方法（包括监视、测量和相关绩效指标），以确保这些过程的有效运行和控制；

（4）确定这些过程所需的资源并确保可获得；

（5）分配这些过程的职责和权限。

### 3. 可行性分析

根据需要和可能，对选择的标准化对象情况，所需人力、物力和财力的情况，以及能否获得预期的技术、社会效益进行可行性分析。

可行性分析应充分考虑需要与可能、可行，进一步地明确监狱标准制定的范围，主要是：

（1）监狱民警的执法和管理活动中所需的管理标准、职位标准、技术标准；

（2）没有国家标准，而国家鼓励监狱制定严于国家标准、地方标准要求的监狱标准，在监狱内部使用；

（3）监狱在长期实践过程中形成的先进工作经验、工作技巧和办法，可以提升为标准，在监狱使用；

（4）监狱在执法、管理、工作中经常性、重复性的事务和活动，可制定标准。

### 4. 建立编写机构

根据确定的标准化对象，由各有关方面的人员组成权威性的编写工作机构，负责构建标准体系的协调和组织实施工作。编写机构应建立相应的工作制度，明确职责和分工，有条件时外出学习借鉴。

编写机构成立、培训后，要系统、客观地分析监狱标准化工作现状，按标准化要求提出存在的问题、需要改进的方面，明确标准化工作思路和重点，结合学习培训取得的成果拿出编写工作方案。

### （二）预审与立项阶段

在完成准备工作之后，即可开展制定标准的计划与立项工作。

### 1. 编制立项计划

在正式申报立项之前，编写机构应编制立项工作计划。立项计划是落实标准体系规划的具体步骤。

编制立项计划有两种情况。

（1）确定标准体系规划内标准的编写的先后顺序、制定的阶段划分。也就是说，计划先制定哪些标准、后制定哪些标准，以及在什么时间内制定。为这一目的所制定的计划，主要向最高管理者提交。

工作计划包括以下几个方面的内容：

——凡有现行标准，能满足要求的，应引用现行标准而不再制定新标准；不能满足要求时，应修订现行标准或提出补充要求；没有相应标准时，应制定新标准。

——根据标准体系规划内标准之间的相互联系，确定各项标准制定和修订的顺序与时间，明确分工和进度要求。

——各项标准的制定和修订任务应纳入各级标准的制定和修订计划，保证各级标准制定和修订计划的协调。

——对技术难点，应制订攻关计划。

（2）确定制定单项标准的具体计划，计划的文本是"立项申请书"或"标准制定工作方案"。为这一目的所制定的计划，主要向标准化工作机构提交。

工作计划中包括以下几个方面内容：

——制定和修订标准的项目名称；

——标准的大纲、主要内容、要求、适用范围；

——与其他标准的关系；

——标准起草单位与负责人、参加单位与参加人员、实施时间等。

### 2. 预审

标准化工作机构对拟制定标准的"标准制定工作方案"或立项申请进行预审，预审应本着量力而行和重要项目优先的原则。需预审的内容主要包括：

（1）拟制定的标准的重要性与必要性，是否有可采用的同类标准；

（2）拟制定的标准是否符合标准化工作目标；

（3）拟制定的标准的结构是否合理；

（4）"标准制定工作方案"的可行性，包括准备的充分性、编写人员组成、进度安排、经费等资源保障。

### 3. 立项

经标准化工作机构预审通过的项目，应进行立项批准，开展下列工作：

（1）标准化工作机构负责人应签署立项的意见，必要时须经标准化专业委员会确定，或最高管理者批准；

（2）反馈，标准化工作机构制作标准立项批复，向申请部门反馈，必要时须提出修改或补充完善"标准制定工作方案"的建议。

## （三）起草与征求意见阶段

### 1. 起草

标准编写机构应根据立项批复着手起草标准的文本（征求意见稿），开展下列工作：

（1）应按立项计划组成起草小组，指定具体的起草人，明确分工，必要时向标准化机构备案；

（2）制定工作守则，指导参加编写工作的有关人员的活动；

（3）从全局出发，明确需要提供配合支持的相关单位或人员，协调行动；

（4）对起草小组进行必要培训，学习标准化法规和 GB/T 1.1—2009，掌握编写标准的知识与技能；

（5）起草小组须对收集到的资料进行整理、分析、对比、选优；

（6）起草标准的征求意见稿，必要时，对于发生较大意见分歧的标准，可由标准化工作机构召集有关人员讨论；

（7）起草小组负责人统稿，形成标准文本的征求意见稿和研制过程说明，必要时撰写"编写工作小结"；

（8）根据工作进展情况，通过一定手段、在一定范围内对制定的征求意见稿进行试验验证，整体验证周期太长者可以进行局部验证，通过试验验证适当调整原工作计划和某些标准中不适当的内容。

### 2. 征求意见

征求意见阶段应开展下列工作：

（1）编写机构或起草小组应在相关部门或单位范围内，对征求意见稿征求意见，主要是征求实施该标准有关的部门或单位的意见；

（2）标准化工作机构可以协调、督促起草工作，解决标准制修订过程中存在的问题；

（3）编写机构或起草小组应对反馈的意见逐一研究分析，决定取舍，形成标准文本的送审稿和研制过程说明，反馈意见分歧较大时，分歧的意见写入研制过程说明，并表明倾向性意见；

（4）送审稿和研制过程说明一并提交标准化工作机构。

## （四）审查与批准

### 1. 审查

标准化工作机构审查标准的送审稿时，应开展下列工作。

（1）组成审查小组。

（2）审查标准可采取会审或函审，标准审查重点包括：

——报批资料是否齐全并符合有关规定；

——标准的编写是否符合 GB/T 1.1—2009 的规定；

——与国家法律法规、国家标准、地方标准有无抵触；

——与其他行政主管部门相关工作标准是否协调；

——是否符合或达到预定的目的和要求；

——与本局系统、本监狱其他标准的协调性；

——可操作性。

（3）形成审查结论，结论可以是通过、修改、未通过，审查结论应形成会议纪要。

——未获审查通过的，应向申请单位反馈，并指导申请单位按审查小组的意见修改标准；修改后仍按上述程序办理。

——获得通过的，应形成标准的报批稿、研制及审查过程说明。

### 2. 批准

由标准化工作机构向最高管理者提交，提交的材料至少应包括：标准的报批稿、研制和审查过程说明、评审会议纪要。

最高管理者审查批准，必要时可以召开会议讨论。

### 3. 批准标准与发布标准

标准在批准发布之前，须由标准化工作机构组织试运行，经过试运行周期之后，呈送最高管理者批准并发布标准。监狱制定的监狱级标准应向其上级监狱管理局备案。

# 第三节　标准的编写

在理解上述问题之后，接下来要解决如何编写一项标准的问题。它包括标准的实体内容和标准的文本格式两项基本要素。关于标准的实体内容已经在第三章"监狱标准体系构成"中阐述，这里重点阐述标准的文本格式。文本格式涉及两个要素：写入标准的实体内容的选择及标准要素的编排方式和顺序。前一个要素解决的是标准的"神似"问题，后一个要素解决的是标准的"形似"问题。两项具体要素的有机结合的程度，构成了标准质量的内外两个方面。

## 一、编写标准的依据和原则

标准化活动主要包括制定标准和应用标准，其中制定标准的工作之一是起草高质量的标准文本。为了保证标准化活动的有效性，我国已经建立并不断完善支撑标准制定工作的基础性国家标准体系。在该标准体系中，《标准化工作导则 第1部分：标准的结构和编写》（GB/T 1.1）是国家确立的普遍适用于起草各类标准通用规则的国家基础标准；在 GB/T 1.1 规定的总体规则基础上，《标准编写规则》（GB/T 20001）针对不同类型（包括术语、符号、分类、试验方法、规范、规程和指南等类型）的标准，分别确立了起草规则，形成了标准起草的规则体系。

### （一）编写标准的依据

因监狱具有政治属性和法制属性的特点，编制监狱工作标准所依据的首要的是法律、法规、政策，这是编写标准实体内容的依据；又因监狱工作标准贴有"标准"的标签，又具有技术性的特点，自然要依据管标准的标准为依据来编制。就编写监狱工作标准的"标准"直接依据来说，主要是下列国家标准。

#### 1. 标准化工作导则

这是一组系列标准，可以依据的国家标准主要如下。

《标准化工作导则　第 1 部分：标准的结构和编写》（GB/T 1.1）标准是国家基础性标准，它规定了标准的结构、起草表述规则和编排格式，并给出了有关表述样式；适用于国家标准、行业标准和地方标准以及国家标准化指导性技术文件的编写，其他标准的编写可参照使用。该标准主要规定了编写标准的原则、标准的结构、起草标准中各个要素的规则、要素中条款内容的表述、标准编写中涉及的各类问题的规则以及标准的编排格式。因此，编写监狱标准时，应遵循 GB/T 1.1 给出的规定，并在标准"前言"中申明"本标准按照 GB/T 1.1 给出的规则起草。"

《标准化工作导则　第 2 部分：标准中规范性技术要素内容的确定方法》（GB/T 1.2—2002）标准规定了标准中规范性技术要素的内容和确定方法，对于规范性技术要素的编写有指导意义。

### 2. 标准化工作指南

这是一组系列标准，可以依据的标准主要如下。

——《标准化工作指南　第 1 部分：标准化和相关活动的通用术语》（GB/T 20000.1—2014）。该标准界定了标准化和相关活动的通用术语及其定义。

——《标准化工作指南　第 3 部分：引用文件》（GB/T 20000.3—2014）。该标准规定了引用文件的一般要求、方法及表述，适用于在标准中引用文件及在法规中引用标准。

——《标准化工作指南　第 4 部分：标准中涉及安全的内容》（GB/T 20000.4—2003）。该标准为标准起草者分析、确定并起草标准中涉及安全的内容提供指导，适用于有关人身、财产或环境、或它们集合的安全（如人身安全、人身和财产安全，人身、财产和环境安全）。

### 3. 标准编写规则

这是一组系列标准，可以依据的标准主要如下。

——《标准编写规则　第 1 部分：术语》（GB/T 20001.1—2001）。该标准规定了术语标准的制定程序和编写要求，适用于编写术语标准和标准中的"术语和定义"一章。

——《标准编写规则　第 2 部分：符号标准》（GB/T 20001.2—2015）。该标准规定了符号（包括文字符号、图形符号以及含有符号的标志）标准的结构、起草规则及符号表的编写细则等方面的内容，适用于各层次标准中符号标准的编写。

——《标准编写规则　第 3 部分：分类标准》（GB/T 20001.3—2015）。该标准规定了分类标准的结构、分类原则以及分类方法和命名、编码方法和代码等内容的起草表述规则，并规定了分类表、代码表的编写细则，适用于各层次标准中产品、过程或服务等标准化对象的分类标准以及在已经确定的分类体系基础上进行编码的标准的编写。

——《标准编写规则　第 5 部分：规范标准》（GB/T 20001.5—2017）。该标准确立了起草规范标准的总体原则和要求，规定了规范标准的标准名称、范围、要求和证实方法等必备要素的编写和表述规则，适用于各层次标准中以产品、过程或服务等标准化对象的规范标准的起草。

——《标准编写规则　第 6 部分：规程标准》（GB/T 20001.6—2017）。该标准确立了起草规程标准的总体原则和要求，规定了规程标准的标准名称、范围、程序确立、程序指示和追溯、证实方法等必备要素的编写和表述规则，适用于各层次标准中以过程为标准化对象的规程标准的起草。

——《标准编写规则　第 7 部分：指南标准》（GB/T 20001.7—2017）。该标准确立了起草指南标准的总体原则和要求，规定了指南标准的标准名称、范围、总则、需考虑的因素和附录等要素的编写和表述规则，适用于各层次标准中以产品、过程或服务等标准化对象的指南标准的起草。

（二）编写标准的原则

GB/T 1.1 的第 4 章规定了编写标准的原则，即统一性、协调性、适用性、一致性、规范性。对这些原则的理解与总体把握，能够更加深入地理解编写标准的具体规定，并能够将相应的规定更好地贯彻于监狱标准编制的全过程。

1. 统一性

统一性是对标准编写及表达方式的最基本的要求。统一性强调的是标准内部（即标准的每个部分、每项标准或系列标准内部）的统一，包括：标准结构的统一，即标准的章、条、段、表、图和附录的排列顺序的一致；文体的统一，即类似的条款应由类似的措辞来表达，相同的条款应由相同的措辞来表达；术语的统一，即同一个概念应使用同一个术语，对于已定义的概念应避免使用同义词或近义词，每个选用的术语应尽可能只有惟一的含义；形式的统一，即标准的表述形式，诸如标准中条标题、图表标题的有/无也应统一。

### 2. 协调性

协调性是针对标准之间的关系而言的，其基本要求是"为了达到所有标准的整体协调"。为了达到标准系统整体协调的目的，在制定标准时应注意与正在制定的标准进行协调，并且与已经发布的标准进行协调。实现标准之间整体协调的主要方法是遵守基础标准和采取引用的方法。

省区市监狱管理局或监狱在决定实行标准化管理时，要首先制定一套包括监狱标准化工作导则（或指南）、术语标准，以及量、单位、符号等用作基础标准。

### 3. 适用性

适用性是指所制定的标准便于使用的特性，主要针对以下两个方面的内容：一是所制定的标准应当能够被理解，并且适用于基层民警的需求，便于实施，适于直接使用；二是便于被其他文件引用。GB/T 1.1 对于层次设置、编号等的规则都是出于便于引用的考虑。

对这一原则可作如下理解：

（1）编制监狱标准时，要首先以适用为目的，同时兼顾可引用；

（2）实现适用性的主要方法是，在编写标准中的规范性技术要素的内容时，要依据 GB/T 1.2 合理确定规范性技术要素的内容，尤其要处理好详与略的关系。

### 4. 一致性

GB/T 1.1 所指的一致性，是指起草的标准应以对应的国际文件（如果有）为基础并尽可能与国际文件保持一致。

对这一原则可作如下理解：

（1）编写的监狱标准要与国家法律法规保持一致，法律法规未作明确规定的事项，应与法治精神保持一致；

（2）编写的监狱标准要与国家标准（如果有）保持一致。

### 5. 规范性

GB/T 1.1 所指的规范性是指编写标准时要遵守与标准制定有关的基础标准以及相关法律法规。

对这一原则可作如下理解：

（1）编写监狱标准时，应从起草工作开始到随后的所有阶段均遵守 GB/T 1.1 确定的规则；

（2）编写的监狱标准力求"形似"和"神似"。

## 二、标准的结构

标准的结构是标准的骨架，标准骨架搭建完好与否决定了最终标准文本的质量。GB/T 1.1 的第 5 章从内容和层次两个方面对标准的结构进行了规定。由于编写标准是一项技术性、专业性活动，监狱系统掌握标准编写技巧的民警不多，因此，在正式编写标准之前，应从内容与形式两个方面了解标准结构方面的规定，熟练掌握编写技能。这是正式起草标准之前必不可少的工作。

### （一）按照内容划分

对标准的内容进行划分可以得到不同的要素，依据要素的性质、位置、必备和可选的状态可将标准中的要素归为不同的类别。

一般来说，一项单独的标准的内容，可以划分下列各类要素。

**1. 按要素的性质划分**

——规范性要素：声明符合标准而需要遵守的条款的要素；

——资料性要素：标示标准、介绍标准、提供标准附加信息的要素。

**2. 按照要素的性质和在标准中的位置划分**

——资料性概述要素：标示标准，介绍内容，说明背景、制定情况以及该标准与其他标准或文件的关系的要素，即标准中的封面、目次、前言、引言。

——规范性一般要素：给出标准的主题、界限和其他必不可少的文件清单等通常内容的要素，即标准中的标准名称、范围、规范性引用文件。

——规范性技术要素：规定标准的技术内容的要素，即标准中的术语和定义，符号、代号和缩略语，要求，分类、标记和编码，规范性附录。

——资料性补充要素：提供附加内容，以帮助理解或使用标准的要素，即标准中的资料性附录、参考文献、索引。

### 3. 按照要素必备和可选的状态划分

——必备要素：在标准中不可缺少的要素，即标准中的封面、前言、名称、范围。

——可选要素：在标准中不一定存在的要素，其存在与否取决于特定标准的具体需求。标准中除了四个必备要素之外，其他要素都是可选要素。

GB/T 1.1 的表1列示了"标准中要素的典型编排"：

| 要素类型 | 要素的编排 |
|---|---|
| 资料性概述要素 | **封面**<br>*目次*<br>**前言**<br>*引言* |
| 规范性一般要素 | **标准名称**<br>范围<br>规范性引用文件 |
| 规范性技术要素 | 术语和定义<br>符号、代号和缩略语<br>要求<br>……<br>规范性附录 |
| 资料性补充要素 | *资料性附录* |
| 规范性技术要素 | 规范性附录 |
| 资料性补充要素 | *参考文献*<br>*索引* |

注：表中各类要素的前后顺序即其在标准中所呈现的具体位置。

黑体表示"必备的"，正体表示"规范性的"，斜体表示"资料性的"。

一项标准不一定包括上表中的所有规范性技术要素，也可以包含表中之外的其他规范性技术要素。规范性技术要素的构成及其在标准中的编排顺序须根据所起草的标准的具体情况而定。

### （二）按照层次划分

标准的层次可划分为部分、章、条、段、列项和附录等形式。

| 层次 | 编号示例 |
|---|---|
| 部分 | ××××.1 |
| 章<br>条<br>条<br>段<br>列项 | 5<br>5.1<br>5.1.1<br>无编号<br>列项符号；字母编号 a)、b) 和下一层次的数字编号 1)、2) |
| 附录 | 附录 A |

### 1. 部分

部分是一项标准被分别起草、批准发布的系列文件之一。部分是一项标准内部的一个"层次"。一项标准分成若干个单独的部分时，通常有其特殊需要或具体原因，有下列情况时可考虑将标准划分为部分：

（1）标准篇幅过长；

（2）后续的内容相互关联；

（3）标准的某些内容可能被法规引用；

（4）标准的某些内容拟用于认证。

一项标准的不同部分具有同一个标准顺序号，它们共同构成一项标准。部分应使用阿拉伯数字从 1 开始编号，编号应位于标准顺序号之后，与标准顺序号之间用下脚点相隔。例如：××××.1，××××.2 等。

### 2. 章

章是标准内容划分的基本单元，是标准或部分中划分出的第一层次。标准正文中的各章构成了标准的规范性要素。

每一章都应使用阿拉伯数字从 1 开始编号。在每项标准或每个部分中，章的编号从"范围"开始一直连续到"附录"之前。每一章都应有章标题，并置于编号之后。

### 3. 条

条是对章的细分。凡是章以下有编号的层次均称为条。上一层次的条可再细分为下第 2 层次的条，至多可细分到第 5 层次。

条的编号使用阿拉伯数字加下脚点的形式，编号在其所属的章内或上一层次的条内，例如，第 5 章内的条的编号：第 1 层次的条编为 5.1、5.2……，第二层次的条编为 5.1.1，5.1.2……，一直可编到第 5 层次，即 5.1.1.1.1.1，5.1.1.1.1.2……

条的标题是可以选择的，每个第一层次的条最好设置标题，如果设标题，则位于条的编号之后；如果不设标题，可将无标题条首句中的关键术语或短语标为黑体，以标明所涉及的主题。同一层次的条有无标题应统一。

## 4. 段

段是对章或条的细分，没有编号。为了不在引用时产生混淆，应避免在章标题或条标题与下一层次条之间设段，这样的段称为"悬置段"。

示例：

如下面左侧所示，按照隶属关系，第 5 章不仅包括所标出的"悬置段"，还包括 5.1 和 5.2。鉴于这种情况，在引用这些悬置段时有可能发生混淆。下面右侧所示是避免混淆的方法之一：将左侧的悬置段编号并加标题"5.1 总则"（也可以不用"总则"而给出其他适当的标题），并且将左侧的 5.1 和 5.2 重新编号。避免混淆的其他方法还有，将悬置段移到别处或删除。

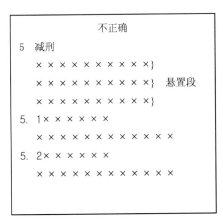

## 5. 列项

列项需要同时具备两个要素，即引语和被引出的并列各项。在列项的各项之前应使用列项符号（如破折号"——"或圆点"●"），或在列项中的项需要识别时使用字母编号（后带半圆括号的小写拉丁字母，如 a)、b)、c) 等）进行标示。

在字母编号的列项中，如果需要对某一项进一步细分成需要识别的若干分项，则在各分项之前使用数字编号（后带半圆括号的阿拉伯数字，如 1)、2)、

3）等）进行标示。

示例：

5.1.3　单独标准的内容划分

标准由各类要素构成。一项标准的要素可按下列方式进行分类：

a）按要素的性质划分，可分为：

- 资料性要素；

- 规范性要素。

b）按要素的性质以及它们在标准中的具体位置划分，可分为：

- 资料性概述要素；

- 规范性一般要素；

- 规范性技术要素；

- 资料性补充要素。

c）按要素的必备的或可选的状态划分，可分为：

- 必备要素；

- 可选要素。

## 6. 附录

附录是标准层次的表现形式之一。

附录按其性质分为规范性附录和资料性附录。规范性附录的作用是给出标准正文的附加或补充条款。资料性附录的作用是给出有助于理解或使用标准的附加信息。每个附录均应在正文或前言的相关条文中明确提及，附录的编排顺序应按在条文中提及它的先后次序编排。

每个附录均应有编号。每个附录的前三行内容提供了识别附录的信息。第一行为附录的编号，编号由"附录"和随后表明顺序的大写拉丁字母组成，字母从"A"开始，例如："附录 A""附录 B""附录 C"等；只有一个附录时，仍应给出编号"附录 A"。第二行为附录的性质，即"（规范性附录）"或"（资料性附录）"。第三行为附录标题。

每个附录中章、图、表和数学公式的编号均应重新从 1 开始，编号前应加上附录编号中表明顺序的大写字母，字母后跟下脚点。例如：附录 A 中的章用"A. 1""A. 2"……表示；图用"图 A. 1""图 A. 2"……表示。

### 三、要素的编写

GB/T 1.1 标准的第 6 章规定了如何起草标准中的各个要素。各个要素内容的选择和编写是初步搭建标准结构后需要进行的工作。

#### （一）资料性概述要素

#### 1. 封面

封面是资料性概述要素，同时又是一个必备要素。

根据 GB/T 1.1 规定，在标准文本封面上要根据具体情况需要给出识别标准的信息：标准的层次、标准的标志、标准的编号、被代替标准的编号、国际标准分类号（ICS 号）、中国标准文献分类号、备案号（不适用于国家标准）、标准名称、标准名称对应的英文译名、与国际标准的一致性程度标识、标准的发布和实施日期、标准的发布部门或单位。在标准征求意见稿和送审稿的封面显著位置还应按 GB/T 1.1 的规定，给出征集标准是否涉及专利的信息。

就监狱标准来说，封面宜标识出的信息包括：

——标准的层次；

——标准的标志；

——标准的编号；

——被代替标准的编号；

——标准名称；

——标准的发布和实施日期；

——标准的发布部门或单位。

#### 2. 目次

目次是一个可选的资料性概述要素。如果需要设置目次，则应以"目次"作标题，将其置于封面之后。

根据标准中要素的具体情况，为了方便查阅，目次所列的各项内容和顺序如下：

（1）前言；

（2）引言；

（3）章；

279

（4）带有标题的条（需要时列出）；

（5）附录，附录编号（包括附录性质，即"（规范性附录）"或"（资料性附录）"）和附录的标题；

（6）附录中的章（需要时列出）；

（7）附录中的带有标题的条（需要时列出）；

（8）参考文献；

（9）索引；

（10）图，图的编号和图题（需要时列出）；

（11）表，表的编号和表题（需要时列出）。

具体编写目次时，在列出上述内容的同时，还应列出其所在的页码。

### 3. 前言

前言是资料性概述要素，同时又是一个必备要素。

前言应位于目次（如果有的话）之后、引言（如果有的话）之前，用"前言"作标题。前言中不应包含要求和推荐型条款，也不应包含公式、图和表。

前言主要陈述本文件与其他文件的关系等信息，应视具体情况依次给出下列内容。

（1）标准结构的说明：对于系列标准或部分标准，在第一项标准或标准的第 1 部分的前言的开头应说明标准的预计结构；在每一项标准或每一个部分中应列出所有已经发布或计划发布的其他标准或其他部分的名称。

（2）标准编制依据的起草规则的阐述：按照 GB/T 1.1 的规定编制的标准应包含该项内容，例如："本标准按照 GB/T 1.1 给出的规则起草。"

（3）标准所代替的标准或文件的说明，需要说明两方面的内容：与先前标准或其他文件的关系，与先前版本相比的主要技术变化。

（4）与国际文件、国外文件关系的说明：以国外文件为基础形成的标准，可在前言陈述与相应文件的关系；与国际文件存在着一致性程度（等同、修改或非等效）对应关系的标准，应按照 GB/T 20000.2 的有关规定陈述与对应国际文件的关系。

（5）有关专利的说明：凡可能涉及专利的标准，如果尚未识别出涉及专利，应按照 GB/T 1.1 的规定在前言中给出有关专利的说明。

（6）归口和起草信息的说明：在标准的前言中应视情况依次给出标准的

提出（可省略）、归口、起草单位、主要起草人等信息。

（7）标准所代替标准的版本情况的说明：如果所起草的标准的早期版本多于一版，则应在前言中说明所代替标准的历次版本的情况。

### 4. 引言

引言是一个可选的资料性概述要素，如果需要设置引言，则应用"引言"作标题，并将其置于前言之后。在引言中不应包含要求。

引言主要说明标准的背景、制定情况和文件本身内容相关的信息。

引言中可给出下列内容：

——编制标准的原因；

——有关标准技术内容的特殊信息或说明；

——如果标准内容涉及了专利，则应在引言中给出有关专利的说明。

编写引言时应注意：

——引言不应编号，如果引言的内容需要分条时，应仅对条编号，引言的条编为0.1、0.2等。引言中如果有图、表、公式，均应使用阿拉伯数字从1开始进行编号；

——引言中不能含有"要求"；

——引言中不能含有"范围"一章的内容。

### （二）规范性一般要素

### 1. 标准名称

标准名称是标准的规范性一般要素，同时又是必备要素。

标准名称应置于范围之前，并且应在标准的封面中标示。

标准名称应明确表示出标准的主题，使该标准与其他标准相区分。标准名称由几个尽可能短的要素组成，通常不多于三种，依次为：

——引导要素：表示标准所属的领域（可选要素）；

——主体要素：表示在上述领域内所涉及的主要对象（必备要素）；

——补充要素：表示上述主要对象的特定方面，或给出区分该标准（或部分）与其他标准（或其他部分）的细节（可选要素）。

GB/T 1.1的《附录D：标准名称的起草》，给出了起草标准名称的详细规则，编写时可参考。

## 2. 范围

范围是标准的规范性一般要素，同时也是一个必备要素。范围应位于每项标准正文的起始位置，它永远是标准的"第1章"。

范围不应包含要求。范围的陈述应简洁，以便能够作为标准的"内容提要"使用。

范围的内容分为两个方面：

——界定标准化对象和涉及的各个方面的内容，在特别需要时可补充陈述不涉及的标准化对象，通用的表述形式是"本标准规定了……"；

——给出标准中规定的适用界限，在特别需要时可补充陈述不适用的界限，通用的表述形式是"本标准适用于……"。

## 3. 规范性引用文件

规范性引用文件是标准的规范性一般要素，同时又是一个可选要素。如果标准中有规范性引用的文件，则应以"规范性引用文件"为标题单独设章，以便给出标准中规范性引用的文件清单。该章内容的表述形式由"引导语 + 文件清单"组成。

（1）引导语。规范性引用文件一章中，在列出所引用的文件之前应有一段固定的引导语，即：

> 下列文件对于本文件的应用是必不可少的。凡是注日期的引用文件，仅注日期的版本适用于本文件。凡是不注日期的引用文件，其最新版本（包括所有的修改单）适用于本文件。

（2）文件清单。在引导语之后，要列出标准中所有规范性引用的文件。

对于标准中注日期的引用文件，应在文件清单中给出文件的年号或版本号以及完整的名称，对于引用的标准则给出标准的编号和名称。

对于标准中不注日期的引用文件，不应在文件清单中给出文件的年号或版本号，对于引用的标准则仅给出标准的代号、顺序号和标准名称，例如：GB/T 15834 标点符号用法。

标准中如果直接引用了国际标准，在文件清单中列出这些国际标准时，应在标准编号后给出国际标准名称的中文译名，并在其后的圆括号中给出原文名称。

引用文件的排列顺序：

——国家标准

——行业标准；

——地方标准，仅适用于地方标准的编写；

——国内有关文件；

——国际标准。

文件清单中不应包含下列内容：

——不能公开获得的文件；

——资料性引用文件；

——标准编制过程中参考过的文件。

### （三）规范性技术要素

规范性技术要素是指规定标准技术内容的要素，是一项标准的主体内容。规范性技术要素在范围上包括：术语和定义，符号、代号和缩略语，要求，分类、标记和编码，规范性附录。

#### 1. 技术要素选择的原则

GB/T 1.1 给出的原则如下。

（1）目的性原则。标准中规范性技术要素的确定取决于编制标准的目的，最重要的目的是保证有关产品、过程或服务的适用性。一项标准或系列标准还可涉及或分别侧重其他目的的，例如：促进相互理解和交流，保障健康，保证安全，保护环境或促进资源合理利用，控制接口，实现互换性、兼容性或相互配合以及品种控制等。在标准中，通常不指明选择各项要求的目的。然而，最重要的是在编写工作的最初阶段（不迟于征求意见稿）就确定这些目的，以便从一开始就能够决定标准所包含的要求。在编写标准时应优先考虑涉及健康和安全的要求（见 GB/T 20000.4、GB/T 20002.1 和 GB/T 16499）以及环境的要求（见 GB/T 20000.5）。

（2）性能原则。只要可能，"要求"应由性能特性来表达，而不用设计和描述特性来表达，这种方法给技术发展留有最大的余地。如果采用性能特性的表述方式，要注意保证性能的"要求"中不疏漏重要的特征。

（3）可证实性原则。不论标准的目的如何，标准中应只列入那些能被证实的"要求"。标准中的"要求"应定量并使用明确的数值表示。不应仅使用定性的表述，如"足够坚固"或"适当的强度"等。

### 2. 术语和定义

术语和定义是规范性技术要素，在非术语标准中该要素是一个可选要素。如果标准中有需要界定的术语，则应以"术语和定义"为标题单独设章，以对相应的术语进行定义。"术语和定义"的表述形式由"引导语 + 术语条目"构成。

（1）引导语。在给出具体术语条目之前应有一段引导语。

只有标准中界定的术语和定义适用时使用下述引导语："下列术语和定义适用于本文件。"

除了标准中界定的术语和定义外，其他文件中界定的术语和定义也适用时使用下述引导语："……界定的以及下列术语和定义适用于本文件。"

只有其他文件界定的术语和定义适用时使用下述引导语："……界定的术语和定义适用于本文件。"

（2）术语条目。术语条目最好按照概念层级进行分类编排。属于一般概念的术语和定义应安排在最前面。任何一个术语条目应至少包括四个必备内容：条目编号、术语、英文对应词、定义。

根据需要，术语条目还可增加以下附加内容：符号、专业领域、概念的其他表述方式（例如：公式、图等）、示例和注等。

### 3. 符号、代号和缩略语

符号、代号和缩略语是规范性技术要素，在非符号、代号标准中该要素是一个可选要素。如果标准中有需要解释的符号、代号或缩略语，则应以"符号、代号和缩略语"或"符号""代号""缩略语"为标题单独设章，以便进行相应的说明。

标准中的"符号、代号和缩略语"章中的符号、代号或缩略语清单宜按照字母顺序编排。

### 4. 要求

这里的"要求"不同于日常工作中的要求。在 GB/T 1.1 标准中，可按"6.3.4 要求"编写。

> **6.3.4 要求**
>
> 要求为可选要素，它应包含下述内容：
>
> a）直接或以引用方式给出标准涉及的产品、过程或服务等方面的所有特性；
>
> b）可量化特性所要求的极限值；
>
> c）针对每个要求，引用测定或检验特性值的试验方法，或者直接规定试验方法。
>
> 要求的表述应与陈述和推荐的表述有明显的区别。
>
> 该要素中不应包含合同要求（有关索赔、担保、费用结算等）和法律或法规的要求。

在一个标准中，要求为可选要素，但在众多的规范性要素中使用频率最高。

标准中的要求是通过要求型条款体现的。根据编写标准的目的，要求的内容可以表达"结果"（是什么），也可以表达"过程"（怎么做）；要求的形式可以是条文、图或表。在监狱工作标准中，要求更多地表达过程。

表达"结果"的要求型条款。该要求型条款主要应用于产品标准，通常包含4个要素：特性、证实方法、助动词"应"和特性的量值。其典型的句式为："特性"按"证实方法"测定"应"符合"特性的量值"。

表达"过程"的要求型条款。该要求型条款主要应用于服务标准，通常包含3个要素："谁"、助动词"应"和"怎么做"。

对"过程"的要求也需要证实，可以采取考（审）核、现场检查、视频监控、讲评等证实方法。

在 GB/T 1.1 标准中，"要求"型条款是指"表达如果声明符合标准需要满足的准则，并且不准许存在偏差的条款。"（该标准"3.8.1 要求"词条）编写"要求"型条款时，应使用规定的汉语助动词"应"或"不应"来表达，而不能用"必须"替代"应"、用"不可"替代"不应"。

### 5. 规范性附录

规范性附录为可选要素，它给出标准正文的附加或补充条款。

通常，规范性附录应在标准的条文中提及，其表述方式如"符合附录 A 的规定""见附录 B"。

其表述与格式同上一专题"二、标准的结构/（二）按照层次划分/6. 附录"。

## （四）资料性补充要素

资料性补充要素可以帮助理解或使用标准，它包括资料性附录、参考文献、索引。

### 1. 资料性附录

资料性附录为可选要素，它给出有助于理解或使用标准的附加信息。

该要素不应包含"要求"，其表述方式如"参见附录A"。

其表述与格式同上一专题"二、标准的结构/（二）按照层次划分/6. 附录"。

### 2. 参考文献

参考文献为可选要素。在编写标准的过程中经常会资料性地引用一些其他文件，当需要将被引用的文件列出时，应在标准的最后一个附录之后设置参考文献，并且将资料性引用的所有文件在参考文献中列出。

在列出参考文献时，应在文献清单中的每个参考文献前的方括号中给出序号。

### 3. 索引

索引为可选要素，它可以提供一个不同于目次的检索标准内容的途径，可以从另一个角度方便标准的使用。

如果需要设置索引，则应用"索引"做标题，将其作为标准的最后一个要素。

## 四、要素表述规则

### （一）要素的表述

GB/T 1.1—2009标准的第7章规定了要素的表述。

### 1. 条款的类型

GB/T 1.1标准规定的标准要素是由条款构成的，根据条款所起的作用可将其分为如下3种类型。

（1）陈述型条款。表达信息的条款，可通过汉语的陈述句或利用助动词来表述。表达陈述型条款的助动词有 3 种："可"或"不必"，"能"或"不能"，"可能"或"不可能"。

（2）推荐型条款。表达建议或指导的条款，通常用助动词"宜"或"不宜"来表述。

（3）要求型条款。表达如果声明符合标准需要满足的准则，并且不准许存在偏差的条款。要求型条款可以通过汉语的祈使句或利用助动词来表述。表达要求型条款的助动词有"应"或"不应"。

**2. 条款内容的表述形式**

在表述条款的内容时，根据不同的情况可采取以下 5 种表述形式。

（1）条文。条文是条款的文字表述形式，也是表述条款内容时最常使用的形式。标准中的文字应使用规范汉字。标准条文中使用的标点符号应符合 GB/T 15834《标点符号用法》的规定。标准中数字的用法应符合 GB/T 15835《出版物上数字用法的规定》的规定。

（2）图。图是条款的一种特殊表述形式，当用图表述所要表达的内容比用文字表述得更清晰易懂时，图这种特殊的表述形式将是一个理想的选择。

（3）表。表也是条款的一种特殊表述形式，当用表表述所要表达的内容比用文字表述得更简洁明了时，表这种特殊的表述形式也将是一个理想的选择。

（4）注和脚注。注和脚注是条款的辅助表述形式。在注或脚注中可以对标准的规定给出较广泛的解释或说明，由此起到对条款的理解和使用提供帮助的作用。注和脚注都属于要素中的资料性内容。

（5）示例。示例是条款的另一种辅助表述形式。在示例中可以给出现实或模拟的具体例子，以此帮助标准使用者尽快地掌握条款的内容。示例可以存在于任何要素中，所有示例都属于要素中的资料性内容。

（二）其他规则

GB/T 1.1—2009 标准的第 8 章给出了编写标准中涉及的各类问题所遵循的规则。

在编写标准时还会涉及到一些其他问题，例如，标准中用到的一些组织机构的全称、简称如何表述，标准中的缩略语如何编写，标准中如何引用其他文件、如何引用本标准中的条文，还有数值的选择与表述，量、单位及其符号、数学公式、尺寸和公差的表达等等，GB/T 1.1—2009 标准的第 8 章给出了这些问题的表述规则。

关于标准要素的编排格式，GB/T 1.1—2009 标准的第 9 章给出了具体规定，可以参考。

### （三）起草标准题名注意事项

起草标准名称不仅需要掌握技术要领，而且也需要逻辑思维的能力和驾驭文字的能力。可以运用"问题抽象"的方法来解决这一问题，即：第一步，列出所有可能体现该标准主题特性的概念性单词；第二步，对这些单词再抽象，将有共通特性的单词合并为一个单词；第三步，将共通单词归纳成一句短语，可以将这个短语命名为标准名称。

起草标准名称时需要注意：

（1）准确反映标准的范围，避免限制或扩大标准的范围；

（2）名称中不需要描述文件的类型；

（3）协调名称要素的内容，名称各要素的用语在概念上不应重复，名称各要素的位置不能颠倒；

（4）起草"部分"的名称时，应使用"第×部分"作字眼，而不用"第×单元"或"第×节"等不规范用语。

### 五、要素的编写顺序

理解并且掌握 GB/T 1.1—2009 标准的要领，对于编写一个好标准是非常重要的。而掌握编写标准的一般步骤和时序，有助于在编写过程中减少反复、少走弯路。

决定编写一项标准时，可按下列编写顺序。但需要注意的是，标准要素的编写顺序不同于标准中要素的前后排列顺序。本专题所列的编写顺序是从著者编写标准的经验中获得的。

### （一）确定标准化对象

在编写具体的标准之前，首先要讨论并进一步明确标准化对象的边界范围；其次要明确所编写的标准的适用对象是在监狱层级、监区层级、抑或监狱的上级，是监狱领导适用、部门领导适用、还是监区民警适用，是民警适用、还是罪犯适用，这些事项即标准中的"1. 范围"。

上述两项事项应在事先进行充分的论证、确定，并且使标准编写小组的每一位成员都清楚将要编写的标准将规定哪个范围的哪些事项、对谁适用。

### （二）确定标准的规范性技术要素

明确了标准化对象之后，需要进一步讨论并确定制定标准的目的。根据标准所规范的标准化对象、标准所针对的适用对象，以及制定标准的目的，确定所要制定的标准的类型是属于规范、规程还是指南。其中，最核心的是规范性技术要素的确定。上文已经阐述规范性技术要素的范围，需要根据技术要素选择的原则确定标准中的术语和定义，符号、代号和缩略语，要求，规范性附录等技术要素。

从实践经验看，监狱工作的绝大多数事项为"管理"事项，因而"管理"是监狱工作的显著特征，"管理"标准体系是监狱标准体系的重要构成。这里对监狱工作中"管理"标准宜包含的规范性技术要素作延伸分析，建设性提出"管理"标准的通用框架，以便于在编写标准时"统一"。

#### 1. 范围

（略）

#### 2. 职责与权限

"管理"类型的标准应以"职责与权限"为章标题单设职责与权限一章。

本章应明确该类工作事项应由哪些部门实施，并且明确职责、权限的边界。

该工作事项涉及多个部门时，应规定主管部门、协作部门及其相互关系。

#### 3. 管理内容与方法

本部分内容是管理标准的核心，编写时应注意包含以下内容：

（1）应详细规定该管理活动所涉及的全部内容和应达到的要求，采取的措施和方法；

（2）逐步列出开展此项管理活动的详细步骤，明确输入、转换的各环节和输出的内容，与其他活动接口的协调措施；

（3）明确每个过程中各项工作由谁干、干什么、干到什么程度、何时干、何地干、怎么干以及达到的要求，应如何进行控制，并注明例外或特殊情况，必要时可辅以程序或流程图；

（4）内容复杂的管理标准，可根据管理活动的特点或类别，分别列出若干章，分别叙述；

（5）管理要求尽可能量化，不能量化的要求应当用可以比较的特性表达。

### 4. 检查与考核

应规定对该管理事项涉及的有关部门和人员检查与考核的程序、内容、时间与方法。

内容应包括考核项目、考核标准、执行部门、监督检查部门。考核指标应尽可能量化，用数据或比率表示；对一些确实难以量化的指标，也应将考核要求描述清楚。

### 5. 报告和记录

应明确实施该项标准应生成的报告和记录，明确报告和记录的名称、填写部门、保存地点、保存方式、保存期。

### 6. 附录

分为规范性附录、资料性附录。

（1）规范性附录是对管理标准内容所做的补充规定，是标准正文的延伸，相当于该标准内容的组成部分，是必须执行的，是在内容较多、正文编写或阅读不方便时使用的，如篇幅较大的程序、流程图等。

（2）资料性附录是对理解或使用标准起辅助作用的附加信息。该要素内容可包括：标准中重要规定的理论依据和专业问题的系统介绍，有关条文的参考性或推荐性方法，正确使用标准的参考性说明。

### （三）编写步骤顺序

在确定了标准的规范性技术要素之后，就可以着手编写具体标准。从著者编写标准的经验来看，虽然可以按部就班地从封面开始一步步地做起，但这会降低编写的效率，有时也会事倍功半。而从标准的核心内容（规范性技术要素）开始编写，是一个最佳选择。在编写规范性技术要素的过程中，如果认为需要并且准备设置附录（规范性附录或资料性附录），则可以同步编写附录。

编写完规范性技术要素内容之后，就可以编写标准的规范性一般要素，该项内容可以根据已经完成的内容加工而成。比如，如果规范性技术要素中规范性引用了其他文件，这时就可以编写"规范性引用文件"一章，将标准中规范性引用的文件以清单形式列出。再如，可以将规范性技术要素的标题集中在一起，从中归纳概括出标准的第1章"1 范围"的主要内容。

编写完规范性要素，就可以编写资料性要素。如果需要可以编写引言，然后编写必备要素前言。如果需要，则可以进一步编写参考资料、索引和目次。最后，再编写必备要素"封面"。

从著者编写标准的经验来看，之所以将编写规范性技术要素的步骤前置，其他要素编写后置，是因为编写后置的内容时往往需要用到前置已经编写的内容，也就是说其他要素的编写需要使用规范性技术要素中的内容。

# 第四节　组织实施标准过程

推行标准化管理是一个需要全员参与的重大战略行动，贯彻实施标准是监狱标准化工作的关键环节。制定标准的价值在于实施标准，否则制定标准便无任何意义。换句话说，所制定的监狱工作标准只有得到有效实施，才能显现出标准作为一项管理工具的技术性、科学性、应用性价值，才能发挥出对于优化监狱执法和管理活动、提升执法质量和管理水平的应有作用和效益，才能客观正确评价所制定的标准质量和科学性，才能发现标准中存在的问题进而提出改进标准的意见，否则标准化管理就是纸上谈兵。

## 一、实施的条件

### （一）条件概说

所期望的达到监狱标准化工作目标的理想状态，是基于这样一种假设：（1）已经制定了一套比较科学适用的标准体系；（2）最高管理者已经具有了实施标准的坚定决心和意志，监狱各级民警能够认识充分并且具有比较强的贯彻实施意识；（3）各级组织贯彻实施的思路正确、工作举措得当，民警具有实施标准的能力；（4）保障贯彻实施标准的资源比较充分，硬件设施满足实际需要并且可靠，具有实施标准的经费供给；（5）有一套比较科学合理的考核办法，并对标准的实施进行有效考核。

这些假设即贯彻实施标准、取得贯彻实施有效性的必要条件，当其中一项条件不能满足要求时，就会迟滞监狱标准化工作达到理想状态的进程。

### （二）思想认识条件

思想是行动的先导。贯彻实施标准需要依靠广大监狱民警的力量。只有认识其重要性和必要性，才能增强贯彻实施标准的自觉性和能动性。如果缺乏思想认识的条件，必会迟滞贯彻实施的进程，甚至可能成为监狱标准化进程的阻碍因素。若照此进一步推理，监狱标准化工作就有可能成为民警的一项额外的工作负担。因而，形成对于监狱标准化管理的重要性和必要性的全员共识，是取得贯彻实施成效的先决条件。

领导干部作为"关键少数"、作为贯彻实施标准的一线指挥员，对于贯彻实施标准、推进标准化管理有着十分重要作用。这就要把推行标准化作为监狱系统各级领导的一项重要职责，肩负起贯彻实施标准、领导本单位本部门标准化工作的第一位责任；要使各级领导认识到提高管理水平是一项永续的管理活动、抓标准化就抓住了提高管理水平的"牛鼻子"，持续增强常抓不懈的思想认识。领导要重视并且造势，加强对全员的思想引导，通过一些具体形式掀起标准化管理的高潮，强化标准化意识，树立不当评论家、只做俯首实干家的正气，营造"标准化"的文化氛围，坚定标准化必成的信心，形成按标准工作的氛围。要使全员认识到，绝不能因个别人不喜欢、不赞成而迟滞推进的大势。

为满足实施的思想认识条件，领导干部应主要在以下几个方面发挥作用：

——对贯彻实施标准的有效性负责；

——确保标准化的要求融入本单位本部门范围的业务过程；

——确保贯彻实施标准、推进标准化工作所需的各种资源；

——促使所管辖的监狱民警全员积极参与，为顺利贯彻实施提供强有力的组织保障；

——持续推动改进。

正确的认识是取得标准贯彻实施期望效果的前提条件，错误的认识，必然迟滞标准化行动。在标准贯彻实施过程中，最高管理者及标准化工作部门，应时刻关注并努力消除纠正错误的认识，提高推进标准化工作的坚定性、自觉性、主动性。

这些认识误区可能是：

——认为标准、标准化与日常工作是两码事，将贯彻落实标准、推进标准化工作与日常工作对立起来、割裂开来；

——认为开展标准化工作需要落实的标准的量太大而产生畏难情绪；

——认为标准化工作是标新立异而有抵触情绪；

——认为标准化工作是一次专项活动而有短期心理；

——认为形象标识统一了标准化就实现了；

——认为标准化需要经历一个长期过程而产生等待观望的态度；

——说归说，做归做。

## （三）标准化素养能力条件

广大监狱民警良好的标准化行为及素养能力是取得贯彻实施成效的必要条件。具有良好的标准化行为及素养能力的民警，可以精准地理解标准和标准化对于开展好本职工作的意义，清楚本职岗位所有的标准及其应用的范围并有效获取所需要的标准，可以将从标准中获得的知识转化成自己贯彻实施标准能力、整合到自己的知识能力之中，可以运用标准解决实际问题。若不具有这些标准化素养能力的条件，则做不到。

监狱系统各级组织应确保受其管辖的工作人员知晓：

——必要的有关标准化的法律、法规、政策；

——实施标准化管理的益处；

——标准化的基本知识，与本职工作直接和间接相关的标准；

——能够运用与本职工作有关的标准解决问题；

——自己行为不符合标准要求的后果。

## （四）资源保障条件

保障最低限度的资源是贯彻实施的必要条件。这些资源大体包括：

——确保实施标准的相关部门和人员能够获得所需要的标准；

——进行必要的标准化与专业技能培训；

——必要的经费支持；

——可将标准规定的要求转化为流程图、作业卡等可视化的形式，提高实施效率和效果；

——对标准中有特定条件要求的项目，应制定相应措施予以保障；

——贯彻实施的激励措施。

## 二、实施的组织体系

一套比较完备的贯彻实施组织体系大体包括实施的组织机构、职责分工、进度安排、教育培训、推进协调、督察检查、阶段与目标、绩效考核、资源保障等方面。一般来说，贯彻实施的组织体系以计划或方案的形式呈现。而且标准化管理由理论到实践、由思路到成效，也必须有一套切实可行的实施方案。这里重点阐述比较重要的事项。

### （一）建立统一协调的工作机制

贯彻实施标准要坚持统一谋划、统一部署、统一实施。按现行监狱管理体制，省区市监狱管理局要成立贯彻实施标准、推进标准化工作的机构，负责贯彻实施标准的组织协调、联络会商和指导，协调本监狱管理局内部各单位部门贯彻实施的行动，及时研究解决标准化工作中的有关问题。

省区市监狱管理局内设的各职能部门，要分工协作共同推进，在各自的事权范围内承担向下贯彻实施的职责，在做好事关本部门标准贯彻实施的同时，按业务系统向下对监狱的对口部门和相关工作人员进行贯彻实施标准的督察、指导、考核。在贯彻实施标准中遇到问题，应及时与监狱管理局的标准化工作机构沟通。

各监狱也需要根据实际情况成立贯彻实施标准的工作机构，形成上下贯通、分工合理、任务清晰、责任明确的标准化工作贯彻实施的推进模式。

### （二）培训与宣传

监狱民警全员熟练掌握标准是推进标准化工作的前提。最高管理者在决定推进监狱标准化管理的同时，应开展大规模的标准化知识培训，加强标准的宣传解读。学习培训可以采取多种形式，比如提问、讨论、实践模拟、示范、考试考核等，确保学习培训取得实实在在的效果。通过学习培训继续深化全体民警的标准意识，使每名民警做到熟练掌握本职岗位的标准、熟悉关联工作的标准。

可以与岗位练兵结合起来，按标准所要求的规范文本进行练兵，并且作为"规定动作"的依据。还可以采取开展标准化管理达标创建活动、标准化管理推进示范单位、标准化管理研讨观摩交流、标准化知识测试竞赛、标准化日（月）等形式。

可以通过传统媒体、内部网络、印发材料、咨询解答等多种渠道在全系统进行广泛持续地宣传，将标准宣传实施与监狱日常管理工作相结合，广泛宣传标准化法律法规，宣传标准化工作的先进典型经验、最佳实践案例，普及标准化知识，深化全民警的标准意识，在监狱系统营造学标准、讲标准、用标准的良好氛围，达成"标准"的共识，力争做到"四个明确"：明确职位标准、明确执法和管理要求、明确工作流程、明确职位（或岗位）技能条件。

### （三）培养专职队伍

制定监狱标准、实施监狱标准、推进标准化工作是一项技术性、专业性都很强的工作，必须加强标准化专职队伍建设。从现实来看，已经开展监狱标准化建设的省区市的监狱管理局或监狱，多与驻在地的标准化研究院签署协议进行合作，多依赖于"外援"研制监狱标准体系、制定监狱标准。对于意欲实行监狱标准化管理的省区市监狱管理局、监狱来说，不培养一支掌握标准化专业知识和技能的专职队伍，势必会迟滞这项工作的进程。这就需要与监狱民警队伍的专业化、职业化建设相结合，努力培养一支监狱标准化专职队伍。

#### 1. 人员来源与能力要求

在每一个单位的标准化工作机构中，都应有一定数量的通晓标准化基础知识、熟悉标准制定规则、熟悉监狱执法和管理过程、能够推动标准化管理的标准化专业人员。

专职队伍建设可以采取自有在职人员培养和外聘人员支援相结合的方式。在自有在职人员培养方面，主要通过建立实用型标准化专业技术人才培养模式加强在职人员培训，逐步提高标准化专职人员的标准化理论水平和实践能力。外聘人员可以采取定期定向聘用、与标准化项目同步聘用的方式。

从推进监狱标准化管理的实际需要来看，标准化工作人员应具备以下知识和能力：

（1）与开展标准化工作相适应的监狱专业业务知识、标准化知识、标准化技能；

（2）熟悉并能充分理解国家有关监狱工作法律、法规、方针和政策；

（3）熟悉并能充分理解国家有关标准化法律、法规、方针和政策；

（4）熟悉监狱管理工作现状，以及必备的监狱管理知识；

（5）具备一定的组织协调能力、计算机应用及文字表达能力，必要时，还应配备一定的懂英语的人员。

### 2. 培养与激励

要建立并不断完善标准化专业技术人才队伍培养的激励政策。可以采取标准化科研活动支持扶持制度、工作成果奖励制度和委以重任的方式，激励在职人员岗位成才。

重视专业技术人才队伍资源开发，完善标准化人才教育培训体系，通过自办培训或政府购买培训服务的途径持续开展教育培训、实践锻炼，也可以建立与监狱外部标准化专业机构合作的方式，提高标准化工作队伍整体素质，建立比较充分的标准化专家库，并且保持队伍的稳定性。

也可以通过积极参加标准化行政主管部门的标准化会议、参与国家或所在省区市的标准化活动，积极参与行业标准、地方标准规则制修订，学习借鉴经验。

## 三、贯彻实施的方法

标准实施就是将标准作为对象，通过一系列具体措施或活动贯彻到监狱的全员和具体工作之中。它是整个监狱标准化工作中一项十分重要的环节与步骤，也是一项持久并且艰巨的任务。在监狱系统全面推进标准化管理是一个新生事物，要使这项重大探索实践在监狱系统生根并取得预期效果，就必须借助强有力的组织措施。

### （一）普遍推进与示范带动

推进标准化管理必须遵循循序渐进的规律，既不能急于求成，也不能坐等其成。抓好示范、典型带动是做好贯彻实施的基本方法。已经制定的标准要在监狱的全过程、全员普遍推进。也就是说，各监狱（监区）、各层级的民警都要全面行动起来。监狱管理局及各监狱都要培育示范单位，在各业务系统树立不同层次的"样板"工程。列入示范单位或"样板"工程名单的，要作为贯彻实施的重点，充分发挥主观能动性，当好示范、打造好"样板"。示范和

"样板"要有可行性、可操作性，使标准化工作名符其实，而不能将"样板"工程变成"样子"工程。未列入示范范围的单位，也不能以消极的态度坐等观望，也要发挥主观能动性，以自己的积极作为赶超示范单位。真正通过抓示范、树典型积累经验，展示成效，为全面监狱推进标准化建设打好基础。

### （二）统筹兼顾搞好结合

监狱各项工作是一个不可分割的有机整体，推进标准化管理必须与正在开展的各项工作统筹协调，同步推进。要与基层基础建设有机结合，将标准化管理作为强化基层基础建设的重要切入点和基本手段；要与监狱民警队伍革命化、正规化、专业化、职业化建设，与岗位练兵有机结合，将标准体系作为正规化专业化建设、岗位练兵教育培训的基础教材；要与执行规章制度有机结合，与现行的规章制度配套使用；要与规范化管理活动有机结合，将活动的直接经验转化为推行标准化管理的措施；要与监狱文化建设相结合，使标准化与监狱文化建设同步推进、相得益彰。

### （三）跟进督导与信息反馈

督导检查是贯彻实施标准、推进标准化工作的重要方法。监狱标准化的过程是一个标准良好行为习惯的养成过程，除了依靠民警自觉、主动行动外，督察、指导、推动也是重要措施。通过督导检查以确保实现标准对于监狱管理活动和各个执法环节的有效管控。可以制定督导检查的计划，在计划中明确检查的内容、方式等。

督导检查内容至少包括：

——实施标准的资源与满足标准实施要求的符合情况；

——针对标准实施关键点各项控制措施的完备情况；

——全员对标准的理解程度、掌握程度；

——岗位人员标准化行为与标准的符合情况；

——岗位人员操作活动产生的结果与标准预期的符合情况。

督导检查可以由承担督察检查职责的部门进行持续指导和督促，可以由标准化工作机构根据计划安排组织实施，也可以与日常业务考核结合起来，对标准执行情况进行考核，但要尽量避免多头重复检查考核，减轻基层应对检查考核的工作量，减少重复劳动。

督导检查的方法可采取定期检查或不定期检查、重点检查或普遍检查等形式开展；可以采取现场查看与问询、对记录的数据进行核实与分析、运用技术或其他方法进行验证等手段。

督导检查的结果应形成记录或文件，向被督导检查单位进行反馈，作为考核、改进的依据并进行相应的处置，对于标准贯彻实施不力的，需采取措施加强对标准的执行。

与做好督导检查同步，监狱管理局各部门和各监狱都要有计划地开展标准化管理相关问题的调查研究，探索标准化管理的发展规律，不断解决影响标准化管理进程的突出问题，在深入研究、加强指导、解决问题的过程中，加快标准化工作的推进步伐，坚决防止形式主义。

## （四）应处理好若干关系

在标准贯彻实施过程中，要处理好若干关系，主要是下列几个方面。

### 1. 要解决好认识与实践问题

应当认识到，贯彻实施标准、推进监狱标准化工作，是加强基层基础工作的长效措施。在操作过程中，要克服轰轰烈烈搞活动的做法，要将标准化融入日常工作，以标准化规范日常工作，规范民警和罪犯行为。要解决说归说、做归做的"两张皮"问题，但也要防止绝对化。

要切实增强贯彻实施标准的自觉性和责任感，从"上级要规范"到"自身求规范"，把标准化活动当作推进监狱整体工作的有效载体，以更高的目标、更严的要求、更实的措施，集中精力、心无旁骛，一级抓一级、层层抓落实，实现向标准化要警力、向标准化要安全、向标准化要效能、向标准化要改造质量的预期目标，奠定监狱管理向更高水平迈进的基础。

### 2. 要解决好继承与创新的关系

监狱标准化管理是个渐进的过程，既不能一劳永逸，也不能靠一两次突击。因此，要继承多年来抓规范化、抓"创现"的经验，并以"标准"的形式固定下来。这是一个继承问题。但是，推行监狱标准化又不同于以往开展的专项活动，监狱标准化的内容更宽泛、涉及的面更广、层次更高，这是一个创新问题。要在继承的基础上创新，在创新的同时要保证日常工作的稳定性和一贯性。

### 3. 要解决好标准化建设过程中的技术问题

虽然监狱工作属于社会科学范畴，但是，监狱工作也是一项技术性工作。在标准化建设过程中，要从技术角度来设计方案、设计标准、设计操作步骤、设计考核办法、设计计算机应用程序。在进行规划时，既要有强制执行的标准，也要有参照执行的标准；既要有总体标准，也要有分层次执行的标准，把标准化工作推进的重点放在微观操作上。